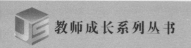

U0500206

新教师不可不知的

110个

怎么办

◎ 主编 薛法根

江西教育出版社
JIANGXI EDUCATION PUBLISHING HOUSE

《新教师不可不知的110个怎么办》
编委会

主　　编：薛法根

副 主 编：沈玉芬

编写人员：（以姓式拼音为序）

戴建琴　　戴燕妮　　范建健　　黄妹芳

金洁萍　　李雪梅　　林震民　　李峰华

娄小明　　马丽琴　　马晓菲　　潘震蓉

钱卫华　　乔国锋　　施　莉　　谭瑜萍

王霞芳　　王晓奕　　徐国荣　　俞蔚风

于毓青　　张燕芳　　仲锦宇　　周建锋

周菊芬　　周育俭　　朱秋虹

——新教师不可不知的 110 个怎么办

9 月,迎着秋日纯净的阳光,揣着满腔热情和兴奋,怀着无限憧憬和好奇,我们意气风发,迈入校园,成为众多新教师中的一员。

以为从此就是个骄傲的孩子王了,能"唬"住那群天真的孩子;以为从此就会有人用崇敬的眼神望着自己,一群欢快的"小鸟"会整日围绕在身边;以为从此丰富多彩的校园生活将萦绕左右,那么充满新鲜感和富有乐趣……

可很快,"残酷"的现实似乎把设想的一切美好都击得粉碎。听听新老师的心声吧——

"班级里总有一些学生上课注意力不集中,作业不及时完成,对于这样的学生,我们该如何帮助他们?"

"对学生之间的交往,教师需要介入吗?尺寸如何把握?"

"低年级的孩子总是要找老师告状,我认真处理后,反而有越来越多的孩子都来找老师,怎么办啊?"

"写教育随笔是我最痛苦的一件事。每个月像挤牙膏一样,挤出几百字交差。怎样才能把这痛苦的事情变得令人快乐一些呢?"

"工作的琐碎与忙碌让我应接不暇,甚至焦头烂额。我很迷茫,是我的选择错误了吗？做教师有意思吗？"

……

太多的问题，道出了我们这些新教师的心声，渴望有人帮助，亟须他人解答。是啊，为什么教育生活竟然如此忙碌和烦琐，来不及处理课堂教学和学校事务？为什么学生原来如此顽劣，课堂上闹哄哄，见老师一点也不怕？为什么我这么辛苦工作，学校和家长却用怀疑的目光看着我？……

我努力地教，班级成绩却提不上来；"只有不会教的老师，没有教不好的学生"，我却无能为力。理想如此丰满，现实竟如此骨感。我开始怀疑当初的选择是否正确，我开始怀疑这样的教育生活是否还是那块纯净的世外桃源……

于是就有了这本书的诞生。

110个问题，有点救急的意味。"知人者方能体慰他人，自知者尤可坚守自我。"江苏省苏州市吴江区盛泽实验小学的一条"校训"道出了解决这么多新教师所面临问题的办法，那就是——了解专业理念，知晓专业知识，培养专业能力。这也是《小学教师专业标准》所提到的。

本书内容框架的标准性依据就是教育部2012年颁发的《小学教师专业标准》（以下简称《标准》）。《标准》是国家对合格小学教师专业素质的基本要求，是小学教师实施教育教学行为的基本规范，是引领小学教师专业发展的基本准则，也是小学教师培养、准入、培训、考核等工作的重要依据。《标准》分别从专业理念与师德、专业知识、专业能力三个维度和具体的十三个领域进行了阐述。本书主要围绕《标准》，从新入职教师工作中遇到的真实问题出发，梳理有针对性的110

个问题,以"问题＋原因分析＋对策建议"的形式进行归类阐述和深入分析,关注职业定位、课堂教学、班级管理、师生关系、人际交往和专业成长等方面,帮助新教师根据自己面对的具体问题采取有效的解决策略,体现了《标准》所提出的"师德为先、学生为本、能力为重、终身学习"四大基本理念。本书不仅是新教师的手头"宝典",也能给老教师以工作的启发。

本书的编写者是盛泽实验小学的众多老师。盛泽实验小学以科研为先导、以教学为中心、以管理为保证,提出了"创造让人智慧的教育,培养秀外慧中的阳光儿童,成就受人尊敬的教师,建设令人向往的学校"这一办学主张,走出了素质教育二十年的"丝绸之路"。智慧教育、伙伴德育、组块教学、一课三磨,构成了盛泽实小的教育和教学特色。但在不断实施教育改革的过程中,也不断出现许多新的问题。本书中新教师所面临的 110 个问题,也正是盛泽实验小学教师曾经看到、听到或遇到过的教育教学现象。有问题才有发展,该如何解决呢?于是,他们思索,他们研讨,他们走进孩子,他们走进前辈课堂,他们走进专业书籍……于是,才有了这些或生动、或庄重、贴近现实、语重心长的问题和解答。谁不是从新教师走过来的?谁不是从摸爬滚打中逐渐接近教育的真谛?即使教无止境,但这些回答都是盛泽实小教师的切身体会,都是老师们充满经验智慧的真知灼见。苏联教育家苏霍姆林斯基有《给教师的一百条建议》,当代上海的郑杰校长有《给教师的一百条新建议》,又如马卡连柯,或是魏书生,所有的教育名家都是从一个个现实的问题中去思索、去实践、去总结,最终在教育的大花园里采撷到一朵朵盛开的花儿。

110 个问题,或许有如镜中留影,晶莹剔透,是如此清晰,因为这是身边真实的故事；110个问题，或许又如水中侧影，涟漪泛起，是如此模糊，因为这只是冰山一角，是整个教育世界的微小缩影……仁者见仁，智者见智，鲜活的事例，实在性地剖析，创造性地发挥，都只是一个指向，抛砖引玉，仅此而已。但值得提出的是，盛泽实小的群体，集结了众多教师的智慧。他们也有不解，也有困惑，才能思考，才能探讨，才能体悟，才能收获，才能看到孩子的进步，才能看到师生的成长。

一千个孩子，有一千种性格；一个问题呢，也一定会有好多种解决办法。办法总比问题多。年轻的教师们，孩子成长的时机在你们的言行中，学校的未来在你们手中，教育的明天在你们手中。

秋日的阳光里，又一批充满蓬勃朝气的新教师向我们走来。不管你是否喜欢这个职业，教师这一名词就代表着责任，教育天地就在那儿等着你大展身手。当那么多问题向你"袭"来之时，阅读它，了解它，解决它，那所有美好的设想才能慢慢铺开来，如水墨般浸润着我们的教育人生……

薛法根
2016年6月

目 录
CONTENTS

◆**第一篇　专业理念**◆

◆第二篇　专业知识◆

◆ 第三篇　专业能力 ◆

七　做一个伟大的设计师

八　让寻常日子变得不寻常

第一篇
专业理念

ZHUANYELINIAN

一　我是一名教师

我是谁？我从哪里来？要到哪里去？这是古希腊哲学家苏格拉底提出的问题。其中，"我是谁"是最核心的问题。有了准确的角色定位，才能找准自己的位置。

我们每个人，都同时兼任多种角色。但是，在具体情境下，演绎的却往往只有一种角色。就如走在小学校园里，我是一名教师，而不是老师的学生、不是父母的孩子、不是别人的兄弟姐妹，如此等等。

"知人者方可体慰他人，自知者犹可坚守自己。"我知道我是一名教师。由此，许多的迷茫、困惑、纠结迎刃而解。

01 未发现学生病情受到责怪怎么办

天气很热，全校师生在室外参加集会。一位新教师未发现班内一学生发烧的症状，没有及时处理，导致学生病情加重，遭到家长与学校领导的责怪。这位教师很不服气：这么热的天气，我也站在室外，我也是爸爸妈妈的心头肉，我也不舒服，凭什么学生的不适那么重要，我的不适却没人关心，还要受到批评呢？

作为一名新上岗教师，这样想是情有可原的，但是这也说明一点，该教师还没有意识到要转变自己的角色，还未清晰地意识到自己作为一名教师的职责。

首先，从职业角度来讲，教师应有专门的职业道德要求和职业操守。

"爱岗敬业"是教师职业的本质要求，"关爱学生"是师德的灵魂，教师应始终牢记自己的神圣职责，关心爱护全体学生，保护学生安全，关心学生健康，维护学生权益。因此，作为一名教师，有责任做到细心关注每位学生，发现不良状况及时处理，这是教师这个职业应尽的职责。在教育部颁布的《学生伤害事故处理办法》中，第二章第九条中就有"（七）学生有特异体质或者特定疾病，不宜参加某种教育教学活动，学校知道或者应当知道，但未予以必要的注意的"，"（八）学生在校期间突发疾病或者受到伤害，学校发现，但未根据实际情况及时采取相应措施，导致不良后果加重的"，学校都应承担相应责任。虽然第十二条也说明了"（三）学生有特异体质、特定疾病或者异常心理状态，学校不知道或者难于知道的"，学校已履行了相应职责，行为并无不当的，无法律责任。但是从中可见，学生的安全是受法律法规保护的，是每一位教师要时刻注意的。

其次，我们要有对教师角色地位的认识和理解。

的确，每个人都是父母心头的宝贝，从学生一下子转变为教师，从被人关心和疼爱的父母的"心头肉"上升为要去关心别家孩子的"孩子王"，无心之过还被人批评，觉得委屈，这似乎无可厚非。但是我们必须要清醒地认识到，这完全是两码事。不同的维度，不同的场合，不能相提并论。在家里，你可以撒娇；在学校，你已经是一个受法律法规承认的教师了，所处的位置和责任不同。身为教师，必须要有自己的职责，如果因为教师的疏忽而导致学生身体状况不适的症状加重，即使是无意为之，也确实是教师的失职。

家长每天把孩子交到教师的手里，教师就应该对孩子负起相应的责任。记得我刚上岗跨入教师队伍，也是觉得什么都新奇，心中满怀着对教师职业的无限热爱，但很快就发现，面对一群活蹦乱跳的一二年级的孩子,真不是如想象中的"美好",更多的是每天都要处理烦琐的小事,谁上课不守纪律了,谁和谁吵架了,谁作业没有做了,谁身体不舒服了,有时真是手足无措。印象特别深的是,我从小就特别怕血,但学生摔一跤,或者不小心撞破了,就直接来找老师,那时,办公室专门配备了一个医药箱,看到孩子受伤流血了,我虽然心中犯怵,但在一个受伤哭泣的孩子面前,却不能表露出自己的胆怯,只能硬着头皮,观察伤口,进行消毒止血,并且不断安慰孩子。此时,我也在暗暗告诉自己:你已经是老师了,你要对孩子负责,要学会处理这些老师该做的事了。那一刻,我真有一种已经长大的感觉。

在教学生活中,常会有孩子身体不适发生呕吐。刚工作那会儿我也很不适应,女孩子都是爱干净的,当看到别人吐,自己胃里也开始翻腾,更何况还要去处理。但小朋友们一个个跑来说"老师,他吐了",那时,你就会意识到:我是老师,我得去处理。虽然孩子身上、桌子上、书包上、地上吐得一塌糊涂,但老师不能怕脏、怕累,要领着孩子去卫生间,帮他把呕吐物擦干净,让他去休息,或者还要联系家长;再找抹布、拿拖把,把教室地面处理干净。那一刻的义不容辞是我们教师应具备的角色意识,我们要理解小学教育工作的意义,热爱小学教育事业,具有职业理想和敬业精神。

第三,我们还要有对教师角色规范的理解和把握。

的确,这么热的天,所有人都会不适,但你是教师,需要承担起相应的责任。校领导和家长的责怪其实是对教师职责的确定。教师应该有哪些职责,要处理哪些事,怎样的方式是恰当而合理的,这都不是一朝一夕就能清楚明了的,需要新教师有一个爱学习的大脑,有一双爱发现的眼睛,有一颗充满关爱的心灵。回想一下,自己当学生那会儿,是不是觉得老师是万能的?是不是所有事情老师都会处置得妥妥当当的?而现在,这一角色技能的交接棒传到我手上了,我怎么能不好好地把握呢?再将心比心,换位思考,随着教龄的增加,尤其是自己当了母亲之后,我就会不由自主去想:这么热的天,我的孩子会不会身体不适？我会希望老师怎样来关注我的孩子？当再碰到一些突发事件，就能把学生看成自己的孩子，并采取合适的措施及时处理，当一切都是那么自然而然地流露在我的教育生活中，那就证明我已经融入这个角色中，成为一名称职的教师。的确，当家长每天放心地让孩子来到学校，就意味着我们要把握好教师这一角色规范，学会处理教师应该做的所有事情。

新教师刚踏入社会，往往缺乏处理突发事件的经验。实事求是来讲，教师很有可能不知道所有学生的实际身体状况，所以应做一个有心人，要学会细心观察，尽量做到了解班级学生的身体和心理状况。学生如有身体不适，会有相应症状表现或会叙述自己的直观感受，教师应及时予以处理，如回教室休息、请校医来、请同事协助、联系家长等。身体健康是放在第一位的，光有一颗爱心还不够，要把关注的焦点放在哪里，值得好好思考。这需要我们在教育教学生活中不断去学习、去体会、去把握。

最后，每个人都需要一个成长和适应的过程。

只不过有人时间长点，有人时间短些；有人责任意识强些，有人责任意识淡些。新教师从学校走向社会，从受人保护的角色转变为保护别人的角色，会有很多不适应，或困惑、或彷徨、或委屈，我们可以向老教师虚心请教，可以向父母亲倾诉，但是请一定要认清自己的角色。既然选择了这份职业，你就要承担起相应的责任，及时调整好心态，找准自己的定位，接受工作的挑战。教育生活忙碌而又充实，慢慢地，你的责任感会越来越强，孩子们会越来越喜欢你，家长们会越来越尊重你，你会越来越融入到这个角色中，收获一份职业的自豪感和幸福感！那时你就会说：我骄傲，因为我是一名"孩子王"！

（于毓青）

02 薪酬水平和忙碌状态让我迷茫

"能成为一名光荣的人民教师,我感到很自豪。可时间一长,我发现,我的职业并没有想象中的体面。工资待遇在同学圈中相比,最多处于中下水平。然而,工作的琐碎与忙碌却让我应接不暇,甚至焦头烂额。"

选择教师这份职业错了吗?做教师有意思吗?这样的问题,不能简单回答对与错,只能说这个新教师对于自己选择的这份职业还缺乏一个正确的价值认识。

首先,新教师对教师职业的理解不能停留在表面,要对其职业价值观有一个正确理解。

教师自古是以传递文化知识、施行教化、造就人才为宗旨的一个专门职业。它作为人类社会中最古老的行业和职业之一,在整个社会发展过程中,一直充当着继往开来的重要角色。

新教师初次走上岗位,对一切事物都充满新鲜感,恰逢 9 月 10 日教师节,学生、家长给教师们的热情祝福,通常会让新教师们感觉幸福无比,教师的社会荣誉感油然而生,让他们觉得做教师是一件非常骄傲的事情。但是,作为教师,对其职业的理解不能仅停留在表面,而要对其深层次的职业价值有一个正确的定位。首先,它是一份稳定的、受人尊敬的工作;其次,爱心、社会公德、社会文明是作为一名教师的职业道德底线;第三,要通过职业实现个人的自我价值。

所以,新教师在选择这一职业时,必须正确理解和面对教师职业价值观,才能真正从教师职业中领会奉献的意义。

其次,对现存教师职业价值观念要学会思考。

所谓的尊师,更多的是看重这项职业所承担的社会功能,所以教师职业价值观,也主要停留在其社会功能上,注重教师职业对于社会的工具价值。至于教师职业对于从业者的内在价值问题,新入职教师应认真地探讨。

问题中所提到的内容,则是一名新教师所面对的影响教师职业价值观的因素问题。此类问题有很多,但是只要我们能正确面对,认真思考,就会从中得出正确的定位。

(1)社会评价。中国社会自古全民尊师重教,教师职业声望,虽然在不同的社会发展时期有所不同,但评价总的趋势是比较高的。

(2)个人的成就动机。美国哈佛大学心理学戈尔曼教授说:"情感决定着我们智能的发挥程度,决定着我们人生的成就。"教师的职业能否满足教师的成就动机是教师重要的价值取向。教学成绩的高低和能否发挥自己的专业特长等都是教师最为关注的问题。教师职业是一个广阔的舞台,三尺讲台上随时都可以演绎多彩的人生。

(3)报酬和福利待遇。随着社会价值取向的多元化,教师对教育职业所能够给予自己的社会报酬的关注也在增加,这体现在教师更加关注自己的生存空间,期望获得相应的报酬和福利待遇。《教育法》规定,我国教师的平均工资不低于国家公务员平均工资,就是一个例证,同时也是法律保障。教师树立了正确的职业价值观,明确了自己的职业理想,就会自然地产生搞好教育工作的思想动机和行为动机,为实现自己的人生价值竭尽全力。

最后,要学会合理安排自己的工作、学习和休息。

(1)从日常生活做起,从小事做起。我们总说细节决定成败,如果我们在生活里都不能合理安排自己的时间,又怎能安排以后的生活?

(2)不要拖拉,不要借口。当我们决定要去做一件事,就不要拖拖拉拉,给自己找一万个不想去的借口,最后发现什么都没有做到。例如,每月月底都会有教学感悟和随笔检查,教师们经常是在前一夜完成,临时抱佛脚。只有及时将教学感悟记录下来,及时分析总结,才能有进步。教师们平时应该养成课前预设、课时分析、课后反思的习惯,让教学成为一种习惯。

（3）写个备忘，做个计划。人总是有惰性的，所以我们要写一些备忘贴在经常能看见的地方，时刻提醒自己该做什么事情，关键是培养自己的时间观念和记性。我们要学会把事情分个缓急轻重，重要也紧急的事情先做，紧急不重要的事情其次做，重要不紧急的事情然后做，不紧急也不重要的事情最后做。一个有计划的人，可以做到事半功倍。

（4）脚踏实地，认真执行。不要心存不切实际的想法，不要什么事情都想去做，我们要用心做好每件事情，贯彻自己的作风，这样既不浪费时间，也能够立马解决问题。

（5）坚定信念，一如既往。不要怀疑自己做得到底对不对，如果从一开始，你就没有做好选择，那么你只好重新开始了，但是一旦开始了，就要一如既往。把安排时间变成一种惯性。

（6）人生规划，职业方向。没有方向的鸟是飞不起的，没有梦想的人是可怕的，总要有一份工作让你倾尽全部身心。知道自己想做的，然后坚持到底。新教师既然走上了三尺讲台，那就应该无所顾忌地勇敢向前。天上没有掉馅饼的事情，努力不一定成功，但注定不会失败。

（7）注意休息，准时进餐。合理安排时间并不是一直处于工作忙碌的状态，我们当然要安排好饮食的时间，不要第一天 10 点吃早餐，第二天 7 点吃早餐，第三天干脆不吃了。充足的睡眠也是需要的，要保证好休息时间，才有精力做事情。

（8）适当娱乐，放松心情。周末的时候可以适当放松一下心情，出去郊游或者逛街都是不错的选择。太松了不行，太紧了也不行，我们要的是松弛有度，合理安排时间。

做一个安静有序、松弛有度的人，哪怕只是一名新教师，对于烦琐的教师工作，也能游刃有余。只有爱这份工作，才会少一点抱怨，希望每一位新教师都能爱上教师工作。

（王霞芬）

03　会做题就能做教师吗

有人评论："教师这点活有什么难的？课本里的这些题目我都会做，我也都会教。在现代社会，教师这个工作大部分人都能胜任。"

首先，可以很肯定地指出，这种说法是错误的。

"师者，所以传道授业解惑也。"一千多年前韩愈在《师说》里讲的这句话，几乎成了教师职业的定义，它是指教育的综合过程：传道，授业，解惑，三个并列而行。传道：传授、教育道德观念，即是我们时下所说"思想教育"，这个是基础教育，德为先，没有良好的思想道德基础不能成才。授业：传授以学业、技能，这个技能是指能够使学习者适应生活、适应社会的各种技术、理论知识。解惑：惑，是指困顿、迷惑，当人面对未知事物之时，运用自身的知识、技能为学生解开困顿、迷惑。传道、授业、解惑三者缺一不可，只有这样才能培养出良好的学生。简单来说，不是你懂这些知识，就能真正胜任教师这份职业。在现代社会更是如此，它赋予教师更高的专业要求。

其次，教师要正确认识并分析教学对象，因材施教。

新教师踏上工作岗位，应该学会根据学生的年龄特点，学习如何抓住不同年龄学生的关注点，因材施教。

1～3年级学生：教师应当注重引领学生在玩中学，在学中玩。培养学生良好的习惯，调整他们的情绪，在感情上注重引导、注重鼓励。知识载体和启蒙，很难成为唯一的教育目标。教师关注点应该是：学生快不快乐，学没学会知识。

4～6年级学生：教师需要引导学生巩固和继续培养良好的习惯，注重感悟，注重情感，注重情趣。情绪调整仍然占据主要地位，知识的学习也在渐渐提升，但仍处于次要地位，或者说处于被情绪支配的地位。教师不断鼓励学生，使他们感受成功的体验，在情感和知识的学习上去找平衡。教师关注点应该是：学生爱不爱发言，考试成绩如何，学没学会知识。

现代社会的教师，不再局限于把书本知识灌输给孩子，而是更注重培养学生的学习情感、学习能力、学习习惯。授人以鱼不如授人以渔，这才是教师的最终目标。

最后，教师要不断提升自己的知识文化素养及实际教学水平，以满足学生日益增长的学习需求。

教师面对的是一个个鲜活的生命，他们与时俱进，每天都在吸收外界的新事物，而且，他们学习能力强，能不断地充实自我。古人有云，学生有一杯水，教师必须有一桶水。在如今的社会，如果教师没有满满的一缸水，又怎能满足于学生每天的知识渴求？

曾经在体健课上和学生谈旅游，老师聊起上海、南京、北京，学生毫无畏惧地发问："老师，你去过最远的地方是哪里？我去过新疆，你比我远吗？"另一位学生发问："老师，我去过日本、韩国、马尔代夫，你出过国吗？"

曾经，在一节班队辩论会上听到这样一番唇枪舌剑："对方辩友，你难道没有听说过这么一句话吗？一个成功的男人后面总有一个女人在默默支持他！""对方辩友，难道你没有听说过，一个成功女人的背后总有无数个男人在支持她？"……

这些问题、这些辩词都是出自小学生之口，这是为什么？这难道是课堂教学的知识？不，这些都是孩子们从社会大家庭、电视媒体、报纸杂志等方面吸取的知识，不论好坏，照单全收。所以，面对形形色色的社会大染缸对青少年的影响，教师应当注重自身进修，不断提高专业素养，以应对瞬息万变的现代社会需求。教师不仅需要知道传授什么知识，而且需要知道怎样传授知识，知道针对不同的学生采取不同的教学策略，要注重对孩子的正面引导，在他们人生观、价值观形成的道路上做个引路人。

所以,成为真正意义上的教师,并不是一件简单的事。教师,要具有教育情怀、教育敏感性,要有教育奉献精神。教师专业性的内容可能远不止这些,需要我们在实践中不断探索、总结、提炼,由此引领我们对教育孜孜不倦地追求,进而提升我们的专业精神境界。

(王霞芬)

04 出现困难想逃避怎么办

"做老师不仅仅要教学,还要管理学生纪律,为学生的安全负责等等,这很让我心烦！每当出现困难时,我总想逃避,不再面对学生。"

教师的工作,烦琐、细微,忙忙碌碌却毫无建树,很多新教师都这么认为。对待工作,自古就有两种态度,即"干一行,怨一行"和"干一行,爱一行"。驾驭自己的人生从改变心态做起。

只有内心阳光的教师,才能教出阳光的学生。

教师是特殊的职业,是太阳底下最光辉的职业,直接负担着培养下一代健康成长的历史重任。作为新时期的教师,高尚的职业道德和良好的教师形象是每个教师做好教育工作的先决条件,是时代的要求,也是教师不断进取、赢得成功的力量所在。

在生活中遇到挫折和失败等不如意的事情时,许多人习惯抱怨社会不公和命运不佳,认为是社会有问题、同事有问题、单位领导有问题,把自己的失败归咎于同学、朋友、老师等外在因素。为自己的失败找一个堂而皇之的借口:假如我有钱……假如我从小就……假如我早一点……假如我现在是30岁……假如……

生活中,那些成功、快乐的人,都有一个共同点:干一行爱一行。因为他们坚信:办法总比困难多。生活中的失败者,则是干一行怨一行,他们认为倒霉的事总让自己摊上了,抱怨命运不好,抱怨社会不公。少抱怨他人和社会,多检查改造自己,坚持就是胜利,这才是人生

11

的真谛。

只要心向太阳，每一天都是新的；只要胸怀学生，每一位教师都是阳光的。

学做一名全面、有担当的教师。

(1)会教学。教师的工作包括教学工作、班主任工作、科研工作等。从教学任务的角度来讲，教师以培养人为目的，教师的劳动不只是"单一"地传授知识，不仅要教书，而且要育人，使每个学生的身心都能得到全面和谐的发展。

教师的真正本领，不仅在于是否会讲述知识，更在于是否能激发学生的学习兴趣，唤起学生的求知欲望，让他们兴趣盎然地参与到教学过程中来。教师是"介绍人"，介绍学生与学习相依相恋；教师是"打火机"，将学生的学习热情和智慧火把迅速点燃；教师是"领头羊"，引领学生走进知识的茫茫草原；教师是"味精"，将学生的学习变成色香味俱全的美味大餐。

教而不研则浅，研而不教则空。所以，新教师在踏上工作岗位后要学习如何真正教学，如何做到事半功倍。

(2)能管理。教师的工作对象是学生群体，每个学生都是有主体意识的个体，每个学生在身体、心理、智力水平和思维方式等方面都有自己的特点，每个学生可能获得的发展需要和发展潜力都有所不同，每个学生可能获得的发展也会不同。教师的工作必须针对这些不同有的放矢，做到因材施教，因时施教。

新教师踏上工作岗位，接触到的是调皮而活泼的小学生，他们的年龄决定了他们的性格特征。他们好学，虽然课堂回答问题积极，课堂气氛活跃但是自觉性超弱；他们好动，虽然玩的都是简单易学的小游戏，但是安全隐患无处不在。教师，尤其是班主任，必须时时刻刻把孩子放在自己的视线范围之内，必须时刻提醒孩子们做事玩耍的注意点，确实比较辛苦。但是，"爱"，这个字的中间是一颗心，有心才会爱。

一个教师最崇高的爱是全心去爱每一个学生。

新教师,要学习"蹲下来看孩子"。"蹲下"是多么贴切的词语,只有"蹲下"才能和孩子的视线保持同一水平,才能看到孩子看到的一切,才能从孩子的位置出发去理解世界。做一个和学生知心的教师,让学生和你多说点心里话。亲其师、信其道、乐其学。

(3)有责任心。学校的各科教学活动主要是通过教师的个人工作来独立完成的,每个教师的工作方式都各有其特点。教师虽然有固定的工作时间、工作任务和教学内容,但是每个教师的备课质量和教学效果在很大程度上取决于教师的自我要求、自我监督和创造性。教师需要集体备课、相互学习,但其目的是要使个人工作任务完成得更好,它不能代替教师个人的独立工作。

新教师,只有正确定位自身、全面认识工作岗位职责,才能更好地完成各项任务。要成为一名合格的、受学生爱戴的教师,首先他一定是一个爱自己工作的人,忠诚于自己所从事的教育事业。社会与人民对教师寄予众望,学生和家长对教师也寄予很高的期望。我们不能设想一个没有敬业精神的教师能够为培养人才的教育工作尽心尽力,所以教师只有具备了高度的责任感和强烈的事业心,才会在教育实践中全身心投入。

"十年树木,百年树人"。培养人的教育活动是一个比较漫长的过程,一个学生从进入学校到接受教育到走出校门走上工作岗位,要经过十几年的时间。教师,应该是一份耐得住寂寞、耐得住压力、耐得住烦琐的职业。从事了教师职业,就意味着我们整个人生航程始终面临着挑战。

作为一名新教师,我们不能逃避困难、逃避烦琐,应该勇敢直面,时刻铭记自己的职业道德,要认真钻研教育学、心理学,相互交流,相互学习,博采众长,使自己的知识专精博览,以适应教育的新要求,为培养现代化高素质人才而努力,才真正称得上是一名合格的人民教师。

(王霞芬)

05 高学历的尴尬

我研究生毕业，自认为小学教学这点事情，我应付起来绰绰有余。看下周围同事，虽然比我早工作好多年，但基本都是全日制师范生或者大专生，本科文凭函授居多。由此，我心里有了许多优越感。但没过多久，我的优越感荡然无存。我觉得很头疼的事情，但他们却处理得轻轻松松、简简单单，这是为什么呢？

本问题中所提到的这位教师的困扰，是因为他把自身所具备的文化知识简单等同于实际教学能力，这显然是不对的。

学历不直接等同于教师教学水平。

教师是一个很特殊的职业，是知识的代表，但并不等于学生提取知识的仓库。它的特殊之处是不仅要言传，还要身教。毫不夸张地说，一个教师只要出现在学生面前，哪怕他不说一句话，他的穿着打扮、行为举止及喜怒哀乐的表情都会对学生产生教育影响，甚至，尽管教师没有出现在他的学生面前，只要他的情况被学生知道，也会对学生产生教育影响。

学历能够直接影响一个教师的文化素养，以及他所能提供给学生的知识储备。教师个人文化水平越高，他所能传授给学生的本领也越多，但是，这还取决于教师是否能够将个人的本领有效、有序地引领学生学习、掌握。

有的教师已从教数年，但课堂教学的效果一直没有达到最佳，为什么呢？这和不够重视课后反思，也没有找到合适的对策有直接的关系。作为教师，理论知识和专业水平固然重要，但驾驭课堂教学的能力更是必不可少的。如果缺乏对日常课堂教学中出现的问题进行反思和不断积累的意识，教师很难掌握驾驭课堂教学的能力。只有通过反思，教师才会不断地剖析自己在课堂教学中的优缺点，细致地、冷静地加以分析总结,具体地对于某一个问题的对策、某一教学环节中学生的质疑,甚至某一个辩论回合展开思考。在反思中,已有的经验得以积累,成为下一步教学的能力。日积月累,这种驾驭课堂教学的能力将慢慢形成。所以只有通过教学反思,教师的有效经验才能上升到一定的理论高度,才会对后续的教学行为产生积极的影响。

所以说,文凭的高低并不能完全决定教师实际教育教学能力的高低,两者没有必然的联系。学历高只能说明他的学习能力强,掌握的知识多,但不一定教得好,教得好要有丰富的教学经验,能因材施教。对于教师这个职业,和中医一样,更多的还是看经验,有经验的教师会教给学生学习方法、答题技巧及实战经验,当然,学历高的教师,有比较新的教学理念,一旦拥有了教学经验,更能带给学生质的飞跃。

好教师,是怎样炼成的?

(1)多问。做一个好教师,他们的文化底蕴要丰厚,才能在教育教学中游刃有余,才能赢得学生的尊敬和信赖,学生才会佩服、信服,才能在学生中树立起崇高的威望,学生对他的教诲才会心服口服。教育家说,"要给学生一碗水,自己必须有长流水",要使自己水流不竭,就要经常使源头有水。博览、勤学才会使自己源头的水量充足。

作为新教师,身边的同事就是我们学习的榜样。一般学校都会为新教师安排师徒结对活动,所以,师傅就是引领新教师入门的第一人。新教师应该多向师傅请教,学习如何把握教学新课标,领会每一课的教学意图;学习如何独立处理教材,在教学方法上大胆尝试,力争形成自己的风格;学习激发学生的学习兴趣,关注每一个学生;学习如何有效积累,撰写教学论文。

(2)多听。孩子喜欢会倾听他们心声的教师。新教师要学会善解人意、待人公平、尊重学生、热爱童心,"蹲下来和学生讲话"的例子,就能体现出一个合格教师的品质;而斥责、挖苦、有损学生自尊的教师,是不受学生欢迎的。

孩子,是喜欢沟通的个体,他们喜欢跟别人说事情,喜欢听别人说事情,喜欢大人们把他们当成长大了的个体。所以,一个愿意倾听孩子心声、愿意聆听孩子日常琐碎唠叨的教师,必然是受学生喜欢的教师,这也无关教师所教授的学科。或许,孩子们唠叨了半天,都是他们眼中所发生的"大"事;或许,他们每天烦着你告状、打小报告,但是,应该从这些小事中看到他们对你的喜欢。

(3)多学。灵活多变的教育教学方法能激发起学生的学习兴趣。兴趣是学好每门功课的不竭动力,因此,在教学中,教师应尽量运用灵活多变的教学方法,引导学生自主学习、合作学习、参加实践、激发学生的学习兴趣,使他们愿学、乐学。

学什么?学课堂掌控能力。新教师了解性听课、三年上岗教师汇报课、一课三磨等活动,都能有效引领新教师开展各项教学活动。同时,通过师徒结对等活动,能够充分激发新教师的教学积极性和创造性,并为其专业发展提供机会和条件。

学什么?学教学反思能力。教学随笔、反思的内容是多方面的,诸如总体课程目标的反思,总体课程内容的反思,总体课程组织的反思,科目目标的反思,科目内容的反思,科目组织的反思,单元目标的反思,课程中具体学习活动的反思等。在经济、文化与教育等瞬息万变的今天,教学随笔和反思无论对教师自身教学水平的提高,还是对教学效果的强化都有着举足轻重的作用。

我们要想当一位好老师,做到以上几条还是不够的,要尽自己所能,不断学习,做到"常有书香在案头"。还要不断研究、开拓,不断创新,以适应时代的潮流,使自己不断耕耘、不断收获。

(王霞芬)

06　教师的形象和行为可以更个性化吗

教师讲究自己的仪表，注重自己的形象是好事，教师的穿着打扮可以有自己的个性，但是更要得体，要做到外表美与内在美的和谐统一，才能体现教师的良好形象。

良好的教师形象可以树立教师在学生心中的地位。

爱美之心人皆有之。日常生活中人们更会被外表光鲜的人所吸引，也会更喜欢外表有魅力的人。在人际认知中，第一印象会产生一种强烈的暗示，从而影响后续的信息。一个教师得体的服饰穿着、优雅的行为举止、幽默睿智的言行，会对学生产生一种先入为主的魅力，给学生传递一种亲近感、信赖感。这对于建立起师生之间的良好关系非常关键。

随着社会不断前进、不断发展，人们追求时尚之美与个性之美已经成为社会审美的趋向，学校教育关起门来因循守旧而不接受多元化的价值观既不合理也不现实。除了一些特殊的职业，越来越多的行业已经不再对员工的着装作明确的规定。社会多元化同样也应成为教师着装的尺度，不论新潮或者是正统，他们的着装同样都要符合教师的职业特征。

教育是一项特殊的事业，不仅要承担知识延递，更要承担起公德的传承。

教师是一项光荣的职业，不仅要用有声的教学给学生传授文化知识，更要用无声的行为给学生树立模范的作用，履行教书育人的职责。既然选择了教师这个职业，就意味着承担更多的社会责任，承担着为祖国培养优秀下一代的历史使命。虽然，社会在进步，观念在改变，教育的条件可以更好，教师的穿着、出行可以更时尚，表达也可以体现个性，但是必须有一个度，教师要拿捏好这个度。其次，我们要明白作为一名教师，教师的职责不容改变，教育事业的定位不容改变，教育工作者的良好形象更不能改变。

尤其对于正在成长中的学生来说,他们对各种事物还缺乏准确的判断能力,教师的言行礼仪所透露出来的信息会对他们产生某种示范效应,从而影响他们的各种认知,在他们的心目中教师是神圣的榜样,是成长的标杆。从某种程度上来说,教师会成为学生模仿的对象,包括衣着、言行等各个方面。

作为教师来讲,追求个性是一种权利,但是由于教师这一行业的特殊性,个性让位共性是师德的基本伦理,也是师德的本质内涵。时代的进步,观念的更新,需要更加细致的教师职业道德规范,很多的东西可以充分讨论,并在广泛听取教师、家长、甚至是孩子意见的基础上,形成统一的全行业的强制性行为规范;成为全体教师必须共同遵守的准则。只有约束,才能规范;唯其规范,才能示范。

也许有些女教师会觉得,为什么我们就没有追求时尚、追求个性的权利?难道作为教师就不能打扮自己了吗?其实不然。现在学校也是规定教师着装要把握"度",并非禁止女教师化妆。教师可以化淡妆,这是教师的一种仪容美,把自己打扮得神清气爽,让学生也有视觉上的享受。苏联教育家苏霍姆林斯基说:"师生们衣着和整个仪表在审美教育中起着相当大的作用。"教师的着装何尝不是一个良好的教育载体?

调查显示,学生对教师的要求是多方面的,既要有人格魅力,也要有良好的思想意识;既要有专业的教学知识,也要有教学的技能;既要示范性的行为习惯,也要美观的外表服饰等等。可见,教师形象真的可以说是一个综合的整合体,它融教师的道德、人格、知识体系、能力结构、外表服饰、言行举止于一体。所以,对于教师形象的研究应该是综合的、全面的。这也打破了有些教师自认为只要有扎实的专业知识及高水平的教学能力,就一定会受到学生喜欢的理念。人的外表形象与知识水平、人格魅力等具有同等重要的作用。大部分教师会意识到教师形象中外表修饰也同样重要,它是教育的潜在机制。

总之,新世纪教师应该富有时代朝气,应该更懂得美、追求美、体现美。具备外在美、仪表美、风度美的教师才能对学生有吸引力和感染力,教师可通过自己形象的示范作用对学生进行美的熏陶。体现内在美与外在美的和谐统一,才是当代教师自我形象塑造的理想目标,也是当代良好师生关系的基础。

(金洁萍)

07 我们该怎样认识家教现象

目前,家教之风日渐盛行,甚至有不少家长为还在读一年级的孩子请了家教,专门辅导孩子做作业。有的家长认为花点钱不算什么,主要是让孩子不输在起跑线上,孩子成绩好是第一位的。有的家长看到别人家的孩子去了老师那里辅导,自己家的孩子不去就是落伍了,所以也跟风似的找家教。也有的家长认为老师在课堂上面对不同水平的学生讲的只能是一带而过点到为止,要想让老师挖深讲透就得个别教育请家教老师。还有家长觉得请孩子的老师做家教,可以和老师增强感情,加深关于孩子学习情况的沟通与交流。

请家教的学生一般有这样几种情况:一种是学生成绩已然不错,家长希望通过家教进一步巩固孩子所学知识,为孩子获得更优异的成绩奠定基础;第二种是孩子成绩还不理想,家长希望通过补补课,使孩子的成绩尽快赶上去;还有一种是家长随波逐流,看到别人请家教,不管自己的孩子需不需要补课,也跟着请家教老师以求得到心理安慰。

教书育人是教师的天职,教师就应该在课堂上把学生教好。

如何看待教师有偿补课呢?社会上褒贬不一,"有偿家教是不道德经济";"教师如今也掉到钱眼里去了,为了钱而失去了教师的职业操守";"某某教师上课无力,课外很卖力"……这就是不少人对此的评论。不难看出,家教实际上已经严重损害了教师的形象,因此我认为家教之风不可长。《中小学教师职业道德规范》第七条明确指出："廉洁从教。坚守高尚情操，发扬奉献精神，自觉抵制社会不良风气影响。不利用职责之便谋取私利。"教书育人是教师的职责，作为教师就应该把握好课堂的教学时间进行有效教学，教好学生，不能让学生课外拿着钱去请家教才能学好。教师除了课堂上教给学生知识，还应该教育学生怎样去做人。即使学生在课堂上对某些知识没有完全理解，教师在课余时间也应该尽职尽责地辅导，努力教好每一位学生，这才是做教师的根本。

虽说已经有不少地方明令禁止有偿家教行为，但上有政策下有对策：有不少家教活动藏于"地下"或者换个名目，实质上还是学生拿着钱请部分教师"辅导"，只不过是秘密地进行而已。

其实，请家教要因人而异，并不是所有的学生都需要请家教。有的学生因为某些原因在学科学习上跟不上教师上课的进度，感到听课很吃力，这时候请家教帮其补一补，确实可以起到立竿见影的效果。但有些学生是学习态度或情绪上的因素，根本不需要请家教，家长只要耐心疏导，解开学生心灵上的症结就行了，否则是徒劳无功。学校的课堂才是学生学习的主要场所，当有了家教这种特殊的课外学习形式后，有些学生会觉得，课堂上听懂听不懂无所谓，反正回家后可以让家教再重述一遍，作业还可在其协助下完成，于是他们在课堂上就会出现思想不集中、开小差等消极的情况。这样的学生往往不再会去做课前预习、去发现问题、去自我解答问题，所以课堂上40分钟往往收效甚微；课后，他们也懒于复习巩固知识点，把不懂的问题钻研清楚，而是依赖家教再三地讲。所以学生一旦离开家教，成绩就会急剧下降。况且，家教一次同时教几个学生，教师往往没有过多的时间和精力针对某个孩子的特点来因材施教，而是采取应试教育的方式，让孩子高强度地做题，表面上看孩子的成绩是上去了，但他们逐渐丧失了独立思考的能力和兴趣，老师怎么说就怎么做。家长对家教普遍存在这种立竿见影的幻想和迷信盲从的心理，往往对家教寄予很高的期望,其实教师做家教并没什么有别于课堂教学的"秘密武器",有的还是通过题海战术、炒冷饭战术,这本身就是盛行于学校中并已被学生厌烦的做法。由此可见,家教的价值充其量只是为学生提供了零距离的问答条件。这种答疑问难只是帮助学生学习的外因,成绩好坏的根本还是取决于学生自身的内因。所以说,在学生学习的漫长过程中,家长对家教的迫切需求往往与实效相差一段距离。从长效的角度看,家教并不利于学生的发展。

作为一名教师,应该时时处处大力弘扬无私奉献的敬业精神。

教师不是圣人,也有七情六欲,也有物质的欲望。虽然职业特点决定了教师只能默默无闻地奉献,但"桃李满天下"让教师的精神很充实。教师很平凡,但决不能为利益所驱使,为了所谓的一己私欲,丢弃了教师神圣的职责。既然选择了这份职业,就要坚定不移地做一个平凡的、无私奉献的教师,用自己的爱心和责任心去教育好每一个学生,赢得社会对教师这个神圣职业的尊重和支持。

（金洁萍）

08　人民教师应该是什么"样子"

"师者,所以传道授业解惑也。"这是自古以来人们对教师角色的定位。除此以外,还有许多浪漫的回答,比如教师是春蚕,生命不息,吐丝不止;教师是园丁,培养着祖国千千万万的花朵等等。这些都是人们给予我们教师神圣的荣誉。

教师是人类灵魂的工程师,教师职业道德素质的高低直接关系到学生能否健康成长。

加强师德建设,提高教师的思想道德素质水平,既是整个社会精神文明建设的需要,也是教师队伍赢得社会尊重与支持的需要。作为一名教师要无愧于"人民教师"这一光荣称号,就必须牢固地树立科学的世界观、人生观和高尚的职业道德,在教师岗位上模范地遵守师德规范,遵纪守法,敬业爱岗,教书育人,为人师表,做一个让人民满意、让社会放心的教育工作者。

一名优秀的教师,除了必须以满腔的热情对待事业、对待学生以外,还必须自觉地、高标准地塑造自身的人格。爱岗敬业是一名教师必须具备的最基本的师德修养,要是连教师都不是心甘情愿地为教育事业出一份力,那我们的学生又怎么能"亲其师,信其道",进而"乐其道"呢?只有通过自己亲力亲为言传身教,做好标杆和榜样的作用,才能完成教育新一代的神圣使命,才能不辱教师这一神圣而崇高的职业,才能实现自己真正的人生价值。只有爱岗敬业、严谨治学的教师,才能潜心钻研业务,乐于从教,勤奋工作,不断创新,取得成绩。作为一名光荣的人民教师,要忠诚于党的教育事业,在本职岗位上树立起高度的事业心、责任心,热爱本职、忠于职守,尽心尽力、尽职尽责,真正做到"干一行,爱一行,专一行"。在实际教学过程中,全面贯彻、推进素质教育,不断探索新世纪、新时代的教学规律,改进教学方法;不断学习新知识、新技能,掌握过硬的专业本领,以适应社会的发展和时代的变化。因此,在常规教学中,要把握好教学过程中的每一个环节,精心组织课堂教学,深入浅出,通俗易懂,切忌"填鸭式"教学,充分调动学生的学习积极性,不断提高学生的学习成绩,真正做到向课堂45分钟要效率,不断促进教学工作登上新的台阶。

对学生来说,教师的言行就是模仿的榜样,可能会对其产生较大的甚至是终生的影响。

我们漫不经心的一句话、一个动作都会影响到孩子。工作的时候不能被环境等外在因素所影响,要轻装上阵,始终用微笑来迎接孩子,用你的情绪去感染孩子,引导孩子去发现、探索,享受学习中的乐趣。对于一个学生来说,每个人都有三分之一的时间是在学校度过的,除了父母,对孩子影响最大的就是他的老师了。老师的一言一行都会对这个学生产生甚至一辈子的影响。学生回到家时,父母往往会问起在学校的各种表现,有的孩子会很自豪地说,"今天老师表扬我了""老师说我做得真好""我最喜欢我们的老师了"。当听到这些话,作为老师心里肯定是非常开心自豪的。

著名教育家叶圣陶曾说过:"教育工作者的全部工作就是为人师表。"身为教师要做到为人师表,就必须在教育别人如何做人之前,自己首先做好人,在人品方面作别人学习的榜样,其次才是向学生认真传授科学知识。要以自己的言为学生之师,行为学生之范,动之以情,晓之以理,导之以行,言传身教,做名副其实的人类灵魂工程师。

教师职业是具有巨大奉献精神的职业,其劳动报酬不仅仅是物质上的,更多的是精神上的享受。

学生对教师的真挚感情是教师职业幸福感获得的重要来源,学生的成长正是体现了教师职业的价值、教师生命的延续,教师通过给予学生快乐并得到快乐而体验到职业幸福感。通过学生的成长和发展,教师可以在劳动、创造和奉献中保持教育生命的鲜活和永生,教育活动对他们来说,是一种不断超越自我、最终达到自我实现的活动,是自我实现和真诚奉献的统一。

家长对教师的认可是教师热情工作的动力之一。

家长的信任、尊重和肯定对教师来说是一种幸福的体验,代表着他们的职业生活受到了社会公众的重视,自己的辛勤劳动确实促进了学生的成长和进步,真真切切地感到被尊重了。这种良好的关系对扩大学校在社会中的影响,争取社会对学校的支持帮助和提高教师的社会地位也有十分重要的意义和作用。

无论是过去、现在还是将来,自己都要时时处处为人师表,以自己的人格影响学生,以自己的品行感化学生,以自己的言行引导学生,为教师这一高尚而神圣的职业增光添彩。

（金洁萍）

二 儿童是发展中的人

教育从认识儿童出发。只有真正认识儿童和发现儿童，才能坚守基于儿童立场的教育。

长期以来，我们习惯站在成人立场上看待儿童，于是认为儿童是"小大人"。陈鹤琴先生早就作了揭露："常人对于儿童的观念之误缪，以为儿童是与成人一样的……所不同的就是儿童的身体比成人小些罢了。"显然，缺乏对儿童的认识和发现，就不可能有儿童立场的建立，也就不可能有良好的教育发生。

作为一名教师，了解儿童的特质，发现儿童成长的密码，教育就有了美好的开端。

09 "简单"教育就是"健康"成长吗

"老师要骂就骂，要罚就罚，简简单单，我们照样健康成长。"的确，有些学生在"简单"的教育方式下，有了明辨是非的能力，有了较强的耐挫能力，有了积极的人生态度。

"简单教育"下的我们都能健康成长吗？

我的小学是在村小读的。小学时发生的几桩事情，一直刻印在我的脑海里。我想，这一辈子都难以忘记。

小学二年级的一堂课上，我被吓呆了。一个男孩因为做不出题目,被老师拎上了讲台,狠狠地甩在墙壁上。还没等那个孩子站稳,又拎起来,又甩。在印象里,这个场景持续了好长一段时间。老师那副愤怒的神色,男孩恐惧与狼狈的样子,把全班同学都吓呆了。事后,男孩的婶婶找到了学校。再然后,这个男孩就辍学回家。每次上学放学,路过他家,我都能看到他一个人在默默地玩。

小学三年级时,村小严重缺教师。一位不知道哪里来的女教师代语文课。上午第一节课,这位老师布置我们背诵《海底世界》。应该是这篇课文。上课,下课,上课,下课,我们都来不及背。中午放学,全班被留堂了,并齐刷刷站好挨训。被训了好久好久,肚子很饿。但老师越训越生气,显然只是动口已经不解气。于是,她拿起书本,挨个用书本打在我们每个人脸上。我是课代表,错更大,打得更狠。事后,我不敢回家告诉家长。因为家长会说:"谁让你背不出,老师骂几声,打几下,应该的。"这件事情永远留在我的童年记忆里。

那个男孩的辍学,至少与讲台事件间接关联。长大后的男孩生活似乎一切正常。但,在他的心底会不会留有童年的阴影?长大后,同样成为教师的我,生活也一切正常。但,每逢遇到调皮的孩子,被气得恨不得动手的时候,那一个轮番挨打的场景就出现在我的眼前,心中一颤,手就再也抬不起来。由此可见,"简单教育",或显,或隐,或全部,或个体,会在人的内心留下创伤。只不过,这些创伤有大有小。小的创伤,可能会被生活抹平;大的创伤,也许就形成了人心理的疾病。

心理上产生的疾病比身体的疾病更可怕!

相信我们这代人都记得"马加爵事件"。一位成绩优秀的学生,一个前途光明的学子,却不能正确处理人际关系,因琐事与同学积怨,即产生报复杀人的恶念,并经周密策划和准备,先后将4名同学残忍杀害,构成故意杀人罪。这是一个多么令人不寒而栗的案例。

马加爵供述:"我跟邵瑞杰很好,邵还说我为人不好。我们那么多年住在一起,我把邵当作朋友,真心的朋友也不多。想不到他们这样说我的为人。我很绝望，我在云南大学一个朋友也没有……我把他当朋友，他这么说我，我就恨他们。"这是一段多么荒谬而可怕的供词。

一个学生内心的创伤，往往是由一件事或者几件事触发，先隐于内心，后逐渐积累，再积累，最后一天就会爆发，就如人的癌症。病情一旦爆发，就很难根治病灶。马加爵的成长经历中，是否有触发他内心创伤的事情我们不能轻易判断，但至少我们可以准确得出结论：马加爵的心确实"生病"了。作为一名大学生，连与他人基本的相处之道都未知晓。马加爵的病症，即使不在大学时代发作，也会在生活中任何阶段被引发。他的"病"，使他对生活中各种不如意的事情免疫力低下。只要一有导火索，"病症"燃烧的速度就极快极猛。

生活中，如"马加爵事件"般的例子屡屡被报道。我们在痛心一个孩子由心灵扭曲而毁掉人生时也会感慨：心理上产生的疾病比身体的疾病更可怕！可是，在具体教育教学中，我们往往会忽视学生的心理健康教育。认识决定行为，忽视背后主要还是认识问题，即对教育的准确认识。教育是培育"人"的事业。"人"字有两笔，一撇一捺，相互支撑，彼此相知，隐喻着要"知人知己"：知人者方能体慰他人，自知者犹可坚守自己。教育的终极关怀正是让儿童学会做人、学会做事，"体慰他人"、"坚守自己"是与人相处的做人之道，也是做事的成功之道。"知人知己"，成就的是一个孩子积极健康的人生。

"因噎废食"，只会导致"过犹不及"。

"要骂就骂，要罚就罚"的对立面是说不得，骂不得，打不得。一骂，可能会被套上伤害儿童心灵的名头；一动手，则马上被冠以体罚的"罪名"，家长、学校、社会带来的压力也就接踵而来。

为了明哲保身，有的教师就变得小心翼翼，如履薄冰。学生的行为出现了偏差，以一句"我又没办法"，草草了结。学生经常赖作业，最好不要当众批评，因为孩子的内心世界是脆弱的，当众批评会让他的心灵受伤。学生经常以惹是生非来引起老师的关注，老师就满足他

"被关注"的欲望,把他捧在手心里。学生不善于和同学相处,总是和同学闹矛盾,老师教育其他学生让着他。学生在学习上跟不上,并且承受不了学习的压力,就再也不向这个学生提学习上的要求。班级开展评优活动,老师挖空心思,设立多种奖项,尽量让每个孩子都能拿到获奖证书……在一定意义上,这些行为自有意义和价值。但更多的,则是教师对学生的放任与放纵。

有人吃饭噎死了,就想让天下人都不吃饭。如此因噎废食,自然是荒谬的、可笑的。但是,过于关注学生的内心承受,把学生当作易碎的花瓶,战战兢兢,小心翼翼,只能导致过犹不及。结果,与漠视学生的心理健康殊途同归:学生的心会"生病"。所以,教育也需"惩戒",不然,教育的力量就会显得苍白。

一班主任发现班内一学生有偷窃现象。经过调查,找到了学生藏匿盗款的地点。在事实面前,学生承认了。哪些钱,什么时候偷来的,偷了谁的,学生一一招认。事实是了解清楚了,但是班主任却感到了从所未有的无力感。整个调查过程中,这个学生镇定、从容,脸上不显一丝惊慌与不安,更无些许犯错后的愧疚感。按照常规,班主任先对其进行批评教育。令人意想不到的是,这个学生问班主任:"老师,我犯错了,你要打我一顿吗?我爸爸妈妈从来没打过我。你要把我送进派出所吗?"说话时,神态里透着一股狡黠。这个问题,把班主任问晕了。班主任能把他送进派出所吗?当然不能,他是未成年人。班主任能打他一顿吗?当然不能,他是未成年人。未成年人可以犯错,但成年人不可以违反"师德"。最后,这件事情就不了了之。品德之问题,其实就是学生的是非观出了问题,心理健康出了问题。这个孩子的未来真令人担忧!像这样的事情,在校园里应该不算是新鲜事。只不过,事件内容不同,学生表现各不相同而已。

心灵的健康,对学生的发展是重要的。如何判断一个孩子心灵是否健康,在于他处理关系的能力:与伙伴的关系,与父母的关系,与教师的关系,与社会的关系,甚至是他与自己的关系。健康的心理,健全的人格,直接决定了一个孩子的未来。作为教师,要呵护学生的心灵健康。但这种呵护,必须注意尺度。

(沈玉芬)

10 如何辩证看待学生的缺点

不同的学生,身上总有不同的缺点。

教师的眼里要"容得进沙子"。人无完人,每个人都有缺点,学生更不是圣人,我们要视学生的缺点为教育的契机,给予正确引导,让学生有所转变。而不是丢弃"教书育人"的职责,放任自流,更不是以点盖面全盘否定一个学生。

教师的宽容心很大程度上就是要宽容学生的不足。

在教育学生的时候,我们常常会用同一种模式来塑造学生,但是我们经常发现:有很多学生并没有按照自己设置的轨道去走。学生们或多或少总会出现这样那样的缺点。面对学生的这些缺点,我们教师该如何看待呢?这就需要我们教师学会宽容。古语说得好:"人无完人,金无足赤",我们大人也会犯错误,何况学生。因为我们的学生有童心,却没有很强的判断力和自制力,难免在思想或行为上产生偏差或失误,这时,教师如果不善加引导、以宽容的心态面对孩子的种种问题,而是严厉斥责、消极对待,那么导致的后果将不是我们预期中的孩子会知错、改正,而是有可能往更极端的方向走。

曾听到过这样一个故事:有位叫史蒂芬·葛雷的医学科学家,当记者问他为什么比一般人更有创造力时,他回答,这与他两岁时的一件小事有关。有一次,他尝试着从冰箱里拿出一瓶牛奶,因瓶子很滑,他一失手,瓶子掉在地上,牛奶溅得满地都是——像一片牛奶的海洋!他的母亲来到厨房,并没有对他大呼小叫、教训或是处罚,她说:"哇,你制造的混乱可真棒!我还没有见过这么大的奶水坑。牛奶反正已不能喝了,在我们清理以前,你要不要在牛奶中玩几分钟?"他的确这么做了。最后在与母亲一起清理完厨房后,他母亲又说:"如何用两只小手拿大牛奶瓶,你已经做了一次失败的实验。来,让我们把瓶子装满水,看看怎样才能拿得动它。"小男孩很快学会了,用双手抓住了瓶颈,就可以拿住它不会掉。

犯错对孩子来说往往是学习新东西的机会。

由此可见,犯错对孩子来说往往是学习新东西的机会,所以不要害怕学生犯错误,怕的是教师无包容之心,不能抓住机会用正确的恰当的方法对有错误的学生给予引导。那是一天中午,我刚吃完饭,才踏进办公室,有学生就跑来告状,"我们在做值日生时,×××同学把扫帚当马骑,结果扫帚和扫把柄分离了,扫帚不能用了。"又是他,这个调皮鬼啊,每天他都会给我们班带来意想不到的事,真是不让我太平啊!我当时虽然心里火冒三丈,但却克制住了自己的情绪。当这个调皮的学生站在我面前时,我没有凶狠地批评与指责,看到他低着头的样子,我半开玩笑地说:"×××,你真是有创意啊!扫帚可以当马骑啦,金老师可是从来都没有想到过啊!不过,你知道吗?就因为你的这个创意,扫帚坏了,这可害得以后的值日生们只能用手扫地了,怎么办呢?""我会想办法修好的。"不错,还知道弥补过错,这倒也省得我再想办法去总务处领扫把了,就看看他是否说到做到。第二天晨会课,我刚踏进教室,班干部就向我汇报了:"金老师,×××今天带了绳子来,他找了几个男生一起把扫帚和柄捆绑好了。"我一听,心里偷着乐了,"既然×××敢于承担自己犯下的错误并以实际行动做出补救,那就原谅他一次吧!不过,大家以后可别再去虐待仅有的这四把清扫工具了啊!不然以后可苦了大家得用手扫地!"教室一片大笑,×××也笑了。是啊,如果我们宽容地对待学生的错误,退一步来处理事情,也许就给学生创造了一次进步的机会,带给了他们一次转化错误的成长经历。我想,如果我当时对该学生横加指责的话,也许倔脾气的他会产生逆反心理,非但认识不到错误,而且也不会有第二天的将功补过之事发生了。学生犯错误的时候也是教育学生的有利契机,教师应该善于抓住这种有利时机,利用这种特殊的教育资源促使学生的错误朝着有利于学生发展的方向转化。一旦有了转化,学生既能充分认识到自己的不足,又能看到转化后的错误已经成为新的成功起点。学生的成长不就是这样无数个成功起点铺垫而成直至最高台阶吗?

不容置疑的是每个人在成长的道路上难免都会犯错误,这也是人之常情,尤其是我们的学生,他们受年龄和经验的限制,缺乏一定的自制力、判断力等,所以,我们教师需要以博大的胸怀去包容学生的错误。因为当错误已成为既成的事实,无法挽回时,你的生气与责骂也是于事无补的,责备只会使孩子更害怕和恐惧,只会让孩子在今后学会逃离现场,学会逃避责任,这也是不可取的。我们不如冷静地对待孩子的错误,教会孩子勇敢地面对、勇敢承担,把握好教育的契机,转化错误,也许这样会带给孩子更大的收获。任何一个学生犯了错误,我们首先应该站在儿童的视角,用"平和"的心来对待,引导学生勇敢地"自我承担"所做的一切。面对错误、改正错误、转化错误,就在一次次磨砺中,他们才能在成长之路上顺利前行。

宽容比惩罚更有力量。对于犯错误的学生,他的生命激情也许就在教师智慧的普照下得到充分的张扬。每一次改正错误都将成为他生命的一个里程碑,使他感悟到人的尊严和价值,使他获得努力后的成功体验,使他的心灵受到爱抚重新绽放出诱人的火花。

宽容也要因材施教,因人而异。首先要尊重学生的人格,弄清事情的来龙去脉,多与学生进行交流,找出正确的引导方法,原则性的问题不能让步,欣赏学生的长处,肯定他们的每一个进步,让他们不断地体验成功的乐趣,找到学习的快乐和自信。

在教学的过程中,我们不怕学生出现这样或那样的错误,就怕他出现了错误而不去改正。面对孩子所犯的错误,家长和教师不要盲目地去苛责他们,而是要从孩子们的立足点出发,了解他们的思想,给予他们充分的信任和支持,着重肯定事情中的闪光点,让他们自己反省,从中发现问题,进而解决问题。要用发展的眼光对待孩子,多点理解,多点宽容,他们的人生道路才会朝着美好的方向不断延伸。如果不注意让学生从过错中吸取教训,一味地过分责备孩子,只会导致孩子遇事小心翼翼、缩手缩脚,不敢往前跨出那一步。

作为教师应以人为本,处处从学生的特点出发,事事为学生的发展着想,研究他们,了解他们,并引导他们实现自我,这才是真正的良师。人非圣贤,孰能无过。教师行业是一个神圣的职业,不但要教给学生知识,也要呵护学生心灵。不管做什么事,遇到什么困难,都要用心灵去体会,学会调整自己的情绪,用乐观自信的态度去面对这个世界,用自己的博爱去滋润别人的心灵。只有尊重学生,学生才会大胆发表自己的见解,师生共同讨论,教学才能相长。

(金洁萍)

11 怎样理解"平等对待学生"这一基本原则

"平等对待学生",这是教师对待学生最基本的原则之一,但要真正做到这一点其实很不容易。我们需要从两个方面着手考虑:一、从思想意识上认识平等对待学生的意义以及体现。二、从行动上真正做到平等对待学生。

从思想意识上认识平等对待学生的意义与体现。

平等对待学生,就是打心底里承认自己和学生的平等关系。虽然教师和学生各自扮演的社会角色不同,但是一样是独立的个体,是有着鲜明个性的个体,所以教师和学生之间的关系是平等的。平等的人之间要做到的首要一点就是互相尊重。教师在处理班级事务、开展教学活动的过程中都要时刻牢记这一点,所言所行不能凌驾于学生之上。虽然我们是学生的老师,有管教学生的责任和义务,但我们教育学生的目的是让学生成为自尊自信健康快乐的个体,而不是让他们成为一味顺从于权威的木偶。因此,教师从语言的语气语态上,教学的教态上,处理事情的方法上都要三思而后行,然后慢慢地内化为自己的习惯。

平等对待学生,还在于承认每个孩子的独特性。优秀的孩子有很多种,教师不能产生思维定式,不能只认定符合某一种模式的孩子才算是优秀的孩子。每个孩子降临到这个世界时都是神圣而富有天赋的,他们每个个体都是独特的,我们教育孩子并不是要抹杀他们独特的天性,而是顺应他们的天性,引导他们朝着自己的方向发展。所以,在教育教学中,应当充分尊重每一个人的差异,尊重每一个人的选择。他们从出生到进入学校接受教育前的这个阶段因为家庭环境、社会环境的不同,因为教育观念、教学方式的不同,个性也产生了更大的差异。这后天养成的习性中,有些是不错的习惯,有些是不好的习性。已经养成的良好习惯值得教师鼓励和支持,而那部分不好的习性就是需要教师在校教育的地方。至于孩子与生俱来的天赋或者说他们的独特性,这是需要教师去发现、去欣赏的。我们要懂得欣赏每一个不同的个性,欣赏孩子们五彩的生活,要懂得发现孩子们的每一点进步与成功,真心诚意地为他们喝彩,激发他们的热情。我们如果为了我们心中单一的教育标准去衡量学生,那么势必会打压他们的天性,抑制他们的正常健康成长。

从行动上真正做到平等对待学生。

在思想上形成"平等"的观念并非难事,只要不断提醒自己,不断鞭策自己,以此规范自己的言行,就能较好地做到。但是落实到教育教学的每一个具体的事务上时,要真正做到"平等"两字并非易事。

很多时候我们以为我们做到了"平等",而实际上却还离这个目标相距甚远。在我们的身边,有这样一些孩子,他们或者上课常常走神、不守纪律,或者作业拖拉、马虎,或者学习成绩不理想……在他们身上我们教师往往下了很大功夫,花了很多时间,我们自问无愧于心,但是可能还是没有做到平等对待他们。我们是否在生气的时候当众批评过他们?我们是否在让他们补作业的时候仔细询问过他们不做作业的真正原因?在布置课堂作业或者回家作业的时候我们是否考虑过他们现有的理解和完成能力?在课堂活动的时候除了关注他们是否安分守纪律外我们是否真正为他们设计了提问或者活动或者练习?……也许,我们要做的还很多。

也许你要说,那么我们身边那些活泼开朗引人瞩目,乖巧懂事成绩优异的孩子呢?这些孩子往往是教师眼中的"宝",是人见人爱的一类学生。对于他们,我们总是做到公平了吧?其实也不一定。这些孩子可能对问题有着独到的见解,而我们为了教学进度,为了基础一般的孩子,压缩了很多让他们开阔思维或者表达自我见解的机会。而课堂上教师传授的知识有可能他们花小半节课就能理解消化,那么另外的半节课呢?如果换种方式,他们可能会收获得更多。

我们把很多的时间留给了指导和帮助学业落后的孩子,把很多的机会留给了光彩夺目的"优等生",我们还余下多少时间给班中不那么引人瞩目的孩子?诚然,教师的精力有限,我们有各种为自己开脱的理由,但是我们确实给班中不那么引人瞩目的孩子留了太少的时间和精力,而且这部分孩子是我们班中的绝大部分。对于他们我们本可以做得更多。

(俞蔚风)

12　为了安全就禁止学生自由活动吗

课间活动中,一群学生喜欢疯狂奔跑,玩跳楼梯等危险游戏,有的教师就取消了这些学生自由活动的时间。你觉得这样的做法对吗?

虽然课间疯狂奔跑、玩跳楼梯这样的危险游戏显然是存在安全隐患的,但是如果因此就取消了学生自由活动的时间也是不可取的。

教育需要果断但非武断。

作为教师,自然要明辨是非,在学生的课业学习、待人处世等方面果断做出准确的是非判断,让学生明确正误,为学生提供正确的导向,引导学生积极向上、健康发展。是非判断要坚决果断,但是处理方式上切不可武断。就拿此问题中教师的处理方式为例,课间疯跑、跳楼梯这样的活动的确存在潜在的危险,教师想要制止这种行为的判断没有错,但是如果因此就剥夺了学生自由活动的时间,让学生丧失课间休息运动的机会就是矫枉过正了。

教育重在因势利导但非一味禁止。

对于不应该做的事禁止学生去做是必要的,没有哪个教师会支持学生课间疯跑、跳楼梯的,但是让学生自由活动也是好的,学生在自由活动时的大部分游戏、活动也都是健康的,所以用禁止学生课间自由活动来打压活动中不多的一两个偏差得不偿失。大禹治水的故事我们都不陌生。大禹的父亲鲧用"堵"的方法治水,结果大水不治反害,天下水害更重。自然状态中的学生也正如这"水",如果一味地"堵",禁止他们做这个,禁止他们做那个,势必会产生两个问题:第一,学生只知道哪些事不能做,却不明确哪些事是应该做的,容易无所适从,结果就会像大水一样肆意发展;第二,太多的禁止与学生要求身心发展的天性相悖,"水满则溢",迟早要爆发,一发不可收拾。所以,禁止是必要的,但一味禁止是不可取的。

因此大禹从父亲那里总结了经验,采取了"疏导"的方式,疏通河道,导水至海,才治好了水患。我们教育学生也可以仿效大禹,采用"疏导"的方式。学生之所以在课间疯狂奔跑、玩跳楼梯是因为他们天性活泼,需要运动,同时因为认知受限,他们并不能认识到那样做的危险性。所以作为教师,应该告知学生这样做是危险的,提醒学生不要做这样的游戏。但是禁止之后学生会无所适从,不知道做哪些活动合适,这个时候教师应当给他们提供更合适的场地,和他们一起讨论选择一些有趣的合适的游戏项目。在明白了原先游戏的危险性,又有了更多的新选择后,学生定会倾向于新游戏,疏导工作也顺利完成。

当然,"堵"和"疏"是一对矛盾的统一体。处理问题不能单纯地堵或者单纯地疏,堵后必有疏,疏前必要堵。大禹治水时如果没有事先认真考察、仔细研究,检测好水的流向,确定好堤坝的位置,把该堵的地方堵上,那么在"疏导"的时候必定会出现这样那样的问题。我们处理教育问题的时候也同样,要做到先认真思考,仔细考察,细细推敲。班级管理中,堵是要做到合情、合理;疏也要建立在理解互助的基础上。先把该禁止的"堵"住,然后找到合适的方法"疏",这样才能做到科学管理,达到最好的效果。

(俞蔚风)

13 当学生反驳老师时怎么办

上课有学生当众反驳老师的意见时,有的老师可能充耳不闻、置之不理;有的老师着急否定学生的说法以便维持正常的课堂秩序、继续开展教学。后一种处理方式在新教师群体中出现的概率相对更高,而出现这种处理方式的原因更多的是来自于教师内心的恼怒或者慌张。那么,我们的恼怒和慌张又从何而来呢? 简单来说,它源于我们内心深处的教师本位。我国的教育从一开始,教师与学生的位置关系就是不平等的。在等级森严的封建社会制度中,师生间的关系就是"师道尊严","一日为师,终身为父"。这种观念历经几千年对现在的教育仍有很深的影响。在这样的文化背景下我们老师心中多多少少有这样的观念:他们是孩子,我们是大人,我们比他们懂得多;他们是学生,我们是老师,我们是来教育他们的……我们是这个课堂的掌控者,是这个课堂的权威。所以,当学生反驳或提出其他想法时,我们无法容忍,因而恼怒;我们没有心理准备,因而慌张。

要正确处理这种现象,首先要做的是摒弃教师本位,消除这种恼怒和慌张。具体可以从以下两个方面入手:

更新教学观念,充分认同师生平等。

教师的教学观念决定处理日常教学问题的态度。只有充分认识到师生平等对学生身心健康发展的重要性,才能更好地处理日常教育教学中出现的问题。师生平等可以从两个方面来理解:(1)法律、人格上的平等。学生和我们一样是拥有独立人格的人,所以,脱下"教师"的外衣,放下"师道尊严",放下教师的架子,然后再去和学生对话。(2)与学生保持同样的心理高度。教师要蹲下身子,以孩子的方式看世界,用孩子的心理感受世界。

深入理解学生,充分尊重学生个性发展的需要。

早在 20 世纪前半叶,著名教育家陶行知先生就曾批评中国传统教育是"为办教育而办教育,教育与生活脱离","先生是教死书,死教书,教书死;学生是读死书,死读书,读书死"。十分尊重孩子个性的他认为"一个不能获得正常发展的儿童,可能终身是一个悲剧"。"我们培植儿童的时候,若拘束太过,则儿童形容枯槁;如果让他跑,让他跳,让他玩,他就能长得活泼有精神。"(《学生自治问题之研究》)所以,老师需要给孩子话语权,允许孩子发表自己的主张,张扬个性。在与同学老师交流的过程中,孩子才能更好地认识自己、认识世界,才能成为正常发展的人。这才是我们培养孩子的重中之重。

在形成上述的观念意识之后,再来看待刚才的问题,就能有全新的认识和更好的方法。

虚怀若谷,坦然面对。

教师首先要承认自己并不比学生聪明。教师最容易犯的错误就是在学生面前自视甚高,认为自己懂得更多,老觉得自己在学识上高学生一等。当然,不可否认教师在这方面确实有很大的优势,但是人无完人,教师的认知不见得就很完善很全面。信息高度发展的今天,学生了解世界的渠道非常多,在某些领域更胜一筹完全在情理之中,更何况学生本身就有自己独特的视角和认知的方式,这种视角不见得就没有独到之处。

所以我们要明明白白地告诉自己:我并非完人,我有很多的不足,我仍需学习,有时回答不了学生的问题实属正常。同时,也要这样告诉学生,让学生明白老师是懂得很多知识和道理的,但并非什么都懂,知识是无尽的,任何人都需要活到老学到老。这样,学生不但不会笑话老师,还会感受到老师的真实,也与此同时学习老师的这种踏实学习的态度。而这种治学的态度甚至可以让学生终身受益。

在了解到自己的不足,让学生也了解到"学习是终身的"这一概念后,教师就不会再对学生的反驳或质疑感到恼怒或心慌,就能做到平心静气地处理问题。

广开言路,平等探讨。

学生需要被平等民主地对待,这是他们健康长大的内在需求。作为教育的施行者,教师需要充分意识到这一点,并且给学生这个被平等民主对待的机会。正如陶行知先生在《民主到哪里去》一文中所说:"解放儿童的头脑,使他们可以想。解放儿童的嘴巴,使他们可以谈。解放儿童的双手,使他们可以玩、可以干。解放儿童的时间,使他们的生命不会被稻草塞满。解放儿童的空间,使他们的歌声可以在宇宙中飘荡。"

如果学生在课堂上反驳质疑老师,老师要给予他表达自我的机会,并就他的困惑展开讨论。如果课上时间有限,可以先认真记下这个问题,并跟学生另外约定时间讨论解决。如果这个问题带有普遍性,也可在全班范围内讨论。如果时间和场地受限,而且又是开放性的问题,也可以留给学生先私下讨论。如果是老师没有解决的办法,不妨直接告诉学生,然后课后一起想办法解决。

(俞蔚风)

14 当努力的孩子拖了班级后腿

如果班上有学生成绩后进,拖班级后腿,作为教师肯定是万分着急,而且爱之深、责之切,越是有责任心有爱心的教师,对这样的学生就越是关心。但是在处理后进生问题时一定要多关注学生的心理健康问题,始终把学生的身心健康作为孩子成长的首要任务。小学阶段,首要的任务是要让孩子养成良好的生活、学习、行为习惯,通过正言正行来正孩子的心。

作为教师,我们必须明确一点:每个儿童都是一个有独立存在价值的实体,他们有自己的权利、思想、情感、需要,是正在发展中的人。后进生虽然成绩上因为各种原因不尽如人意,但是他们和其他所有学生一样,是具有独立人格的实体,我们需要尽可能地在学习方面帮助他们,但是这种学习方面的帮助必须建立在尊重孩子人格、尊重孩子个性特点的基础之上。

同时教师必须有这样的认识:这个世界上没有最优秀的孩子,只有在某个方面或者某些方面特别优秀的孩子。上个世纪末,美国哈佛大学教育研究院的心理发展学家霍华德·加德纳就已经提出了多元智能理论。他在该理论中提到:传统上,学校一直只强调学生在逻辑——数学和语文(主要是读和写)两方面的发展。但这并不是人类智能的全部,不同的人会有不同的智能组合,例如:建筑师及雕塑家的空间感(空间智能)比较强、运动员和芭蕾舞演员的体力(肢体运作智能)较强、公关人员的人际智能较强、作家的内省智能较强等。人的智能种类很多,有语言、数理逻辑、空间、身体-运动、音乐、人际、内省、自然探索和存在等,每个人所拥有每种智能的优劣不同,拥有的智能组合也不同。

所以说每个孩子都是独一无二的,他们的智力结构不同,气质类型不同,有着不同的性格、不同的喜好。每一个孩子的发展都是不同的,无论你是从同一个维度来看孩子发展的速度,还是从不同的维度来看孩子发展的优势,他们都有各自的特点。老师要做的并不是把他们变成一个模子里刻出来的某种标准产品,而是引导他们顺应自己的天性,成为更好的自己。

多元智能理论揭示:智力没有优劣之分,用强项带动弱项。孩子具有发展的差异性:孩子在能力、兴趣与爱好方面是存在个体差异的,比如,婴儿期有的孩子说话晚,到两岁多时吐字还不清晰,有的孩子却在一岁多时就能说很多话了。如果从动作能力来看,也许这个语言发展迟缓的孩子会好得多。同样,在学校里我们也经常发现这样的现象:有的孩子学习成绩很好,但是体育运动技能发展却比较落后;有些孩子语数外成绩平平,但是艺术方面却特别突出。我们不能用智能的某一方面强弱作为评判孩子整个智能发展优劣的标准。我们眼中的后进生,也只是在智力发展的某个方面或者某几个方面处于劣势,这并不意味着他们就是弱者,也并不妨碍他们成为身心健康的人。

因此,对于学习方面后进的学生,教师首先要做的是了解他成绩不理想的原因。如果是因为学习习惯差,那么就从纠正学习习惯开始;如果是因为学习态度不端正,那么就从帮助他端正态度入手。但是如果该学生学习态度良好,也经过了不断的努力,成绩依旧不理想,那么教师应该换个角度来思考问题。教师千万不要一味地把他与其他学习能力较强的孩子比较,因为这位后进的孩子必然也是优秀的,只不过他的优秀没有体现在学习上,又或者这种优秀还没有被教师或者他自己发现。如果教师能做到不轻易拿他和其他同学比较,并不断地以各种方式告诉他——他是独一无二的,他是特别的,他不需要跟任何人比较,只要做好自己就好,那么这个孩子的自尊就能正常发展,他就能和其他孩子一样自信快乐地成长。而且我们有理由相信在将来的某一天他可能就会发现自己的优势,找到自己的乐趣,获得美好的生活。

(俞蔚风)

15 教育"无效"时允许放任吗

雅斯贝尔斯在《什么是教育》中这样理解教育:"教育的本质意味着:一棵树摇动另一棵树,一朵云推动另一朵云,一个灵魂唤醒另一个灵魂。"作为一名教师,我们的职责除了传道、授业、解惑外,还应尊重和理解每一位学生。纵使他生性顽劣,但他终究是一个孩子。我们教育的本质是平等对待每一个孩子,做到不放弃、不纵容。

每一位教师都应遵守《中小学教师职业道德规范》。

师德,是教师应有的道德和行为规范,是全社会道德体系的组成部分,是青少年学生道德修养的楷模之一。从实践的角度看,具有高尚情操、渊博学识和人格魅力的教师,会对其学生产生一辈子的影响。《中小学教师职业道德规范》第三条指出:关爱学生。关心爱护全体学生,尊重学生人格,平等公正对待学生。对学生严慈相济,做学生良师益友。保护学生安全,关心学生健康,维护学生权益。不讽刺、挖苦、歧视学生,不体罚或变相体罚学生。从中可见,放弃对学生的教育,其实也是变相的体罚,这是一种对学生心理的惩罚。

我们要正确认识受教育个体的特殊性。

我们的学生都是一个个鲜活的个体,无论长相、爱好,还是品德、性格都是不一样的。因此我们要智慧地对待班上那些让人"头疼"的孩子。我们要相信,每个孩子身上必定有属于他的可爱,属于他的天赋。无论谁,都渴望成为大人眼中的好孩子。

刚工作不久,我接班后就遇到了一个令人"头皮发麻"的孩子。有一次,他没有抄写作业题目,竟然叫后面的女生帮他抄。这个女生非常乖巧懂事,性格又很文静,在他威逼利诱下不得不帮他抄。他不但没有一点愧疚感,还在边上大声呵斥道:"快点,快点,你怎么那么慢真是笨死了。"一边说，一边还用手指戳女生的脑门。我看到那一幕，非常生气，一把把他拉到边上，从女生手中夺过本子。"你给我在这里冷静冷静，想想你刚才的行为，像什么？"原本想冷处理一下，让他自己反省，没料到他不停地嘀咕："我又没有做错什么，干吗让我站着，我又没有做错什么……"他不停地反复唠叨，表现得很不服气。我知道他的脾气用以往的批评教育是一点都不起作用的，任之不管的话，这个孩子真是很麻烦。

意大利著名的幼儿教育家蒙台梭利曾在《幼儿教育》一文中这样写道："道德的营养不良和精神的中毒对人们心灵危害，正如身体的营养不良对身体健康的危害一样。"我决定换种方式"治"他！中午放学，大家排队去吃饭了。他早已忘记刚才不愉快的事情，拿着水果疯狂地冲向楼梯。我抓住他，让他回教室，说："你不用去吃饭了，有人替你吃饭了。"他一脸迷茫，说："老师，什么意思？""你不是什么事情都要别人替你做吗？我让×××同学替你吃了。"我一脸严肃地说道。这时他才似乎明白了什么。下午的一节课上，他举手示意要去上厕所，我连忙拦住，说："不用你去了，我会打电话给你保姆，让她来帮你上厕所。"全班同学哄堂大笑，他这才明白我为什么两次让他"难堪"。下课后，我把他叫到办公室，没等我开口，他就很不好意思地承认错误了，还对我说："老师，以后别让我出糗了。"听了这句话，我才知道这位永不认错的"犟脾气"也服软了。

在教育工作中，我体会到转化后进生是一份艰苦的工作，但又是一份充满艺术的工作。教师要对后进生充满信心，用心去关爱他们，用适合的方法去纠正他们的不良习惯，千万不能把他们与同学孤立起来。要想他们能与同学融洽相处，首要的就是改变他们的习性。这样，他们才能做砌墙的石头，后来居上，才能把枯萎的花瓣凋零，生长出更娇艳的嫩苞。

（戴雨飞）

16 拉票现象的两面性

"在一次评优投票中,我发现班级中出现了比较严重的拉票情况。我认为,这性质极为恶劣,需要狠狠整顿。同一个办公室的老师却认为这是正常现象。"

这个现象不能绝对说它是正确的,也不能绝对说它是错误的。每一个现象都是有两面性的,针对这个现象我们可以从积极和负面两个方面辩证认知。

从评优投票这个事件中出现的拉票现象来看,我们可以发现班上那些拉票的学生思想上还是要求上进的。他们至少渴望得到荣誉,渴望得到肯定。因此教师碰到这样的现象,我认为不能一味地去判断孩子是正确的,或是错误的,而是应该客观地去引导学生认识这次的投票事件。

学生在一个集体中生活,对于荣誉的渴望说明自身是要求发展的。拉票现象,是学生对于争取荣誉的认知偏差。教师应该引导学生正确地看待荣誉,更要合理地去争取荣誉,懂得荣誉需要自己付出努力而取得。

当今社会,很多场合,成年人拉票现象泛滥,这种不正之风也影响了学生,学生的是非观念还没有完全形成,不能正确地辨认拉票这个现象背后的负面影响。因此,教师需要采取干预措施:

改变不合理的认知。

"认知"是指一个人对某件事或某个现象的认知和看法,对环境的认识和对事物的见解等。由于文化、知识水平及周围环境背景的差异,人们对问题往往有不同的理解和认知。因此,班主任要改变学生们现有的不合理的认知,试图改变学生对自己、对他人或对事情的看法与态度,从而改变所呈现的心理状态。

首先,班主任要让学生知道"评优"这件事本身是表彰各方面突出的学生。能参与"评优"的学生都是班级里的佼佼者。因此，这些学生好胜欲望更强，有时候不免会被不良风气所影响。

虽然那些表现不错的孩子对于荣誉的渴望更高些，但是他们的认知水平还不够高，因此老师要及时纠正他们不良的认知。比如：学习成绩好的学生什么都好，老师一定觉得他优秀；评优可以靠同学们之间的关系，互相拉拢人心来得到票数。

重新认识"评优"投票。

首先，班主任在班级里开展一次特色晨会——"我怎么看待投票"，让同学们说说是怎么给班级的同学投票的？标准是什么？为什么要给他投一票？同时，也让那些之前通过投票而评上优秀的学生说说看，自己是怎么被同学认可的？大家通过同学的讲述及教师的正确引导，明白投票的标准其实不在于自己是否会拉拢关系，更多的是自己平时各方面表现的优劣。

接着，班主任可以准备一节主题班会课。通过主题班会课，针对班级这股不正之风进行一次辩论大赛。正方为评优可以拉票，反方为评优不可以拉票。同学在辩论中阐述自己的观点，从而全班同学形成一个共同的观念。这样比老师说教更有效，更有说服力。

最后，班主任可以进行一次面对面的谈话。对于那些严重拉票的学生进行心理疏导。不仅要纠正正确的认知，还要慢慢调节他们的心态。告诉他们不要刻意追求评优的结果，更不能因为评优而在班级里兴起这股不良风气，其实评优只是对学生一个阶段或者一个时期优秀表现的肯定，这需要平时点滴的努力和付出。同学们的眼睛都是雪亮的，他们一定会为那些品行优秀、成绩优异的小朋友投上宝贵的一票。

（戴雨飞）

三　主要看气质

不看颜值,看气质。教师独有的气质是什么?阳光。

教师就如太阳,洋溢着蓬勃的朝气,散发着自然的魔力。于是,孩子们总喜欢围在教师身边,叽叽喳喳,欢声笑语。

教师就如孩子们的另一个"我"。开心与不开心,喜欢与不喜欢,努力与不努力,一切的一切,教师似乎总能"明察秋毫",如数家珍。

教师就如智者,调皮捣蛋也好,各种摩擦也罢,教师的笑容和煦,话语轻柔,温暖且富有力量。于是,孩子们的笑容也如阳光般灿烂。

17 学生最喜欢的教师是什么样的

下面是笔者为某小学学生对教师素养的要求进行的问卷调查:

【试卷】

同学们,你们最喜欢什么样的美术老师?请按照顺序进行排列。

①长得美(帅)②才气逼人 ③很热情 ④能说会道 ⑤和同学们打成一片 ⑥上课有创意 ⑦做事认真 ⑧公平对待同学 ⑨其他

按顺序排列:＿＿＿＿＿＿＿＿＿＿＿＿＿＿＿＿＿＿

调查意图:①长得美(帅),是关于教师的外形要求。②才气逼人,是关于教师的专业素质。③很热情,是关于教师的个性。④能说会道,是关于教师的口头表达能力。⑤和同学们打成一片,是关于师生关系的。⑥上课有创意,是关于教师的课堂教学能力的。⑦做事认真,是关于教师的工作态度的。⑧公平对待同学,是关于教师的评价的。⑨其他,通过学生补充相关内容,了解学生对教师素质的要求。

【结果】

学生欣赏教师素质情况排序表

序号	老师素质	学生排序（排序的平均数）	比值(b＝数值/总和)	重要性1/b＊1％
1	公平对待学生	3.24	7.44％	13.44％
2	上课有创意	3.26	7.48％	13.37％
3	做事认真	4.65	10.67％	9.37％
4	和学生打成一片	4.81	11.04％	9.06％
5	很热情	4.89	11.23％	8.90％
6	长得美(帅)	5.24	12.03％	8.31％
7	才气逼人	5.51	12.65％	7.91％
8	能说会道	5.69	13.06％	7.66％
9	其他	6.27	14.39％	6.95％

【分析】

学生欣赏教师素质排序情况示意图

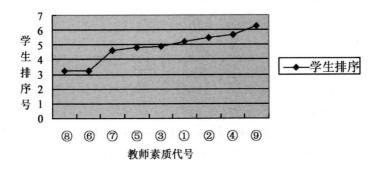

从上图可见,学生最希望教师具备的素质是能够公平对待学生和上课有创意。前者是关于教师的评价能力,后者是关于教师的教学水平,这两方面和教师的其他方面的素质相比,学生的需要最迫切,落差比较大。排在后面三位的分别是长得美(帅)、才气逼人和能说会道。

由此可见,学生对于教师的外形、专业素质能力和口头表达能力要求不是太高。

通过学生对教师的素质要求,可见教师的教学素质可以采用 $1/b$ * 1％的公式来表达。

教师自身素质结构示意图

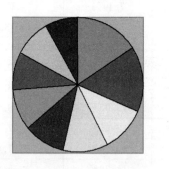

- ■ 公平待生
- ■ 教学创意
- □ 做事认真
- □ 和学生打成一片
- ■ 很热情
- ▨ 长得帅
- ■ 才气逼人
- □ 能说会道
- ■ 其他

如果我们把上述有关教师素养的具体描述进行归类,可以看出,学生对教师的道德修养要求最高,其次是课程能力和教学能力,对于专业能力要求相对最低。果真如此吗? 我们不妨从国内外学者对学生的调查问卷进行分析。皮连生在《学与教的心理学》一书中,归纳了有效教师的 12 项特征,依次分别是:合作民主,仁慈体谅,能忍耐,兴趣广泛,和蔼可亲,公正,有幽默感,言行稳定一致,有兴趣研究学生的问题,处事有伸缩性,了解学生给予鼓励,精通教学技能。排列顺序也和上文归纳的类似。初高中学生有所不同,心理学家谢千秋对学生喜欢的教师的调查结果依次是:教学方法好,知识广博肯教人,耐心温和容易接近,实事求是严格要求……把教学能力和专业水平排在前列。日本学者对中小学生作了相关调查,排在前几位的分别是:教育热心,理解学生,教学方法好,教学易懂,亲切平易近人……把师德修养和教学能力放在前列。

在此,笔者还是要说,上述对于教师素养的分析是静态的,在不同的教学实践中,教师对教学素养的运用还是不同的。例如在面对技能要求相对较高的教学任务时,教师会更加注重表现专业能力。在面临教学难度较大的教材时,教师会更愿意把注意力放在教学能力方面。在低年级教学中,教师会有意识和学生拉近距离。在高年级的教学中,表现得大度和幽默的教师会更加受欢迎。下面笔者分别从师德、课程能力、教学能力和专业能力这四个方面,对教师的素养进行分析。

师德,让教学充满使命感。

展现课堂的意义和价值,是推动教学行为的主要方式。而能让自己的整个教学行为都充满意义,良好的师德是必不可少的。苏霍姆林斯基在《给教师的 100 条建议》一书中写道,"那位历史教师说,'对这节课,我准备了一辈子。而且,总的来说,对每一节课,我都是用终生的时间来备课的。不过,对这个课题的直接准备,或者说现场准备,只用了大约 15 分钟。'"这种毕生备课的做法,没有高尚的师德是无法做到的。笔者在教学《轻歌曼舞樱花谣》一课中问学生,你们喜欢日本这个国家吗?大部分同学都表示不喜欢。我接着问,那么你们喜欢日本的艺术吗?有部分同学马上认识到问题的所指,表示喜欢。我接着问,为什么?"因为日本的科技很先进。""日本的卡通很好看。""日本有很多值得我们学习的地方。"我点头表示同意,"远在唐代,日本向我国学习文化。在近代,我们国家的很多科学家、艺术家都向日本学习。日本的艺术有很多值得我们学习的地方,今天我们就来学习《轻歌曼舞樱花谣》。"这样的设计,顿时让学生明确了学习的使命感,大家的神情变得肃然起来,整节课都自觉地保持着极高的注意力。在课后,听课老师谈到,听了这节课明白了,某个民族在某个时刻可能是有罪的,但是人类的文化是无罪的。我也谈了自己上课的原因:"在当前的儿童中出现了两种现象,一种是'哈日',一种是'仇日',更可怕的是在这种民族情绪的后面,孩子们缺失了正确的价值观和选择能力。这就是我上这节课的原因。让学生建立理性的艺术态度,形成高尚的爱国情操。"在这节课上,大家共享了这种道德情怀,取得了良好的教学效果。

课程能力,寻找最佳路径。

在《变化的线条》一课的课堂观察中,有位老师归纳出一种"避让式"教学设计方法。

他认为,本课的教学设计需要避让以下的环节。要考虑到教材因素,一些已经学过的教材和还没有接触的教材需要避让。教材中一些学生无法掌握的内容需要避让或者重组,例如毕加索的名画,学生作初步了解就够了。对于教材中的不足的内容需要补充,例如要避免出现太多具象性的范作。教学要考虑到学生的兴趣,低年级学生技法要求一次一般不要超过三个知识点,需要提供一些外部"刺激",学生最好采取画画玩玩的形式。此外还要考虑教师身边的教学资源有哪些,自身的教学风格有什么特长。考虑到这样的障碍,那么绕过这些障碍的途径就是最佳的教学设计了。

教学能力,简单的就是最好的。

那是我在一节艺术课中,遇到了一位同学的质疑:"啄木鸟吃虫子,是为了给大树治病,还是为了填饱自己的肚子?""那么你的看法呢?"说实在的,我还没有理解孩子的想法,只能把这个问题抛还给了他。"我认为啄木鸟还吃在树木外边的其他的虫子,所以它吃虫子完全是为了填饱自己的肚子。"有些同学当场表示了赞同,还有些同学看着我,等待着老师的表态。我刚想表示赞同,可是仔细一想,如果把啄木鸟的行为仅仅归结为一种自私的行为,那么肯定会降低同学们对它的审美感受,也不利于审美活动的有效展开。而且简单地肯定后者而否定前者,并不是一种全面的、辩证的思维,更可怕的是,这样冰冷的判断无疑会使学生丧失一种道德价值标准。于是我问道:"如果啄木鸟不吃树木中的虫子,会出现什么样的后果?""树木会枯萎……""啄木鸟也可能会失去居住的环境,丧失食物的来源,是吧?"同学们用力地点点头,我接着问:"那么你们现在的看法呢?""我明白了,啄木鸟吃虫子,不仅是为自己找食物,也是为大树爷爷治病。"我微笑地点了点头,同学们虽然没有说出"双赢"和"可持续发展"等时髦的词语,虽然还不太明白用辩证的眼光去观察事物,但是从同学们的回答中可以看出,他们的眼界更加宽广了,思维更加全面了,情感更加鲜明了。我也明白了,对于孩子的教育,需要用孩子的语言,踏着孩子的思维足迹,让孩子自己行走。

专业能力,让教学充满美术味。

在《画夜景》一课的教学中,技能操作是一个重要内容。技能操作需要建立动作模型,动作模型离不开程序性知识和形象的操作。口耳相传是造型艺术教学的一种方式。

在本课教学中,笔者一方面注重运用实用及描述性语言,尽量回避抽象性的概念性的语言,例如"明度""顺序"等等,而代之以"放烟花""给颜色排队""让桥亮起来"等语言,使学生建立起心中的一种意象。并且通过语言途径的逻辑性表述,使各个片段连接起来,形成整体的模型。

另一方面,笔者注重了教师的演示,从教师的一投足一动手之中,把动作技巧传递给学生,让学生接收到多元的信息,感受到创作的同时性和现场性,在与老师的共同创作中,规范动作,建立程序形成动作模型。

……

总而言之,学生喜欢的教师可能是各不相同的,但是只要教师把一片赤诚的爱作为根基,就能在师德、教学、交往等各方面绽放出美丽的花朵,受到孩子的喜欢。

（娄小明）

18　学生最讨厌的教师是什么样的

学生最讨厌的教师是什么样的? 可能没有统一的答案。一些违反法律法规和师德表现的不在此讨论范围内,笔者要和大家交流的是,最让新教师感到困惑的是有时教师付出了巨大的心血和辛勤的劳动,却换来孩子们的不理解。

例如某所学校尝试学校管理改革,采取学生考核教师的方法。结果,某位年年考核优秀的教师,由于平时对学生管理严格,在考评中名次垫底。让她更加想不通的是,一些工作马马虎虎、管理松松垮垮的教师却在学生中大受欢迎。

这样的事情笔者也经历过,在教育局对学校督导中,其中一个环节就是让学生评价音体美等学科教师。等到一汇总,发现问题可大了。一些教学上成绩显著、工作认真负责的教师普遍受到学生的批评。学生们认为的好教师是:信息课结束后能够让学生上网聊天,综合实践活动课教师从来不批评他们,活动课教师能够让他们在教室里做家庭作业,体育课教师能够让他们自由活动……幸亏在这次考核中,没有把学生的意见作为主要的依据。但是,学生对好教师的评价和教师们的观点如此不同,还是引起了教师们的阵阵感叹。

笔者要告诉年轻教师避免上述"麻烦"的三个技巧是:

首先,要让学生们正确看待批评。

笔者曾经问学生,你们是喜欢批评还是喜欢表扬?所有的学生都选择表扬。问他们为什么,学生们的答案五花八门,因为表扬会让他们感到开心,说明他们学习好,能够让他们更加自信。的确如此,但是良药苦口利于病,忠言逆耳利于行,教师对学生们进行批评,是让他们发现自己的缺点,能够做一个更好的自己。听了教师的话,有的同学表示能够接受批评,但是还是有一部分同学喜欢表扬。更多的学生可能理解了教师讲的道理,但是在实际的实施中,听到教师的批评时,还是会感到不开心,甚至会产生怨恨的情绪。如果这时候让学生去评价教师,他们很可能会做出错误判断。《论语·尧曰》写道"不教而杀谓之虐"。与此同理,"不教而评谓之戏"。所以教师的责任,是要让学生树立正确的价值观,了解评价的作用和意义,站在评价对象的角度去思考,这样才能做出合理的判断。有这样一位班主任,发现在思想品德课上,教学的气氛非常好,学生们常常爆发出哄堂大笑声,下课以后有些调皮的男生还缠住老师不放。经过了解,发现不是这位教师的教学水平有多么高超,而是为了讨好学生,他故意在课堂上扯"山海经",说笑话,有时甚至还流露出一些不健康的话语……该怎么办呢?这位班主任很智慧,他组织了一次班队课,让学生讨论什么样的课堂才是好的课堂。学生们发现了,让人发笑的课并不一定是好课,好听的内容不一定是有用的知识……在之后的思想品德课上,学生们就把这样的想法透露给了这位教师。由于"市场"小了,加上一些学生的反对,这位教师上课也就不再"跑火车"了。试想,如果学校没有把好课的标准讲给学生听,一味让学生去评价教师,那么很容易让学生做出错误的判断。所以让学生拥有正确的观点、良好的心态,才是合理评价教师的前提。

其次,要和孩子心理置换,在任何时候都要保护孩子的人格。

苏霍姆林斯基曾经说过:"要唤醒那种无动于衷的孩子……就是要让这个学生在某一件事情上把自己的知识显示出来,在智力活动中表现出自己和自己的人格。"记得我曾经上过一节很重要的录像课,在试上的过程中发现学生很不配合,一个小调皮居然上着课,就躺倒在了地上,玩起了就地十八滚的游戏。我当时心里是多么懊恼啊!真想把这个屡教不改的顽皮学生请出教室,让课堂清静下来。再说也不是没有这样的先例,有不少精美的录像课就是这样"做"出来的。可是转念一想,假如自己就是这位学生,被剥夺了上课的机会,造成的伤害肯定是难以弥补的,也会一辈子记恨老师。将心比心,我怎么会让自己的课堂付出这样惨重的代价呢?于是,在我的课堂上,有基础较差的学生需要教师手把手地辅导,有纪律差生需要教师经常"敲警钟",还有一些学困生无法做出精彩的作业……连拍摄录像的教师都说,这是一堂"家常课"。可是,我要说这是一堂让我"心安"的"家常课"。

第三,要多和孩子们交流,在交流中增进彼此的情感。

青年教师要练就的一项基本功,就是要和孩子展开交流,在多种多样的交际活动中,增强彼此之间的情感。这种交流不仅仅是在课堂中,还包括课外,甚至包括走进孩子的家庭,倾听孩子的困难,甚至听一听社会意见。只有如此,师生彼此之间才能进入一片隐秘的内心世界,发现一个课堂外的更加坦诚的自己。就拿笔者的亲身体验来说吧!我作为一名副科教师,和学生打交道的机会很少,虽然每周有两节课和学生见面,但是彼此之间都没有留下深刻的印象。直到有一次,我带着孩子们到新加坡去旅学。一路上大家吃在一起,睡在一处,有的学生生病了,老师为她在机场打开水。孩子们在公开场合大吵大闹,引起当地保安的不满,教师跟对方进行交流申诉。每天还要督促孩子们搞卫生,按时休息,把良好的印象留给当地学校……经过了这一段不平凡的经历,我突然发现,孩子们跟我拉近了距离,称呼我为"老大"。名称虽然不雅,但是显而易见,他们和我的距离拉近了。我体会到,在现在这个我们过分依赖电子工具、正规活动、课堂教学的环境中,体会一下对方的"私人空间",更加有利于师生双方消除代沟,彼此谅解。

19 教师该如何调解工作和家庭的压力

曾经,有一位年轻教师"诉苦":教师的工资非常微薄,常常为不能够给妻子买上一件高档时装而羞愧,不能够为孩子提供优越的生活条件而苦恼,不能够提高自己的生活条件而困惑。他谈到自己假期经历,有的同学走上了仕途,有的朋友下海经商,他们能够在酒吧尽情消费,几万块钱的洋酒每人一瓶,一次消费下来上百万,自己一辈子也赚不到这些钱啊!再看看周边的一些所谓的成功教师,虽然有些教师是特级教师,但是生活还是非常窘迫;有的教师虽然画画也有一定的名声,但是比起专业画家来还是有很大的差距;有的教师虽然出了一些专著,但是只是在自己的圈子里小有名气。自己虽然在假期里面努力看书,勤奋备课,不断进行专业训练,但是常常感到迷茫:难道自己的一辈子只能这么过吗? 作为一名教师该怎样实现自己的人生抱负?

听到这样的"困惑",再想想自己刚走上教师岗位的那段日子,的确,教师的压力并不小,处理不好工作和家庭的压力是主要原因。根据笔者二十多年的从教经历,我是这样劝说这位教师的,并希望能够给各位年轻教师以启示。

首先,要认识到教育生活的独特幸福。

教师的职业虽然不能让你过上"显赫"的生活,但是它有自己的独特幸福。早晨,看到许多同学向你问好,你感受到了每一天生活得充实了吗? 你感到自己的存在感了吗? 感到孩子的朝气充满你的肺腑了吗? 看到孩子们一边坐着公交车,一边看书,这种学习的力量让你保持好学的品质吗? 这种生活的美感每一天都能给我们以动力。教师有两个多月的假期,能够让自己一边工作,一边休闲,这种生活的节奏,比起"老板们"的日夜辛劳,疲于交际,是否是一种更加健康的生活方式呢? 看看你的孩子,你能够陪伴他享受童年的幸福,能够看着他每一天的进步,你收获了亲情,给予孩子学习和生活的智慧,即使他无法成为学习的佼佼者,也能够在成长的道路上少犯错误,这难道不是一笔更加丰富的"家庭财富"吗? 也许当一名普通的教师不能使你腰缠万贯,不能使你成名成家,但是能够享受到社会的尊敬,这是教师这个职业的特点,你需要看到精神上的富足,忽视物质上的相对不足,这关系到你的价值观。如果能够看到这朵玫瑰上的"花朵",那你就坚持吧;如果你只看到上面的"尖刺",那么趁早另谋职业。

其次,要处理好教育与生活的关系。

陶行知提出过"生活即教育"的观点,这对于我们的教育生活也有启示。有的教师缺少一种相互协调的智慧,而你需要处理好工作和家庭的关系。不要认为将学校的工作带到家庭中就是一种尽职的表现，不要认为只顾工作不顾锻炼身体就是一种师德的表现，你需要享受学校生活的美好。笔者曾经承担一周 22 节美术课，六个年级备课（详案）的工作量。也许你觉得这样的工作有点多，但是我坚持一个原则，在大部分情况下，不把工作带回家。我常常前两节课备课，后五节课上课。正是由于这样的磨炼，我能够在一个学年就熟悉整个小学阶段教材，而且上好每一节课。正是由于这样的工作节奏，我在教学比赛中享有了优势，能够在其他选手疲于备课的时候，自己有充足的时间准备教具，在教学比赛中荣获了一等奖。我认为，教学的智慧不是加班加点就能够获得的，不拖课，不加班，有时候倒能够让孩子越学越聪明。记得著名特级教师薛法根曾经发明了作文学生互批的方法，大面积提高了孩子的写作能力。当然，不同学科、不同年龄段的教师，需要不同的方法，不能一概而论。

最后，学会给自己的工作和家庭创造良好的氛围。

当然，你需要获得家庭的认可与支持。美国教育家诺丁斯就认为，教育的幸福更主要的是良好家庭氛围的营造。你的家庭需要很多奢侈品吗？你的妻子（丈夫）认识到了你的职业给家庭带来的幸福吗？你的孩子获得了你的家庭教育的智慧了吗？如果他们还没有，可能是他们还没有认识到，你需要向他们解释，需要让他们感受到你的工作的价值。也许是你晚饭后和妻子（丈夫）的散步时间，也许是你假期中为家里人烧饭的时间，也许是你给孩子读书哄他入睡的时间，也许是你收到学生祝福的时间，都是你展示自己职业幸福的时间。美国最美教师雷夫在报告中曾经说过，自己的成功很大一部分来自家庭的帮助，他收入的一部分用于学生的"游学"活动。这样做是为了给自己的孩子一个表率，做一个对社会有帮助的人。

（娄小明）

20 怎样了解每一位学生

作为教师,我们面对的是许多不同鲜活的个体,要管理好班级,教育好学生,就必须尽可能地多了解学生。我们要了解每一位学生的真实情感,知道每一位学生的优缺点,明晰每一位学生各科发展的差异,才能让教育教学工作顺利展开。可是光靠自己一个人的力量是不够的,这就要求任课教师之间团结、协调工作,多管齐下,才可能更全面地了解学生。

不同角度观察,全面了解学生。

教师只有全面地了解自己班级中的学生,才能因材施教,更好地教育学生。那么,作为一名小学教师,我们该如何去了解学生?

首先我们应观察了解学生。不管是在课堂上还是课后,作为教师,我们都应该留心观察学生,注意他们细节的变化。因为孩子对外界事物反映比较敏感,往往所有情绪都挂在脸上,体现在行动上。当我们发现问题时,应及时与他进行交流,全面地了解,随之进行引导和帮助。其次,我们也要多关注课后学生的表现。课后的交流是增进师生情感、了解学生的重要途径。你会惊喜地发现那些课堂上不爱回答、不爱表现自己的学生,也许课后很活泼。因为课间休息的环境氛围很轻松,教师和学生都褪去了彼此之间身份的隔阂,更容易走进彼此、了解彼此。因此,教师要"蹲下来看孩子",常常走到学生中间去,建立和谐良好的师生关系。再次,我们还应利用好班干部,经常性地召开班干会议,通过班委会去了解全班的学生。因为作为班干部,他们和同学相处的时间要比老师长,又因为他们是同辈、同级,对学生们的纪律、卫生、课堂表现等方面都了解得比老师更全面。总之,教师了解学生的途径有多种,我们应把握时机、注意方法,全面细致地去了解自己课堂上的每一个孩子,这样才能更好地搞好教育教学,更好地因材施教。

以班主任为核心,形成教育合力。

班主任是一个班的组织者、领导者和教育者,也是一个班中全体任课教师教学、教育工作的协调者。班主任有权利和义务向任课教师详细介绍整个班级情况,让任课教师全面掌握班级。

在班级学生中常常有一种奇怪而又普遍的现象,就是学生对于班主任的态度和对于其他任课教师的态度是不一样的。班主任上课,学生认真倾听;其他任课教师上课,学生呈现千奇百怪的状态,教师在上面讲,下面做什么的都有。

一次英语课上,一名优秀学生的手机突然响了,英语教师很生气,当时就没收了他的手机。课后,英语教师向我反映情况,并把手机转交给了我。与此同时告诉我,班级不止该名学生上课玩手机,影响很不好,希望我处理好这件事。利用课余时间,我把那名学生叫到办公室,对他上课摆弄手机的事实进行了严厉的批评,并告诉他把手机收好,不要再带入教室。第二天的早自习,我在班级宣布了一条纪律,任何同学以后都不要把手机带进教室,发现违纪者,手机暂没收,等家长来取,从那以后再没出现过类似情况。之后,我更是向所有任课教师询问不同课堂上学生的不同表现,及时发现班级学生的问题,及时调整。足以见得,以班主任为核心的教育合力的形成,更有助于学生的成长。

在此基础上,班主任应定期召开任课教师会议,把班上学生情况、班级的优点、缺点介绍给任课教师,使任课教师心中有数,有的放矢地进行教育教学。同时,班主任也能从各科任课教师那里了解学生的不同情况,以便更好地管理班级。

消除彼此隔阂,加强情感交流。

一个班级的任课教师之间的关系不仅仅是工作关系,更是一种合作、协同的关系。因此,教师之间做好情感交流工作,是所有教师更好地了解班级、了解学生的有效途径。情感融洽了,教师们之间就亲近了;情感融洽了,教师们之间就默契了;情感融洽了,压抑的心情就愉悦了;情感融洽了,繁重的工作就变轻松了。

每个教师都是个性的,都有着自己独特的教学风格。而学生也是独特的个体,也有个性差异。教师教育学生的经验和方法各不相同,学生呈现在每一个教师面前的状态也不同。因此,不同任课教师之间多交流、多沟通能更好地了解学生平日学习生活中的各种不同想法,能更好地掌握学生的思想波动,从而及时调整教育方式方法,反馈学情。学生在成长,班级情况在不断地发生变化,因此,班主任就有必要及时掌握学生学习上、生活上、心理上、生理上的变化,并把这些变化及时反馈给任课教师,以便任课教师及时了解,因材施教,加强教育教学的针对性。每一位教师之间都应进行主动的沟通,只有真诚主动的沟通才能有效、及时地了解每一个学生的学习、日常生活情况,进一步采取有效措施,调整自己的课堂和教学,促进学生的全面发展。

新课程改革要求教师从传统的教育教学孤军奋战的状况转变为团结奋斗的教育合力,因此我们倡导加强教师之间的合作。只有这样,我们才能更好地做好教育,更好地培养优秀的栋梁之材。

(戴燕妮)

21 学会控制自己的情绪

作为教师,我们都希望学生和我们之间能形成欢乐融洽的气氛,然而真正做到这一点却很难,往往会受到很多因素影响,其中,我们的情绪占了很大的比重,它是左右教师和学生关系密切程度的关键因素之一。所以,作为教师,我们应学会控制自己的情绪。

学会用微笑面对每一个学生。

笑容是最美丽的语言,它能以最快的速度拉近两个人之间的距离。每节课在走进教室的时候提醒自己别忘了微笑;当发现自己的课堂上有人开小差或布置的作业没有完成想发脾气时,想象可能会带来的后果。老师惩罚学生,带着烦躁的情绪给全班学生上课,可想而知学生因受到老师的不良情绪会变得无心上课,课堂的教学效果也会大打折扣。与其这样,不如我们尝试用微笑来包容学生犯下的小错误。当老师比较急躁时,切记不要将它传染给学生,尝试做一个深呼吸,再来一个微笑,一切的事情都得到解决,不是更好吗?

以前我一直是班主任,一个严厉的班主任。每当学生犯错误时,我都会毫不留情地进行批评。因此学生见了我就像老鼠见了猫,每当犯错误被我叫到跟前批评时会吓得瑟瑟发抖。从前的我不以为然,认为那是我老师权威的体现,学生就应该怕老师。这学期,由于岗位的调动,我不再当班主任。与他们接触的时间少了,看到的错误也少了,脾气自然也少了,笑容越来越多。渐渐地,我发现了一个奇特的现象,原来被我看作是死不悔改的顽固分子,竟然不再经常性地犯错,而且越来越愿意跟我亲近,有问题也愿意找我帮忙。我忍不住好奇便问他们原因,他们羞涩一笑:"老师不凶了,即使犯了错也不骂我们了,我们就不再老想和你对着干了。"其实他们哪里知道,我是没时间骂他们了。没想到却也意外收获了惊喜,原来笑容真的更有感染力。

学会用宽容原谅每一个学生。

圣人说得好:"人非圣贤,孰能无过。"我们作为教师、作为大人都在犯错,更何况是小学生?不妨回想一下自己的学生时代,我也曾旷过课、落过作业、开过小差、骂过老师,甚至还大胆地在课上看小说。将心比心,我们为什么不能宽容地对待和我犯过同样错误的我的学生呢?尝试说服自己去宽容和谅解学生,这样你那因学生犯错而勾起的怒火便会消失殆尽,你也会更加理智地处理问题,不再意气用事,自然也会赢得学生尊敬。

记得在新闻里看到过这样一件事情:广东某所学校的一名老师因为学生没有按时完成作业,用棍子打手惩罚他,导致学生手被打断。

社会的舆论当然会指责该老师,那我们能否避免类似事情的发生呢?这事件值得我们深思,作为大人也有犯错误的时候,何况是一个孩子呢?每一位教师应记住,当我们对犯错的学生伸出手时,请忍一忍,因为这样的行为会伤害他们心灵;当我们面对犯错的学生张嘴骂时,请记住那犀利的语言是伤害孩子最无形的利器;当我们面对犯错的孩子想要向家长告状时,记住你责备的不仅仅是一个小孩,而是一个家庭……记住:冲动是魔鬼,容忍是天使,面对孩子的错误,我们不需要太较真,宽容对待,未尝不是一件好事。

学会尊重每一个学生。

教师必须尊重学生的独立人格,我们面对的每一个学生,无论外貌长相,无论家庭背景,无论成绩优异与否,他们也都会成长,走上属于自己的人生道路。我们应学会树立正确的学生观,要让每一个学生在人格上得到最大的尊重。

在学校,令我们最为头痛的往往是调皮捣蛋的学生,而这些学生经常性地犯错更使老师不能容忍。遇到这样的孩子,我们不妨先压制住内心的怒火和对他们的否定,多发现问题学生身上的闪光点,就算是表现再糟糕的孩子,他身上也有值得人表扬的地方。教师能抓住孩子的闪光点并加以表扬鼓励、放大优点,就能重塑他们的自尊与自信,更有助于教师转化问题学生,矫正他们的问题行为。教师要相信自己的教育,相信自己的学生,以尊重、理解、信任和鼓励的强大精神力量去感化学生、诱导学生,给学生自我修正的时间,提升自我进步的主动性。

我们要学会控制自己的情绪,受益的将是你的亲人、你的朋友、你的学生,而最终受益的将是你自己。

(戴燕妮)

22 管不住学生怎么办

要成为学生喜爱与尊重的教师,这就要求我们在他们心中享有足够的威望。教师有了威望,学生就会诚心地接受我们的教育,开展教育教学工作就会顺风顺水;教师没了威望,学生就会将我们的话当作耳旁风,甚至会对我们的管教产生不满,开展教育教学工作将会万般艰难。那么作为教师,我们该怎样树立自己的威信呢?

教师应具有自己独特的人格魅力。

刚刚踏上工作岗位时的我,面对工作,充满激情。在我的眼中,每位学生都是天使。如何与他们打交道,如何使他们更好地接纳我,形成和谐的师生关系,一直是我在思考和探索的问题。但事与愿违,第一年接手的就是一个大名鼎鼎的吵班,我从一开始的小心翼翼、和善可亲演变到最后却成了女魔头。这让我一时接受不了现实,我面对的不是天使,而是一群恶魔。我曾不止一次抱怨,“这个班的学生太难管了,连上课都静不了。”

在我为这群魔王烦恼的时候,我的另一位搭档吴老师却逍遥似神仙,游刃有余地驾驭我眼中的这群恶魔。如果你问班级的学生两个问题,他们的答案绝对是如出一辙,“你们最喜欢哪个老师?”“吴老师。”“那你们最害怕哪个老师?”“吴老师。”这似乎有点不合常理,最害怕与最喜欢,这不应该用等号联系起来。通过观察,我发现吴老师笼络人心有一手,让孩子们既佩服她又喜欢她。我发现她以自己不错的口才和幽默,征服全班学生,以此加强了学生的好感,在轻松幽默的交往中,再一一颁布自己的施政纲领,逐渐加密高压线,不至于让学生一开始就产生厌恶情绪,而不是像我一样以威严示人。熟悉吴老师的人肯定觉得她很八卦,但没想到,她在跟学生相处的时候也毫无形象可言,经常哈哈大笑,顺带感染了全班学生喜笑颜开,这也是她的法宝之一——走进学生,亲近学生。

经过一段时间的磨炼，我深知让孩子尊重老师并不是老师有多凶、多严格，而是要让孩子接受与尊重你，这样老师的威信将不自觉地树立起来。我也总结出一套与学生相处的模式：适时走到学生身边嘘寒问暖，给予关怀。对于学生你其实哪怕是一个轻轻的抚摩，一根小小的棒棒糖，一块你吃不下的山芋，一句每天放学时你叮咛的"路上注意安全"，对他们来说已经是一个很好的关怀，是一丝温暖的爱。

教师应有渊博的知识和扎实的教学功底。

作为教师，如何生动形象、深入浅出地上课，让学生在汲取知识的过程中渐生钦佩之情，是我们值得思考的课题。这要求我们自身拥有渊博的知识。几乎所有的学生都毫不例外地会喜欢上能够侃侃而谈并传授给他们丰富的专业知识的老师。作为知识的传播者，教师必须以积极的态度正确对待知识和不断追求新知，提高自己的修养和教育能力，用自己的人格魅力去征服学生。

不少高学历的专科教师本身具有渊博的知识，但实际上却并未受到学生的喜爱与欢迎，因为他们缺乏较高的教学水平。拥有渊博知识的教师固然受人尊敬，但是如果在教学过程中不能很好地吸引学生的注意力，语言贫乏，从头到尾一言堂，这样，课堂就变成了学生的"睡眠之地"，久而久之，学生也就对这门学科失去了学习兴趣。有的教师虽然具备了高尚的道德情操、丰富的知识，却是"茶壶里煮饺子——倒不出来"，不知道该怎样将自己的知识传授给学生，尽管也进行了耐心的指导与讲解，可学生就是不明白、不消化，又怎么可能会喜欢上这样的老师呢？

要想成为一名教学水平较高的教师，这就要求我们对于教学过程中的每一环节都精确设计，认真对待，还应掌握较高的教学艺术。尤其表现在上课时，我们要精心设计课堂的每一个环节，善于表达，善于提问，善于讲解，恰到好处地授新与巩固，因势利导，要让学生与教师互动起来，让课堂不再沉闷，学生自然就会享受课堂，从而要学、乐学。

不仅实现了较好的教学效果，也能赢得学生的敬佩，自然就树立起在他们中的威信。

教师应建立良好的师生关系。

在班级中，我们不仅是学生的老师，也是学生的引路人和倾听者。当老师和学生建立起良好的关系时，才能更好地帮助学生，教育学生。

我曾经教过这样一个学生，他上课不爱回答问题，纪律很松散，坐在椅子上想说就说，不时还与周围同学发生争执，严重影响了课堂秩序。通过观察我发现，对他不能采取强硬措施，因为极强的自尊心不允许他承认自己的错误。于是我采取迂回措施，下课找他谈话，抓住他活泼的闪光点来激励他努力改变。可没过两天他就开始反复了，频频出现问题，我想这是正常现象，形成习惯不是一朝一夕就行了的。为了更好地帮助他改掉坏习惯，私下里我了解到，他酷爱足球并且已参加校体训队。于是在一次大课间，我把他叫到跟前，拍着他的肩膀问他想不想在体训队获得好成绩，并提出一个君子口头协定，"只要你学习上、纪律上不出问题，老师就让你自由支配空余时间，不再阻挠你的体训之路。"当时他可高兴了，还不停地问："老师是真的吗？"正因为抓住了他的心理，展开朋友式的谈心，帮其找到了努力的方向，使他在纪律上有了明显进步。日子久了，他很是相信我，有事没事总爱往我办公室跑。该同学有了明显的进步，受到同学们的一致好评，大家也渐渐地觉得我有些本事，在遇到困难的时候愿意找我寻求帮助了。

从该同学身上我看到，教育学生要因人而异，说话要有的放矢，经常鼓励他，树立他的自尊心，亲切交谈，让他把老师当朋友，倾诉心里话，恰恰可以使学生朝着既定的目标努力前进。

总之，教师威信的形成不是一蹴而就的，需要经过长期的实践和努力。作为一名年轻教师，我们需要学习的知识还有很多，只要我们不断努力，就会成为学生可敬、可佩、可亲的良师益友。

（戴燕妮）

四　学会倾听儿童

竹子每一次拔节发出的声音或隐或现,或大或小,那是竹子成长的宣言。儿童的成长,也经历着一次次这样的拔节。

很多时候,我们会困惑:这几天,孩子怎么突然有了这样的变化? 明明长大许多了,却没以前听话了,这是为什么? 孩子的成长历程中要经历哪些关键的节点? 特征又分别是什么? 作为教师,我们该如何做?

"学以困而进,才以困而成,境以困而通,道以困而大。"困惑中寻求答案,找到孩子成长的规律,相信,孩子拔节的声音将更为动听。

23　如何让参差不齐的成绩得到提高

当看到班上的学生成绩参差不齐,分化情况比较严重时,我们教师可以根据每一个学生的学习情况进行分层教学,让学生在不同程度上有一定的提高。

分层教学模式是指教师根据学生现有的知识、能力水平和潜力倾向把学生科学地分成几组各自水平相近的群体并区别对待,这些群体在教师恰当的分层策略和相互作用中得到最好的发展和提高。

降低要求,分层教学,共同进步。

记得刚工作的第一年,我遇到了一个学习特别困难的孩子。由于第一年工作,自己特别想把每一个学生教好,因此对待学生的要求也特别高。当时,缺乏工作经验的我竟然想象着每一个学生都像生产流水线上的产品一样整齐划一。结果,我自己被学生搞得筋疲力尽不说,那些学习困难的同学也被我弄得晕头转向。同办公室的老教师看了,热情地鼓励了我的工作积极性,同时也给我提出了很多建议。老教师让我运用分层教学来对待那些学习特别困难的学生,对他们适当改变教学策略。于是,我把这些学困生组合成一个小组,对他们的学习要求也适当降低,并让大家开展互帮互学互赛的活动。

就像小丁,平时的字写得特别大,书面常常弄得很脏,当然作业的质量也不佳。于是我把像他这样书写和识字能力不好的学生分成一组。别的小朋友已经用横条本了,我让他们用方格本。方格本相对大一点,书写起来比较方便。这样一来,像小丁同学这种写字大手大脚的学生就能在方格本上写出相对工整的字来。同时,我常常让这些同学比赛,看看谁的作业有进步,谁的字写得小点了,作业本上干净了。慢慢地,大家都有了进步。最后,大家都能脱离方格本,和其他同学一样用横条本写词语。虽然这个过程比其他学生慢了一点,但是结果都是一样的。

因此,以后的教学工作中,我开始观察那些学习有困难的学生,慢慢发现他们的学习兴趣点,根据他们的不同程序设计不一样的学习环节。

发现兴趣点,捕捉学习点。

在教授标点符号时,一些学习困难生对于冒号、引号等掌握得都不到位。不是少标了一个后引号,就是漏了句号。很多学生在我讲几次后还是掌握不好,这时他们产生了畏惧心理,看到加标点的题目就害怕。我想如果把这个知识点变成一个游戏,学生一定会感到亲切,喜欢学、愿意学的。

我把这些标点符号画成一幅幅图片:冒号画成了一双牧羊犬的眼

睛;双引号画成了一副栅栏;双引号中的文字画成了一只只小绵羊等等。当讲到提示语在前时,我是这样说的:"我们今天来做个游戏,你们都是小绵羊,可是牧羊人今天有事情要出去,怎么办呢? 你瞧,我请了一只牧羊犬来帮忙,谁愿意呀?"我请了几个小朋友做小绵羊,又请了一个小朋友做牧羊犬,把他们请到了讲台前。把做好的栅栏图片放在一群小绵羊的前面和后面,小朋友都知道小绵羊是用栅栏拦起来的。那只忠实的牧羊犬就老老实实地在羊群前看着那群小绵羊了。这时小朋友们发问了:"老师,那后引号前的句号怎么办呀?""你们看,这是什么?"(我高举画着草的图片)粗心的牧羊人竟忘记给小绵羊留食物了。小朋友高兴地把"草"放在了栅栏的里面。这么一来,通过游戏把抽象的标点符号变成了形象的事物,也就更容易记忆了。虽然这些标点对于一些理解力和记忆力好的同学们来说很容易,但是对于那些困难生来说,真是一道高山。为他们设计一个游戏,使原本枯燥乏味的知识点变得生动形象。这种学习方法教会了学生知识,也让学生学会了学习。

(戴雨飞)

24　怎样让学生有"存在感"与"成就感"

一个班级那么多学生,不可能周到地顾及每一个,有些学生总会被教师遗忘。学生渴望在真实的环境中,通过有价值和有意义的岗位实践活动,获得充分而合乎个性的发展。"岗位"意味着"权利"和"责任"。担任了一个岗位,就具有了一定的权利,也肩负了一份责任,而履行岗位职责是现代公民的基本素质。"岗位"折射出"公平"和"民主"。民主的社会只有分工不同,没有高低尊卑,每个岗位都应受到尊重。不同的岗位、平等的观念,需要通过岗位实践浸润到每个学生的心里,由此建立民主、平等的人生观。因此,在班级中设立"岗位"就是顺应了学校、班级、学生的需求,让每一个学生都享有平等的权利,消除以往岗位的功利性,让学生主动地承担起班级的岗位职责。有岗就有责任,责任就要履行,履行责任就是光荣的。

岗位,让所有班级管理者改变了以往的角色定位:从班主任一统天下到放手让学生自己去管理自己;学生从被管理到主动去管理自己。这个"被动"到"主动"的过程,大大促进了学生自我管理的意识;这个"独权"到"平等"的转化,大大减轻了班主任的工作负担,使班主任的班级管理艺术大大提高。

岗位实践,其实就是使校园社会化、班级社会化。

每一位同学在这个小社会中尝试岗位,担任职责,努力实践,获得成功。岗位实践的尝试在一定程度上增强了学生的自信心,让学生的能力得到了锻炼。它推动了学生自我管理的能力,促进学生的责任意识,增强学生的主人翁意识。每一位学生在班集体中都有一个属于自己、适合自己、自己喜欢的岗位。每一位学生都在班集体和校园中寻找一个适合自己的岗位并且与其他同学共同竞争,通过自己的努力获取这个岗位。这样的岗位,更有吸引力和挑战性,所以每一位同学都格外珍惜,努力实践,不断总结经验教训。老师时常会对每一位同学进行岗位评价,同学之间也会互相评价、自我评价,为的就是使我们的岗位实践得更出色。

学生的常规养成教育在岗位实践中得到了根本性的解决,学生的主动性提高了。更重要的是,岗位实践唤醒了学生生命的自觉。

我们设置班级岗位,就是把主人的地位还给学生,让班级生活管理、锻炼、发展每一位学生。

低年段班级岗位使学生逐渐养成良好的行为习惯。

一年级:岗位设置的意图重在学生入学初始阶段就养成良好习惯和遵守行为规范。一年级班级组织建设的重点工作就是岗位建设。开始时,如果让学生自己发现岗位会存在困难,可以由教师先设定部分岗位,由学生自由认领。如果多人认领同一岗位,则通过竞争上岗。当然,教师要鼓励学生自己发现和设置岗位。在教师的引导下,岗位设置逐渐变成一年级学生的主动构建性行为。

二年级:因为二年级学生在一年级时已经尝试过岗位建设,一开学就可以让学生发现岗位、竞争岗位、应聘入岗。那么,在教师的引导下,岗位设置渗透成为二年级学生的主动构建性行为。第二学期,重点做好"小队岗位",班主任要先让学生有"小队"意识,建设好小队,尝试将同类岗位组合成一个小队,也可以一个小队内设置各个功能的岗位为异类组合岗位小队。

中年段班级岗位使学生加强班集体的意识,增强班级凝聚力。

三年级:岗位设置从小队走向班委,三年级学生应在原有的岗位组合小队的基础上建立自主管理的班委(很多情况下是班委和中队委统合的)。接下来,教师重点培养班级层面的小干部,学生逐渐从听从、帮助教师做事,到真正地主动策划活动,分工合作,开展各项中队活动,让班委和中队委员学会自主管理集体的生活。因此,三年级要组织起由各个班委牵头的管理部门或者管理小组,争取在三年级第二学期逐渐形成班长主持下的班级核心组织。

四年级:教师要考虑到四年级的岗位职能与三年级有所不同,应在推进一段时间后根据岗位的需要进行转型性的调整,由一些日常生活服务和管理为主的岗位结构,转变为以精神生活为主的岗位结构。要增加与学科学习渗透的、可拓展交流信息、可知识应用创造、提高精神生活品位的岗位。

这个年段,教师可以提前做好班干部的轮换工作,最好在学期末进行,那么新一轮的班委会可以在下学期一开学就开始工作。在轮换前要做好老带新的工作,请老练的班干部带着新手工作一段时间再轮换。教师也可以确定两套班委。

高年级参与学校岗位,让学生多了一个施展自我的舞台。

高年级学生的认知发展特点是逻辑思维能力有了明显提高,自我意识已经觉醒,喜欢独立思考问题,能客观评价自己和他人,特别希望得到他人的理解和尊重。

　　为了提升学生自我管理、自我教育的能力,实现学生管理学生、学生教育学生的管理模式,提高学生岗位实践的能力,根据学校一日常规实施要求,德育处为学生提供"校园观察员"岗位。启发学生用善于发现的眼睛,让校园变得更加文明美丽。

　　评价机制:岗位教育离不开岗位评价。岗位评价有助于学生明确岗位职责,提升责任感,使学生体验到成功的喜悦,有利于学生从事岗位工作的内在动机的发展,有利于学生学会欣赏自己和尊重他人的劳动成果。教师可采用自评、互评、师评,岗位实践初期应该侧重于师评。因为岗位还处于启蒙阶段,等到学生对岗位职责有了一定的认识并积累一些工作经验后,教师就可以引导学生自评和互评了。当然,教师也可根据班级实际情况,制订切实可行的评价机制。

(戴雨飞)

25　如何让学生体验学习的快乐

　　一些学生本身就具有挑战精神,对难度较大的学习任务充满兴趣,能在解决难题中感受快乐。马斯洛总结了人的心理需求包括五个层次,其中第四层次就是尊重的需求,包括自我尊重、信心、成就、对他人尊重、被人尊重等方面,每个人都希望自己有稳定的社会地位,希望个人的能力和成就得到社会的承认。在班级中,一个学生如果完成了一个难度较大的学习任务后,学生自我内心会因为获得成功而喜悦,也会因为得到周边同学的尊重而快乐。记得自己读书那会儿,数学成绩一直不错,但让我对数学产生浓厚兴趣,能深入钻研数学问题的人却是我的同桌。我同桌的学习成绩也十分优秀,但数学方面时常有些难题不能解决,于是他经常把题目抄下来让我做,那时没有网络,只能独自思考,我经常会花上一两个小时才把问题解答出来。每次解决完一个问题后我的内心都十分激动,一方面为自己能想出那么多巧妙的方法而自豪,另一方面也为自己能帮助别人而高兴。

作为教师的我们所期望的是"百花齐放"而不是"一枝独秀"。曾经带过一个班,班级中有个小男孩特别优秀,老师出的难题他都能一一解决,于是他受到了全班的尊重,对于完成难度较大的学习任务也充满了信心和激情。但渐渐地,我发现,每一次出现难度较大的学习任务时,这似乎成了他一人的工作,周边的学生只把期待的目光投向该同学,自己却懒于思考,于是班级中大多数的学生都无法在解决难度较大的学习任务中获得快乐,甚至会把解决难题当作一种负担,感觉学习很痛苦。有一段时间,我的课外作业是每日解决 3 道奥数题,全班参与,原本的愿景是提高全班学生的解题能力,但实际情况却不如我所愿,时常有学生把空白本交上来,也经常有家长来电话说自己的孩子为做 3 道题时常想到深夜,但还是没有结果,感到学习很有压力。最终我放弃了原有的做法,我深知如果学习给学生带来痛苦那么后果将十分可怕。

要让更多的学生乐于完成有难度的学习任务,并从中得到快乐,经过多年的教学,我总结了一些方法。

阶梯训练。

小学语文书上有篇课文《青蛙看海》,青蛙既没有有力的翅膀也没有善于奔跑的长腿,但青蛙可以沿着台阶一步步往上跳,最终一样可以登上山顶看到最美的风景。学生的学习也是一样,困难的学习任务就是到达山顶,有翅膀有长腿的学生能直接完成,但这样的学生毕竟是少数,大多数的学生只能站在山脚下,看着那高不可攀的山顶,望而生畏。作为教师要给他们的就是到达山顶的一级级台阶,同时能引导学生沿着台阶一级级向上跳。四年级混合计算的计算步骤已有四到五步,课后的解决问题也需要四到五步才能解决,这对于四年级的学生来说相当困难。我将题目改编成四到五题,解决的问题相同,但所用步骤最少的一步,最多的五步,让学生按级挑战,并总结每一次解决问题的方法,最终五步计算的应用题,学生也都能顺利解决,并且每个学生都思维敏捷、思路清晰。经过这样的阶梯式训练后,再遇到这种需要多步骤解决的问题时,同学们就能找准方向,有序思考,有效解决问题了。

教方法。

俗话说"技多不压身",解决问题办法多了,思维也就更顺畅了。在平时的教学过程中,对一个问题的解决时常提出"还有别的办法吗"促进学生从不同的角度进行思考,再对解决问题的思路进行分析,总结方法。有一些方法学生在平时的学习中不容易接触,这时候老师就可以在班级中进行传授了,比如"一个数乘15"可以口算结果,我总结的方法是:加一半再乘十。这些小技巧学生都乐意接受和应用。通过一题多解、小技巧的应用,使得学生积累了大量的解题方法和经验,为顺利解决有难度的问题奠定了基础。

培养挑战精神。

跳起来摘到的桃子最甜。每节课上,我总布置一些略有难度的问题,并鼓励学生让自己的思维"跳一跳"来解决。同时制订相应的奖励措施,激发学生解决难题的热情。

当学生经过阶梯式训练有了解决问题的办法,又有了解决难题的热情后,再遇到有难度的学习任务时,就不会感到痛苦,都能凭借自己的智慧解决问题,并从中体验到解决问题的快乐。

(乔国锋)

26 如何引导学习落后的学生

不爱学习必然导致成绩落后。在我所教过的学生中,有一名学生小陆,他六年级的英语成绩常常是个位数,其中原因是他在四年级时,对英语学习产生极强的厌恶情绪,最终连其父母都提出放弃英语学习。班级中也有一些学生对所有科目的学习都不感兴趣,厌恶学习,这种情况不仅会导致学习成绩落后,还会产生更坏的后果,比如逃学、上网、早恋,甚至结交社会不良同伴,走上违法犯罪道路。

面对不爱学习的学生,首先要找准原因,再"对症下药"方可引导他们重新点燃学习的热情。一般有以下几种症状和对策。

外界诱惑太大。

随着时代的发展、科技的进步,手机、电脑已在家庭中普及,面向儿童或成人的游戏五花八门,而且画面设计得越来越精致,关卡设计得越来越诱人,再加上微信、QQ 的普及,不少青少年都沉迷于这些电子产品中不能自拔。他们晚上打游戏,聊天到深夜,白天没有精力投入到学习之中,有些学生人在课堂里,心思却在游戏里,对学习不能产生兴趣,甚至产生厌学心理。

应对方法:家长、老师督促孩子正确使用手机、电脑。手机、电脑的飞速发展,给人们带来了前所未有的体验,它犹如一把双刃剑,只有使用得法才能促进学生学习。家长切不可把手机、电脑当作洪水猛兽,一丁点儿都不让孩子接触,而应发掘其中的学习元素,如看图猜成语、知识问答、益智游戏等,家长与孩子共同参与,不仅能获取课外知识,还能开发智力水平。学校也可借助电脑、手机开发在线课程,让孩子能在电脑、手机上进行学习。

学习能力不足。

每个学生的学习能力有差异,智力水平也有高低,在解决问题时所耗费的精力也是不相同的。一部分学生会因学习能力不足,获取知识的效率较低,解决问题的能力较差,他们的成绩往往排在班级的最后,成为班中的"拖油瓶",因此这些学生在老师和同学面前时常抬不起头来,对学习失去信心,产生厌学心理。

应对方法:因材施教,促进个性发展。面对学习能力不足的学生,首先要制订较低水平的学习要求和学习任务,并在他们完成学习任务后及时评价,对学习上的进步要及时表扬,不断鼓励他们向更高的学习目标前进。同时也要关注孩子的特长,或某一方面表现特别优异,要不断挖掘,让孩子在这一方面能走得更远。

目标定位过高。

"望子成龙、望女成凤"是每个家长的心愿,因此家长们都用非常高的要求对待自己的孩子,并时常与其他优秀的学生进行对比,希望自己的孩子不断地超越他们。但这些过高的目标不少学生并不能实现,而且目标过高让一些学生产生畏惧心理,失去上进的勇气,对学习产生抵触情绪。

应对方法:制订合理的目标。教师要与家长沟通,让家长既要看到孩子的优势,也要接纳孩子的不足,切不可攀比,要根据自己孩子的特点,制订切合实际的目标,让孩子通过努力就能实现,从而让孩子在学习上获得成功体验。

学习失败。

文章开头提到的小陆同学,在四年级学习英语的过程中,多次遭遇失败,产生挫败感,对英语学习产生畏难情绪,后期又没得到及时调整,迫使小陆同学觉得自己不是学习英语的料,无论自己多么努力,都无法在这门课上获得成功,于是索性放弃学习。

应对方法:首先,发现学生在学习过程中遭遇失败后要及时帮助学生查找原因,分析状况,及时调整,从而促使学生快速回到原有的水平。再者要培养学生应对挫折的能力,在学生遭遇挫折后,要及时开导,让学生勇于面对挫折,找出失败原因,重拾信心,继续向心中的目标前进。

学习疲劳。

为了提高学习成绩,有些教师经常布置大量的背诵任务,语文要背,英语要背,数学也要背。不断重复的大量的练习既枯燥又乏味,学生投入大量的时间和精力,但收效甚低,学生会感到身心疲惫,从而产生厌学心理。

应对方法:注重学习方法指导。在教学的过程中除了传授知识,更多的是对学生学习方法进行指导,促使学生活学活用,举一反三。正所谓做百题不如认真做好一道题,认真分析,总结方法,还能避免低效的重复劳动,让学生在轻松的学习环境中收获成功。

（乔国锋）

27 如何帮助学习不专心的学生

每个班级总有那么几个学生会让老师感到"头疼"。在我以前的一个班中,有位学生叫小 A(化名),对待学习一点儿也不用心,课堂上坚持不了 3 分钟便开始走神,不是玩弄钢笔,就是找橡皮,要不就是玩手指,每次叫他起来回答问题,总是一问三不知,连老师问的什么问题都不知道。对于作业,别人 5 分钟做完了,可他却要做到放学,不是他不会解答,而是特别磨蹭,但下课或午餐后的休息时间里,他总是跑得没了人影。老师只好在放学时,站在他旁边看着,他才把作业完成。至于回家作业,更是每次都要给家长发短信,写好作业内容,还要附带一句:"请督促孩子认真完成作业。"即便如此,十次里还总有一两次不完成作业或少做作业的情况。

像小 A 这样的学生每个班都会有,只是表现得强一些或弱一些罢了,但这些学生往往是班级成绩的晴雨表,他们的成绩往往能决定一位老师一学期付出的结果,要不他们在期末复习时都成了"香饽饽",每位老师都抢着要呢。小 A 这样的学生大脑机能往往没有问题,上课专心听讲时间虽少,但课后花点时间一般都能补回来,而他们之所以会产生上述情形,最关键的原因是没有养成良好的学习习惯。

叶圣陶曾说过:教育就是培养习惯。良好的学习习惯能促进人合理地安排时间、高效地获取知识、有条不紊地解决问题,有良好习惯的人的计划能力、协调能力、组织能力、思维能力都能得到全面的发展。小 A 由于没有养成良好的学习习惯而表现出上课注意力不集中、作业拖拉等现象,要根本改变小 A 的学习状态,只有帮助他养成良好的学习习惯。

常说的学习习惯包括以下几个方面:

课前认真准备的习惯。

俗话说:良好的开始是成功的一半。课前认真准备,能为后面顺利进入学习打下牢靠的基础。课前准备包括课前对所学内容进行初步熟悉的过程,了解所要学习的内容,把初步学习中不懂的部分画出来,在课堂上作为重点听讲的部分。课前准备还包括课前工具的准备过程,要了解所学内容需要准备哪些工具,充分的准备不会让自己在正式上课时乱了阵脚。

课上认真听讲的习惯。

在课堂上,眼、耳、口、手都要互相协调,发挥作用,为学习服务。学会倾听本身就是一项重要的学习习惯,通过倾听老师的讲解、同伴的回答,再结合自己的思考可以从中获取大量的知识、信息。除了倾听,还要学会用眼观察、用口表达、用手实践的习惯,通过各器官的通力合作,才能高效地学习知识、掌握技能。

课后认真复习的习惯。

知识就像链条,环环相扣,有一环松动,那么这部分的知识链就会变得不够稳固。课后复习的作用就是巩固每一环节,为形成牢不可破的知识网打好基础。养成良好的复习习惯包括回顾今天所学的内容，反思学习过程，对得和失做好总结。为了更好地检查学习效果，课后作业也是复习的重要形式，养成良好的作业习惯是复习效果的保障。

俗话说得好：好孩子是夸出来的。因此帮助学生形成良好的学习习惯核心的做法是：表扬。当然也有一些具体做法。

（1）制订规则。"没有规矩不成方圆"，开学初就要为班级同学制订学习习惯养成计划，要让学生了解学习习惯的内容，还要让学生了解学习习惯的价值。把全班分成若干小组，由小组长对照学习习惯养成表进行评价，对表现优秀的学生进行表扬、奖励，同时树立典型，让其成为同学们学习的榜样。对于小 A 这样的学生要注意循序渐进，先把习惯养成目标放低些，达成内容少一些，看到进步及时表扬，鼓励其树立信心，为达成所有目标而不断努力。

（2）注重沟通。了解学生形成坏习惯的原因，针对原因进行突破。例如小 A 的情况是内心渴望与同学多一些玩乐的时间，但所有可以休息的时间都会被老师抓去补作业，于是产生厌学心理，索性磨蹭到放学，回到家就去玩，反正明天一天在校也是补作业，如此恶性循环。一旦坏习惯养成，改正就变得困难。我的做法是与学生沟通，一方面帮其分析坏习惯对其今后的影响，另一方面是与其达成君子协议：作业补得快，玩的时间多。每一次达到老师要求后就在全班面前表扬，并遵守诺言，让其无顾虑地与同伴玩耍。另外告家长的短信也改成：小 A 今天在校表现很好，特此表扬。一段时间后，大伙都看到了小 A 的变化。

（3）坚持不懈。在良好的学习习惯养成之前，教师所做的工作要坚持不懈地完成，不能让坏习惯有抬头的机会，否则前期所做的一切都白费，从头来过所要花费的精力更大。像小 A 虽然已有了很大的进步，但培养良好学习习惯的工作仍在进行，相信当小 A 的好习惯"习惯成自然"时，这才是他在学习中收获的最大人生财富。

（乔国锋）

28 当红领巾成了摆设

在少先队入队仪式上戴上红领巾,学生是自豪的,可时间一长,骄傲与自豪的感觉就淡了,甚至好多学生忘记作为少先队员的身份。这个时候,教师该如何引导呢?

小时候,我看到背着书包上学的孩子就特别羡慕,总希望自己快点长大,好像他们一样背上书包走进校园。当读一年级时,看到高年级同学都佩戴着红领巾。十分漂亮,渴望自己也能戴上红领巾。记得加入少先队是分批加入的,由于自己没有轮到第一批,回到家中还大哭了一场呢。第二批终于轮到我加入少先队了,当时开心极了,戴上鲜艳的红领巾"臭美"了好久,还在家长面前不停地炫耀,每一天睡觉前都把红领巾折好,放在床边,对红领巾无比尊重和珍惜。现在当了老师的我,走在校园里,发现现在的孩子已不像我们小时候那样珍爱红领巾了。你看,那边玩丢手绢游戏的一群孩子,他们把红领巾当作手绢随意地扔在小朋友的后面;你看,那边训练"10人11足"的几个孩子,把红领巾当作绳子绑在了脚上;你看,那边搞卫生的学生正用红领巾擦着窗台……红领巾已不是少先队员的象征,却成了方便携带的万用工具。每一次,只有当红领巾值日岗走进班级时,才有同学从桌肚里摸出一条皱巴巴的红领巾,随意地套在脖子上,等红领巾值日岗走了,他们又把红领巾扔进桌子里。佩戴红领巾已不是学生的自觉行为,而成了一种生活负担,桌肚里放着的红领巾只是为了应付检查。

学生为什么不愿戴红领巾?

第一,受到社会风气的影响。各种电视、广告的宣传,各种明星、时尚走进学生的生活,现在小学生已开始追星、追起潮流来,他们理着时髦的发型,穿着各大品牌的服装,唯一和他们穿着风格不搭的便是胸前的红领巾了。于是为了追求穿衣效果,追求外表美的学生便把红领巾藏在了书包里。

第二,受到家庭教育的影响。现代家长对学生的关心主要体现在生活和学习两方面,在生活上只要孩子吃得好、穿得好就行了,在学习上只要各科学习成绩优秀就行了。至于戴不戴红领巾,为什么要戴红领巾,家长关心得少,教育得也少。

第三,学校教育不够到位。现在学生功课较多,时间安排得很紧,教师对学生进行思想教育的时间有限,而且各条线各部门落实的思想教育主题内容又各不相同,班主任花在"红色"教育上的时间就更少了。一些学生认为老师对佩不佩戴红领巾都不重视,他们自然也就不愿戴红领巾了。

怎样正确引导孩子戴好红领巾?

(1)开展主题教育。利用班队课,利用特定节日,向学生介绍红领巾的来历,让学生了解祖国的今天来之不易,是无数英雄的鲜血换来的。红领巾是红旗的一角,是小学生胸前的一团火焰,时刻提醒学生不能忘记老一辈的光荣传统,要珍惜今天,要为建设更加美好的明天时刻准备着。主题班会的形式也可多种多样,可以用阅读的形式让学生了解历史,了解红领巾的来历;也可以用表演的形式再现历史,促使学生对革命先辈更加尊重;还能以小品的形式把生活中的现象演一演,培养学生辨别是非的能力。总之,通过主题班队活动,能让学生感受到佩戴红领巾是一件光荣自豪的事。

(2)设立岗位制度。真正的教育是自我教育,而自我教育的过程也是责任感的形成。班级中可设立多个岗位,让学生参与实践,在实践中自我约束、自我教育。比如在班级中可设立卫生监督岗、物品管理岗、生活服务岗、学习互助岗等等,各岗位的参与人员必须是少先队员,要求每天戴好红领巾。学生一旦应聘上岗后,便有了责任感,他们明白要去检查或监督别人,首先要做好自己,自己是一名少先队员,要在别的同学面前做好榜样,要守护好自己胸前的红领巾。

（3）开展评比活动。我们要让那些尊重红领巾、认真佩戴红领巾的学生得到应有的荣耀，学校要多开展评比活动，抓典型为学生树立榜样。学校可以开展的活动有：佩戴红领巾大比武、少先队知识问答赛、革命故事演讲比赛等等，把优秀少先队员评比落到实处，并作为其他奖项评比的先决条件，从而促进学生能更加自觉地佩戴红领巾。

（乔国锋）

29 孩子不胜任"做官"时

笔者曾经经历过两个学生"做官"的故事，一正一反，很有代表性。王同学很热衷于当体育委员，在管理工作中也得到了同学们的认可，可是有一个缺点是他经过多次努力也无法改善的——他在学生集队喊口令中声音太低，缺少一股气势，让任课教师非常尴尬，影响了体育课的效果。于是老师理所当然地下达了命令，让另一位同学取而代之，王同学也表示了服从。经过若干年后，在一次学生的聚会活动中，王同学却对老师有了不小的抱怨。他说，自从自己"下岗"后，内心非常痛苦，做什么事情都缺少了一种自信，以至于影响了自己日后的学习和工作。"可是你当时也是同意的啊！"老师有些想不通。"可是，在那时，我毕竟还是个孩子！"王同学痛哭流涕。这件事情让老师陷入了自责，倾听孩子真正的内心需要，培养孩子的自信心，让孩子在"官场"体验成功，是多么重要啊！

另一件事情是李同学，这是一个和同龄学生有些格格不入的孩子。成绩不温不火，活动若即若离，一副与世隔绝、少年老成的样子。老师虽然经常和她谈话，鼓励她激发自己的学习潜能，积极参与到班级活动中来，在和同学的竞争中取得最大的进步，但是效果不大。在一次家长座谈会中，老师了解到，孩子的妈妈信佛，经常向女儿灌输这样的思想，不要和别人竞争，凡事不求有功，但求无过，做好自己就够了。老师劝导道,"竞争"不是一种"斗争"活动,而是一种在自己和同学的交往过程中,取得进步的有效方式。"进步"是儿童的天性,如果少年不"强",那么就失去了一个少年的应有特征了。孩子的母亲也认同了这种观点,表示愿意配合学校的教育。在以后的日子里,孩子显得合群了,学习成绩也有了提高。由此可见,这种"热情"是儿童最珍贵的成长动力,不可或缺。

从这两个事例中,我们都可以看出"做官"的重要性。

《水浒传》中林冲一句话,"不怕官,就怕管",道出了"官"的意义。清代段玉裁《说文解字注》:吏事君也。从宀自。会意。"官"就有管理的含义,是学生交往的一种主要方式。从对他人的管理中提升自己的内在能力,在对自我的管理中推衍到对群体的关涉。由此可见,"做官"是学校教育的主要渠道,不必望文生义,因噎废食。

当然,学生的能力有限,需要教师适当传授一些"当官"的技巧,可以从以下三个方面入手:

正确引导孩子的内心需要。

孩子为什么对"当官"这么热情,这需要老师们重新认识,也需要孩子建立正确的观念。需要摆脱守旧的观念:认为"学而优则仕",当官是学习优秀的代表;"劳心者"优于"劳力者",当官能够获得更多的好处。这样的思想,不符合民主的群体。而应该让学生对当官有一个更加正确的认识。例如,不一定学习优异的同学才能够当官;当官不仅仅要让同学口服,还应该让大家心服;当官不仅仅要管理好同学,更加需要做好自身的表率;当官既是一种权利,也是一种义务……只有这样才能让儿童建立正确的价值观,也能够正确地选择"官"的岗位,而不要产生"班长"一拥而上,"卫生委员"不屑一顾的现象;也不要出现,选上了"走马观花",选不上一蹶不振的怪现象。只有建立良好的环境,才有可能让孩子进入角色。孩子们大部分都想"当官",这不是一件坏事,关键是要正视孩子的内在需要,让孩子从安全的需要中认识到自尊的需要,从物质的需要上升为精神的满足,从个人的需要中感受到集体的认同……唯有如此,才能让学生在"当官"中提升内心世界,完成多元需要,才能获得自身的成长。

根据学生的个性设置岗位。

孩子的个性不同,能力各异,虽然有的孩子能够在多种岗位中任职,但是也有的孩子不能够做好最简单的管理工作。这就需要教师设计不同的层次,设置不同的管理岗位,可以大到管理整个班级、整个学校,也可以小到管理一块黑板、一盆植物。有的孩子乐于助人,可以设置图书管理员、卫生管理员、教师小助手等岗位,有的孩子文艺才能出众,可以设置文娱委员、黑板报编委、班级植物园修建师等职务。让孩子在岗位活动中展现自己的能力,体现自己的特长;在交往活动中,能够认识到自己的能力,建立良好的组织,使得自己的能力得到提升。当然这是"正向"思维的岗位设计,在此基础上还可以考虑"反向"思维中的岗位设计,让自律意识差的孩子当纪律委员,让班级荣誉感不强的孩子当班级文化的设计师……从而拉长自己的个性"短板",获得个人才能的全面提升。

根据儿童的特点管理岗位。

正如问题中所讲到的那样,儿童在管理过程中会表现出种种不足,例如会产生"三天打鱼,两天晒网"的小猫型管理者,也会出现"严于待人,宽于律己"的望远镜型管理者,还会出现"顾头不顾腚"的鸵鸟型管理者……这很正常,孩子在管理的过程中,会由于认识的偏差、能力的不足等等原因,出现管理的困难。这需要教师正确地引导,及时地发现,积极地调配,这样才能让孩子获得真正的成长。切勿出现一有问题就"挥泪斩马谡",一有困难就闪现"孩子的能力不行"的观念,一有挫折就"走马换将"……要告诉年轻教师的是,这是一个整体的长期的任务,需要教师根据孩子的需要,采用合理的方法去积极应对。首先要采取分层管理的方法,孩子在接收到一个新职位的时候,会有很多的困难和不足,教师要在管理内容和标准上,设置层次,让孩子获得管理的成功经验。其次还需要用动态的管理视角,在横向上要看到整个班集体的变化,在纵向上要看到个人的成长变化,根据变化调整管理策略。再有,需要运用"未雨绸缪"的策略,从表面现象中发现内在规律;从一个偶发事故中,找到危险的"苗头",控制班级事故的发生……

总而言之,教师对学生的管理,需要以学生的需要为"目标",采用合理的方法为"作用力",以学生的成长为"标准"。

(娄小明)

30 学生最喜欢参加怎样的活动

曾经有人对学生做过一次调查,在学校生活中哪些事件给自己留下过终生难忘的记忆。回答的结果有些令老师们难过,一些正规的教学活动学生已经很难留下深刻的印象了,而一些事件和活动却让他们难以忘怀。

教育家蒙台梭利曾说:"我听了我会忘记,我看了我会记住,我做了我会理解。"强调了实践对学生成长的重要性。陶行知曾经倡导过学校教育的六大解放,而活动就是六大解放的综合体现。教育家苏霍姆林斯基说,儿童的智慧在手指尖上,认为活动就是生成教育智慧的主要方式。

可是在现实的活动设计中,往往会出现教师认真组织、学生消极应对的情境,其关键是教师设计的活动没有真正体现儿童的需要。笔者认为学生喜欢的活动,需要做到六个"不怕"。

不怕殊途同归。

有些专家认为社团建设要走规范化、高标准的道路,以古今中外一些知名社团为典范,而要求广大中小学照章办事。认为社团人数必须达到一定的数量,制订细致的章程,绘制社团徽标,形成一套活动程序,着装需要统一等等。他们认为社团一定要和学校的兴趣小组、综合实践活动小组等等区别开来,以体现它的"纯粹性"和"高贵性"。但是这样的学生社团在大专院校尚有可能,在普通中小学实施显然太过理想。更何况如此博取"名高声远",注重繁文缛节,实在有买椟还珠之嫌。其实条条大路通罗马,不同学段、不同办学水平的学校创办的学生社团,不妨样式丰富一些,层次多样一些,让社团建设少些"虚礼",多些"实惠"。

不怕规章"束缚"。

有些教师认为,在规范办学行为的今天,学校自主发展的空间已经很小了,很难再为学生活动留出一块"自留地"。再说省政府出台"五严"规定,严禁在节假日补课(学校开展学生活动是允许的),除此之外还要完成上级规定的"体育、艺术 2＋1"规定,市局的校本课程建设……这诸多规定的束缚,学校再进行活动实在是有心无力了。其实我们反过来看,上级的这些规定不正是规范学校的教学行为,留出时间和空间来让学校办社团、搞活动、发展素质教育、培养学习能力吗?我们的社团建设不是在规定之外另搞一套,而是要领会这些规章制度的深层要求。很明显,如果我们仅看到制度的束缚作用,只能处处荆棘;如果能看到制度的导向功能,必能开源导流,还社团活动的优游和自如。

不怕性别吸引。

有些老师担心,在高年级搞学生活动,会提供学生谈恋爱的"温床"。诚然如很多家长所说,高年段正是学生情窦初开的时刻,再加上学习任务不是很紧,如果不加以正确引导会陷入感情的泥潭。但是因噎废食显然不是一种明智的做法,而且从另外一个角度来看,性别吸引正是学生社团活动的一个动力。俗话说得好,男女搭配干活不累。男女同学都有在异性面前展现自我的需要,我们不难看到,在体育比赛中女同学组织的啦啦队，能够让男同学奋勇向前、勇争第一；而在文娱会演中，女同学也愿意在男生面前展示自己的才艺。当然辅导老师要善于调控好这种异性吸引力的距离和强度，才能让社员之间品味到一段纯正美好的记忆。

不怕影响学业。

有的家长担心孩子参加活动会影响学业，有的领导害怕学生投入过多的时间精力会影响成绩。因此一些家长会怂恿孩子不参加活动，不担任职务，一些领导会把活动面向优秀学生开放，在某些年段开展。长此以往，只能造成高分低能的"书蠹头"，培养只重 IQ 不重 EQ 的"书呆子"。其实要把学业转化为事业，就不能仅在分数中讨生活，在智力上求发展。根据笔者观察，一些会学习的人往往具有较高的情商，能养成良好的学习习惯和态度，具有触类旁通的创新意识和实践能力。这需要拓宽学生的学习渠道和学习方法，而学生社团就是一个很好的平台，一些名人如毛泽东、徐志摩、郁达夫、陶行知等等都创办过社团，并取得了学业和事业的双丰收。

不怕主科侵占。

有些学校在举办活动中，为了防止某些主课教师李代桃僵，借办学生社团之名而行补课之实，明令规定语数英学科不能建组，而只能举办一些诸如舞蹈、美术、音乐等兴趣小组。这造成了副科教师忙得焦头烂额，主课教师有力使不上的现象。其实，学生活动应该以学生的需要为主，主学科照样能开辟一片属于自己的天空。例如口语交际、奥数、写作、朗读、主持人等等社团也能受到学生的欢迎。我们的活动不能从一个极端走到另一个极端，造成唱唱跳跳才是素质教育，抄抄写写就是应试教育的假象。

不怕小打小闹。

有些教师发现一些学生活动学习内容显得大而空洞。例如有的社团取名为百灵鸟歌唱队，一段时间的学习下来，只是会多唱了几首歌而已,并没有和平时的音乐课有什么不同。有的美术社团不能同时满足学生对水彩画、中国画、蜡笔画、纸版画等多种需要。还有的社团取名为"精武社""黑客社"等等,显然只能停留在一些美好的愿望上。这样的社团学生参与面不大,兴趣不广。有的社团虽然是小打小闹却受到了同学们的热捧。例如"小小点心师"社团,学生不仅能够掌握简单的点心的制作方法,而且提高了他们的劳动意识和能力,再加上点心与美术学科的结合,学生普遍感到学得轻松有趣。因此社团的活动要体现社团的特点,不妨在小中见大、小中见实。

总而言之,只要根据儿童的需要设计活动,让学生在活动中获得成长,提高师生对活动价值的领会,就会受到孩子们的欢迎。

(娄小明)

31 怎样矫正学生的问题行为

"冰冻三尺,非一日之寒。"学生问题行为的出现与社会、家庭、学校有着密不可分的关系。面对纷繁复杂的社会,作为社会弱势群体的小学生不可避免地受到不良环境及其他因素的影响,学生表现出的问题行为也各不相同。作为教师,我们肩担教书和育人的重任,有责任和义务矫正学生的问题行为。

言传身教,树立最好的榜样。

在学校,教师是学生接触最多的人,在学生心目中有着不同寻常的榜样地位,有时甚至超过了家长。因此,教师行为表现的好与坏,将会直接影响班级学生的表现。因为模仿力强是小学生的年龄特点,遇好学好,遇坏变坏。当然,教师也可以利用学生的这种特点,运用榜样的力量去感染、同化、规范他们的行为,促使他们养成良好的行为习惯。教师的榜样还起到矫正学生问题行为的作用,它就像一面镜子,映照出学生的问题行为,以促使他们进行改正。

其次,班中其他同学或家长的榜样作用也是不容忽视的。特别是家长,在孩子们的眼中,自己的父母是最优秀的。因此,家长要注意自己的言行,凡是要求孩子做到的,家长应首先做到,这对孩子形成良好的行为习惯有着很大的促进作用。班中同学之间的影响力也不容忽视,优秀同学的行为表现得到大家的认可,这在很大程度上促使问题学生见贤思齐,改正问题行为。

关爱学生,拉近心理距离。

我国著名的教育家陶行知曾说过:"谁不爱学生,谁就不能教育好学生。"作为教师不应偏心,只有关心热爱问题学生,拉近与他们的心理距离,消除心理戒备,才能更好地做好学生问题行为的矫正工作。

我们要主动走到学生中去,主动亲近学生,与学生一起开展必要的课间活动,想法解除学生心中的困惑,让学生信任老师,与老师讲心里话,听老师的话,从思想深处接受老师的帮助。只有这样,我们才能从根本上去帮助学生,矫正学生的问题行为。无数教育者的实践经验告诉我们,爱是最直接、最有效的教育途径,教师真切的情感可以触动孩子的心,以真诚的力量换得浪子回头。当学生真实地感受到老师对自己的一片真情时,他们就会变得容易亲近,容易接受帮助和引导。

尊重学生,重塑自尊自信。

作为教师,我们要相信每个孩子都有进步的希望与渴望,教师千万不能对问题学生产生厌烦情绪,也不能用恶劣的言语去伤害学生。否则,问题学生就会因为老师不喜欢而变本加厉,"破罐子破摔",成为一个真正的问题。教师的偏心和不公平容易对学生造成心理伤害,使学生失去积极上进的欲望,丧失自信心,进而变成老油条。因此,在矫正学生的问题行为时,只是靠劝诫和批评是行不通的。教师必须对孩子们倾注爱心,从心底里尊重他们,用民主、平等的方式对待他们,突破他们的心理防线。教师还要善于发现问题学生身上的闪光点,就算是表现再糟糕的孩子,他身上也有值得人表扬的地方。教师能抓住孩子的闪光点并加以表扬鼓励、放大优点,就能重塑他们的自尊与自信,更有助于教师转化问题学生,矫正他们的问题行为。

持之以恒,用行动支持改变。

金字塔不是一日建成的,要转化问题学生,矫正他们的问题行为是一个复杂而又长期的工程,需要教师不间断的努力。在这个过程中,教师更加需要耐心地对待学生,用正确的方式进行引导,做到不急躁、不灰心、不放弃,而且还要尊重、信任、表扬学生在转变中的进步,把自己对学生无微不至的关怀与严格要求统一起来,做到时常抓、及时抓、反复抓。转化问题学生不是一件容易的事,往往采取了方法和措施,却不能收到很好的效果,但是我们应相信只要持之以恒,再庞大的山都会被移走,我们要做问题学生面前的愚公,好好地发扬愚公精神。

总的来说,学生良好行为习惯的养成是一项长期的工作,需要一批又一批教师的不懈努力,寻找方法,改进方式,不断修正,不断吸取经验教训,才能培养好优秀的学生,为社会输送人才。

(戴燕妮)

32 怎样精心上好小学第一课

从进入小学第一天的适应可以联想到一年级,从一年级可以联想到六年小学生涯,从小学生涯联想到高考,从基础教育联想到人一生的命运。确实,小学一年级是每个孩子成长中一个重要的节点,于是,开学第一课,一年级的开端就显得尤为重要。

关系大于教育。

每到新学年开学的第一天,在学校门口,我们总会看到这样的孩子:紧紧抓着爸爸妈妈的手不愿松开;跟着爸爸妈妈走到校门口却再也不肯挪步；当爸爸妈妈松开手转身，立刻哭着跑过去拽着爸爸妈妈的衣角……

开学的第一天，我们也会遇到某个小朋友上课时不敢举手说想上厕所，于是尿在了裤子上；午餐的时候，看到自己最不喜欢吃的菜，不敢对老师说不想吃，最后竟把菜塞进了自己的裤兜里；去专用教室上课，因为没有跟上同学们，于是只能自己一个人默默地回到教室里……

这些画面总会让父母、教师顿感心酸，但这些情景却在每学年的开端不可避免地发生着。因为对于一年级的这些孩子来说，他们面对的是一个全新的学习环境，处在一个全新的群体中，往往缺乏安全感，于是他做什么都会小心翼翼。所以，作为教师，我们必须清楚地认识到，对于一年级的孩子来说"关系大于教育"。良好的师生关系是我们教育孩子的根本，也是他们能否适应小学生活的关键。这里的良好关系不是过度亲密的、过度依恋的纠缠关系，而是一种相对自由、和谐、彼此相互尊重的关系。当这种关系建立起来的时候，孩子和老师会自然地产生亲近感，他会更信赖老师，因为对老师的信赖会给他带来安全感，有利于他更好地适应小学生活。

教学融于游戏。

每个人的童年都会有自己最钟爱的游戏项目，游戏是每个孩子都喜欢并热衷的。幼儿园的学习之所以能吸引孩子，是因为老师们是在一个个的游戏中带着孩子发现问题、认识世界的。对于还不会握笔写字、不会拼读识字的他们来说，完全封闭式的、满负荷的小学课堂是陌生的、甚至是可怕的。我们也经常会碰到这样的孩子，开学第一天，背着新书包高高兴兴地与爸爸妈妈挥手再见，走进校园，可第二天却再也不愿进学校了，无论爸爸妈妈怎么说怎么劝，他就是摇头说"不要读书"。当爸爸妈妈或者老师把他抱进教室、拉进教室，他就会坐在那里不停地哭。原因很简单，不喜欢小学这么规则化的学习环境，不适应一堂又一堂如此高频的课堂节奏。

针对一年级孩子的这种不适心理,我们学校特地编制了《一年级新生入学手册》,将学校的"一日常规"十个习惯、"终身学习"十个习惯以连环画的形式呈现在孩子们的面前。手册里有两个主人公——小舜和小泽,描绘了他们两个从早晨到夜晚一天的学习生活。开学的前三天,我们一年级所有学科教师不进行学科内容的教学,就是结合《入学手册》,让孩子们和小舜、小泽一起在老师的带领下参观学校,认识学校的每一个不同的教室,知道这些教室的不同功能;知道每一个不同的时段小朋友们应该做些什么,应该怎么做。开学第一周,不学"aoe",不教"1+1",老师和孩子们一起看漫画,在漫画中分辨对与错,在他人的故事里发现学校生活的规律。让学习变得如同游戏,如游戏般快乐,学校就能真正成为孩子学习的乐园!

起步始于鼓励。

曾经遇到过这样一个孩子,学校里教拼音,她每天上课都很认真地学,回家后也会读给父母听,可是第二天学了新的拼音以后前一天学的就忘记了。无论老师、家长,在学校、在家里如何轮流给她复习,效果始终不明显。当开始识字写字,她的困难就更大了,笔顺、用笔力度、书写姿势等等,似乎都很难上手。于是老师、家长又开始每天一遍遍督促她写、练,写得不好还直接帮她擦掉,让她重新写,小朋友接受不了只能默默哭泣。就这样孩子不仅每天经历着枯燥的写字、写字、再写字的过程,而且不断地听到老师、父母拿她与班级中学习优秀的孩子比较。渐渐地她不再听从老师、父母的话了,开始不高兴写、不高兴练了,甚至开始偷偷地把写字本藏了起来,或者悄悄地撕掉几页……就是这样,孩子失去了对学习的兴趣,失去了对学习的信心,也失去了对自己的信心。

好孩子是夸出来的。一年级的孩子表现出来的学习能力是大不一样的,有的孩子就是反应快、学得快,有的孩子则反应慢、学得慢,因为每个孩子的学习发展区是不一样的。对于孩子表现出的各种情况、问题,我们教师一定要有足够的耐心,允许他们出现各种错误,因为每一个人都是从错误中积累经验的。我们每天至少要找到孩子的一个闪光点,将它放大,千万不要把孩子和别的孩子去比较,每个孩子都有自己成长的季节,作为教师我们要做的就是用最美的语言让孩子快乐地向阳生长。

每个孩子的未来都有无限的可能,在他们迈入小学生活的起步阶段,让我们把目光聚焦在他们的情绪上、心理上,成为他们学习生活上的伙伴,用他们喜欢的方式慢慢地成长!

(王晓奕)

33 如何面对小学生的"早恋"

营养丰富,促使现在的孩子生理发育越来越早;由于网络讯息的发达,社会风气的影响,现在孩子的心理成熟也日趋提前。因此,我们有必要对于小学五六年级的学生开展恋爱观教育、性教育,当然小学生的恋爱观教育、性教育并不是单列的,而是应与品德教育、健康教育相融合。

"抛砖引玉"要主动。

我们的恋爱观教育、性教育不应该在学生出现问题、发生问题之后进行,这样的补救性教育针对的只是当事的个别学生,而且事后的教育容易使当事的学生站在老师的对立面。更有甚者,把这些学生个案当成典型教育全体学生,往往会给当事的学生造成心理的困扰,甚至造成心理阴影,从而影响他们的整个人生轨迹。

我记得小学六年级时,我们班的班主任刚刚大专毕业,她于我们而言,更像是知心姐姐、知己朋友。开学不久,她就在班上开展了一次"男生女生交往"的主题班会,还邀请了部分同学家长、其他学科的老师、教导处的主任参加。那次班会课，老师让我们就男生女生交往的一些现象进行讨论，其他的老师也谈了自己的看法，而家长代表们也表明了自己的观点。对于那次班会课，我的印象特别深刻，因为从那节课开始我知道了男生、女生在学习上、生活上可以手拉手一起进步、成长；我也知道了有的优秀学生会因为喜欢某个男生，或者喜欢某个女生，每天沉浸在自己的世界里，于是成绩慢慢地下降……这堂课后，我发现我们班同学中关于"谁和谁好"、"谁喜欢谁"这样的话题慢慢变少了，男生女生也不再清楚地划分界限了。我想这就是我们老师"抛砖引玉"、主动教育的成效吧！

确实，恋爱观教育、性教育无须遮遮掩掩，我们就应该坦然地在课堂上让学生听到关于男女生交往的不同声音，通过大量的事实案例，让学生思辨、交流、讨论。这样的教育，不是单纯的是与非的判断，不是教师直接向学生灌输正确观点，而是让学生比较全面地了解关于男女生交往的各种情况，知道青春期生理变化的特点，从而能正面地、积极地去看待男女生交往。

"风吹草动"切莫急。

有一年我教六年级，隔壁班发生过这样一件事情：某天中午，同学们吃完饭从食堂走出来，隔壁班的几个女生一起玩耍，旁边还有几个男生，说说笑笑，打打闹闹。其中两个女生绕操场跑打赌，输了的受到的惩罚就是跑到自己喜欢的男生面前大喊一声："×××，我喜欢你！"结果自然有人输了，输了的女孩子一开始不高兴了，想要赖。但旁边的几个同学开始起哄，小姑娘被大家一激，真的跑到班级某个男同学的面前，大喊了一声。这下，全班沸腾了。马上有同学把这个事情报告给了班主任老师，这位班主任觉得这两个女生的行为非常恶劣，立即叫到办公室严厉批评，并且在全班同学面前大声斥责，同时还把那位被表白的对象一并教育了一番。而事情并没有就此了结，班主任联系了两位女生的家长，并当着家长的面把孩子的行为定性为"早恋"。

气愤的家长自然又对孩子恶语相向。这件事后，我明显发现那两位女生成为班级的边缘人物，也一直和老师站在了对立面。

当时我就想过，两个女生的这样一个打赌，这么一句表白，是不是"早恋"呢？站在成年人的角度，我们很难认真地把他们的这些举动看成"早恋"。五、六年级的孩子，心理还是稚嫩的，她们的这些言行更多的像是"过家家"的游戏，像是模仿秀，而班级中"谁喜欢谁"这样的话题，更多的是同学间起哄引发的。面对这样的情况，当面教育、当众评批、家长谈话，是否必须为之呢？我想，不然。如果班级中一有此类的"风吹草动"，我们老师就"兴师动众"，会对当事的学生造成很大伤害，也许因为家长和老师的"打压"，这些孩子就真的从此走向了非正常的男女生交往，他们的心灵就真的不再纯洁。

对于小学高年级学生中出现的所谓"早恋"，老师一定不要大惊小怪，不要扣帽子，不要公开谈论，在公开场合甚至应该一口否认。当然私下我们还是要通过和孩子聊天，了解他们的情感需要，分析具体情况，该保护的心理要保护，该引导的地方要引导，该反对的行为要反对。

（王晓奕）

34 帮助毕业班小学生做好过渡准备

由小学向中学过渡，是每一个学生一生中至关重要的一步。大部分学生到了六年级，就会自然地开始勾勒自己的中学生活，对于中学学习生活的好奇与期盼是不言而喻的。但小学学习与中学学习，无论是学习方式还是学习内容都存在着巨大的差异，因此在小学的最后阶段，引导学生做好充分的心理预设、学习准备是非常有必要的。

从无序到有序。

小学教师与中学教师在学生的学习管理上最大的不同是——小学教师对学生可谓是事事关心，面面俱到；而中学教师则是相对放松，相对自主。因此,在六年级的最后一个学期,我们一定要让学生知道自觉学习的重要性,这学期对于学生的预习准备、复习总结、甚至课外习题的补充,都应该放手,变老师检查、老师总结、老师推荐为学生自查、学生自理、学生自觅,让他们慢慢习惯不在老师眼皮底下完成作业,逐渐形成自我学习、自觉学习的意识。

当然,我们也发现一些学生在小学里养成了自觉学习的习惯,但进入中学后他的学习节奏完全被打乱,每天都在应付一个个学习任务中度过,学习效率并不高。这种情况的发生往往是因为这些学生在小学阶段,养成自觉学习的同时,没有对自己的学习任务进行计划。没有计划,也就是没有学会合理地分配自己的学习时间,不会权衡自己各门功课学习水平的差异,又往往是学后忘前。因此,六年级最后一个学期,除了期末考试,平常我们就应该尝试语、数、英三门主课同一天进行练习,让学生依据自己三科学习的状况分配复习的时间。同时,每一次练习都不应该只以当前的学习内容作为考查的对象,要适当地穿插以往的学习内容,这样学生就会意识到知识的连贯性,也可促使学生形成随时查漏补缺的习惯。

抓重点记难点。

小学生的主课只有语、数、英三门,一般学生都不存在过重的学习压力、学习负担,但进入中学,课程增多了,而且新的课程是学生从未接触过的,中学课程内容无论是深度、广度和小学课程都不在一个等级。小学里,同一个内容老师可以反复地讲、反复地强调,而中学则完全不同,今天没听懂、没听明白,明天在这基础上又增加了新的内容,这就要求学生必须养成课前预习和课后复习的习惯。因此,在小学的最后一个学期,我们可以通过预习—听课—复习—写作业,这样模式化的学习环节,让学生不自觉地养成课前先预习、写作业前先复习的良好学习习惯。

记笔记应该是中学生重要的学习习惯之一,会记笔记的孩子往往一下就能抓住学习的重点和难点。我们经常会碰到这样的孩子,上课挺认真,但总是考不了理想的分数。其实原因挺简单,老师一节课说的话有很多很多,学生坐在课堂里,听是都听了,但是老师讲的内容中什么是最重要的,难点又是什么,他没有抓住,也就自然没有扎实地掌握。所以进入小学高年级,我们就应该要求学生准备好笔记本,一开始我们可以直接提示学生哪些是重点、哪些是难点,应该记录下来。慢慢地,我们就可以向学生提出更高的要求——把你认为重要的内容记录下来,然后在学生记录之后老师再进行重难点的归纳总结,让学生比对,从而逐步养成抓重难点听课记录的习惯。

有自信亦耐挫。

据大量调查统计结果表明,有一半以上的孩子进入中学时,非常不适应。当然,经过一段时间的调整,多数孩子可以逐渐适应中学生活,但仍有许多孩子由于过渡不好而不能顺利地完成学习任务。因此能否帮助学生做好小学迈向中学的心理准备很重要。

在对自己树立信心的同时,做好被超越的心理准备。我们看到过一些学生,进入中学后发现中学的学习生活和自己想象的不一样时,便会垂头丧气,于是心理问题接踵而来。因此,我们应该尽可能如实向他们勾勒中学的学习生活,为他们分析自己学习上的优势和劣势,从而为自己的中学学习做好充分的心理准备。既要看到自己学习的潜力,又要直面竞争,做好被超越的准备。而最重要的,是要让每个学生清楚地意识到,小学的学习生活只代表了过去,无论你小学里多么优秀,进入中学你肯定会遇到一个又一个的障碍、困难,这是非常正常的事,是每个中学生都会遇到的事。思想上一定要有克服困难的准备,不要总是想小学时怎么样,回头看永远找不到方向,抬头望才有可能找到出路。

小学升中学,是学生学习生涯中的重要转折。就如同田径赛场上的接力跑一样,如若在接力棒交接的过程中发生失误,影响的也许是整个比赛的结果。做好衔接,做好学生心理、学习方法、学习习惯等方面的引导,对他们进入中学后的顺利学习会起到至关重要的作用。

(王晓奕)

35 你上了春游课程吗

不在于风景有多美,而在于看风景的心情。这句话在小学生身上,也能得到特别好的体现。因为他们永远不在意春游、秋游到底去哪里。你去著名的风景区,你去当地的公园,对他们而言都是一样的,他们专注的是一帮同学一起玩,他们享受的是各种各样自带的零食、美食。所以往往一次出游结束,他们花时间最多的不是去欣赏风景、体验游戏项目,而是同学之间的追逐嬉戏、零食交换,春游、秋游这样的实践课程留给他们真正有意义的东西并不多。作为教师,我们确实应该充分地利用学生集体出游的机会,教会他们如何有意义地完成自己的旅行。

制订公约,找到团队归属感。

每次安排学生出游的时候,我们总会发现这样的情况:让学生自由组合形成小组,于是会有个别学生落单,没有一个小组愿意接纳他;让学生根据班级座位安排形成小组,于是有个别小组几个成员会来跟你打小报告,说谁谁谁总是不听大家的。如果在老师的要求下,小组多数成员接纳了那个被大家排斥的同学,在游玩的过程中,我们仍然可以发现他们是小组中的两个群体,没有融合在一起。如果按照学生自己的意愿组合,有些学生会越来越被排斥在集体之外。所以,我们可以让学生制订小组的游览公约,对于乘车安全、文明礼仪、安全游览等,小组成员共同商讨、达成共识、遵照履行。通过小组游览公约的制订,让每个孩子知道,在小组里每个人都是平等的,每个学生都有存在感;同时,对于小组公约的一致态度,每个学生都会产生对自己小组的认同感;而因为公约的存在,大家又都明确小组的活动每个人都承担着责任。有了对小组的认同,有了责任意识,无论小组是以怎样的方式组合的,每个学生都会有团队归属感,这将改变小组成员间已有的关系。

制订攻略,游览要有规划性。

如何让学生的出游更有计划性,通过一次出游使学生各方面的能力得到锻炼,制订游览攻略应该是一个非常好的选择。小组成员需对本次游览的项目、学习内容、自带物品等进行规划。规划游览项目,学生就必须预先通过网络等了解游览目的地的整体情况,对于景区的所有项目有一个大致的了解,在此基础上小组成员以兴趣、爱好、信息需求等为前提,共同确定小组游览的主要项目,并合理进行时间分配。而对于某些景点的一些知识介绍,小组成员也可以分工准备,在游览的时候相互介绍。而游览所需的物品,如背包、食品、水、垃圾袋、户外垫等物品,小组成员也可以事先分工,以避免大家带重复,增加自身携带的物品负荷。制订攻略,让小组的游览变得有规划,可以大大节省学生无目的式游览所浪费的时间,提高学生收集信息、整理信息、组织活动、相互协调的能力。

任务驱动,增添过程趣味性。

当然,我们的出游除了希望使学生各方面的能力得到锻炼外,更希望他们享受游玩的过程,获得积极、愉悦的情绪体验。任务驱动,也许会带给他们更大的成就感、满足感、愉悦感。曾经有一次我带学生去上海科技馆,事先我查阅了上海科技馆所有场馆的资料,给每个小组同学制订了相应的冲关卡。要求每个小组同学在完成自己小组游览规划的同时,必须到达冲关卡上指定的场馆,了解相应的知识、完成相应的任务,同时规定了每个任务完成的时间。要求小组同学记录好每个小任务完成的时间、完成的人员等,同时要求在完成的时候必须找到一名场馆工作人员或者其他游客见证,在完成任务后请见证者签名。小组冲关任务全部完成,就可以到指定地点找到我汇报,并领取相应的奖品。当我把冲关卡发到每组的时候,同学们显得非常兴奋,都表示自己小组肯定可以取胜。而事实也是如此,每个小组、每个同学在当天游玩的时候,都保持着高度的热情,真的是全身心地投入到了游玩和冲关的过程中去,充分享受!

心情分享,定格美好瞬间。

游览结束了,但如果我们把春游、秋游作为一门课程,我们还要上好一节春游总结课,和学生一起完成一张《游览分享单》,让学生分享自己的游览收获,回忆美的风景,回忆那些有意思、有意义的画面,分享和同学们一起玩耍的心情,甚至可以把最难忘的镜头用文字或图画的形式记录下来。对于学生来说,集体出游的机会是非常少的,所以尤其珍贵,游览分享我们关注的是心情、是情感。让学生学会表达自己的心情、表达自己的情感,他们才会懂得理解他人,才会珍惜这些共同度过的时光。

如果我们是个有心人,就一定会发现,在学校诸如春游、秋游这样的活动都可以成为一门鲜活的课程,一门来源于真实的学生生活的体验性课程。

(王晓奕)

36 不能与陌生人说话吗

"陌生人"对儿童而言,其实是个相当抽象的名词。对他们来说"坏人"的印象是很凶,会打他、骂他、抢他东西等外在行为的"坏",而陌生人只是他们从来未见过或从未谈过话的人,是不是真的对孩子不利,并不能确定。我们经常对孩子们说:"不要随便跟陌生人说话,或拿陌生人给的东西。"这潜移默化给孩子制造了对陌生人的恐惧心理。

交往是生活的需要。

曾经教过一个小男生,看到不熟悉的人,比如他父母的同事、朋友或亲戚到家里来,不敢打招呼,总是想办法躲起来。高年级以后稍微好一点,但在集体场合还是不敢讲话。除非大部分人都很熟悉。而在学校里,所有的集体活动他都不参加。尤其不敢和女孩子讲话,不敢看女孩子的眼睛,一讲话就脸红。自己平时几乎不开口说话,怕说错话得罪人,甚至有时候别人问他话也经常不回答。后来听说读高中后,大部分时间都用在学习上,朋友特别少,虽然成绩很好,但内心很痛苦,别人无法理解。据了解,他是由爷爷奶奶带的,而爷爷奶奶经常叮嘱他"见到陌生人不要说话""不要和不熟悉的人聊天,会被拐跑的"……久而久之,这个孩子的性格非常内向,也不善于与同伴言谈,所以拒绝了与人交流和接触的机会,甚至有人主动与他交谈时,他都闭口不言。这样严重影响了他的社会交往功能,阻断了他与外界之间的交流和沟通,而人是一种群体动物,需要与人与社会保持密切的联系,这样才能得以成为一个正常的人。所以他的内心非常孤独,失去了生活的价值感和意义感。我们生活在社会群体之中,学会与人交往是必不可少的。在生活中我们不仅需要与亲戚、熟人、朋友来往,而且需要与形形色色的陌生人打交道。善于交往的人往往能受到大家的欢迎,解决问题也较容易,而一个不愿与人交往或缺乏交往技能的人往往会感到孤独与寂寞。因此,学会与他人交往是人的重要社会生活技能之一。小学生生活的环境不是真空,生活中无处不牵涉到与人交往。在学校里,有师生之间、同龄伙伴之间、高年级同学与低年级同学之间、男女同学间的交往,在家庭里有与亲人的交往,在社会上有与陌生人的交往等。小学生在学习中交往,在劳动中交往,在课间游戏中交往,在参与学校和社会的各种活动中交往,学生在交往中逐渐长大。

交往需要把握有度。

来看看我们生活的社会,不得不承认如今学生们面对的是一个并不安全的环境。中奖的电话短信、兑换游戏币的网络诈骗、包治百病的气功……一系列骗钱、骗物的把戏;走夜路怕被劫、妇女儿童怕被拐、陌生的地方遭到团伙的威胁……一系列人身受到伤害的情境。曾经看过一则新闻,某日报针对"孩子们的安全意识如何"做了一个调查。一连几日放学时分,记者来到多家小学门口,向小学生们了解学校安全教育情况。结果可以说让人"欣慰":记者直接上前询问,不少小学生都非常警觉,不愿意停下脚步以及过多攀谈。记者以问路为由向小学生"搭讪",也屡屡"碰壁"。有的小学生不理睬记者,有的则表示"不知道"后快步走开,最"厉害"的一位小朋友甚至反问记者:"我为什么要告诉你?谁知道你是不是坏人?"一名家长说,她每天在孩子去学校前都要唠叨同样的话:"不要随便和陌生人说话。"这看来确实有些"两难":一方面希望孩子提高警惕,尽量避免坏人坏事;另一方面又害怕:如果讲太多潜在的危险,是不是显得这个社会很险恶?"让他提防这个,注意那个,会不会对他的心理产生负面影响,让孩子害怕与人交往?"这中间的"度"太难把握了。其实,心理的害怕比生理的疾病的人数更多,危害更烈。世界卫生组织指出:健康不仅仅是没有疾病和虚弱的现象,而且是一种身体上、精神上和社会适应上的完好状态。

安全交往,身心愉悦。

马斯洛将人的需要由低到高分为生理、安全、归属与爱、自重、自我实现、求知与理解、审美七个层面,其中"人的安全需要"被排在第二个层面。我们说,善于与人交往的学生身心愉悦,心理健康。善于交往的孩子可以得到更多的感情的交流、更多的快乐。心理学家发现,善于交往的孩子容易形成快乐健康的性格。如果孩子总是被抛弃、拒绝于集体之外,就会产生孤独感,感情会受到压抑。久而久之,他们会不愿意开放自己的心灵,感到寂寞、空虚和无聊,始终处于孤独、封闭、退缩的状态,如同置身于一个"孤岛"之上。这种状态对孩子的身心发展会产生十分不利的影响。

(马晓菲)

第二篇
专业知识

ZHUANYEZHISHI

五　理想中的教育

谈到理想,自然想到陶渊明、柏拉图,他们所建构的理想世界,就如天堂。

人,必须要有理想,虽然理想可能只是梦想。可是,万一这梦想成为现实了呢?

在每位教师的心中,可能都有属于自己理想中的教育模样:教师是无所不能的,孩子都是热爱学习的,孩子都是聪明的,学校、家庭、社会是孩子学习与成长的稳固基石……

有理想,人才有更高的追求。

37 你知道中国基础教育的优势和努力的方向吗

中国的教育改革发展经过了拨乱反正恢复整顿的阶段、全面开展教育体制改革的时期和教育发展的经济主义时期,从 2003 年开始贯彻落实科学发展观,进入了促进教育公平的时期。由于 20 世纪 70 年代末的思想解放在教育领域未深入进行,教育的重建系回到 20 世纪 50 年代的计划体制。20 世纪 80 年代以体制改革为核心的教育改革取得一定成就。20 世纪 90 年代之后,教育发展取得巨大成就;但由于体制改革停滞,出现官本位、行政化价值的回潮,教育走上被称为"教育产业化"的轨道。

新课改轰轰烈烈经历数轮,总的来说,基础教育的优势比较明显。

实现了课程功能的转变。

改变了过去课程过于注重知识传授的倾向,强调形成积极主动的学习态度,使获得基础知识与基本技能的过程同时成为学会学习和形成价值观的过程,注重引导学生学会学习,学会合作,学会生存,学会做人,关注学生"全人"的发展。

体现课程结构的均衡性、综合性和选择性。

强调不同功能和价值的课程要有一个比较均衡、合理的结构,符合未来社会对人才素质的要求和学生的身心发展规律。突出的是技术、艺术、体育与健康、综合实践活动类的课程得到强化,同时强调课程的综合性和选择性。课程结构的这种转变,折射出我国基础教育改革的基本思想和培养目标,保证学生全面、均衡、富有个性地发展。

密切课程内容与生活和时代的关系。

改变了以往课程内容"繁、难、偏、旧"和过于注重书本知识的现状,让学生更多地学习与生活、科技相联系的"活"的知识。新知识、新概念的形成建立在学生现实生活的基础上,将会有效地改变学生学习生活和现实世界脱节的状况,极大地调动学生学习的主动性和积极性。

改善学生的学习方式。

课程实施方面,强调变"要学生学"为"学生要学"。新课程的实施确立了学生的主体地位,促进学生积极主动地学习,倡导学习过程转变成学生不断提出问题、解决问题的探索过程,并且能选择接受丰富多样的适合个人特点的学习方式,对学生的终身发展起到了影响作用。

建立与素质教育理念相一致的评价与考试制度。

改变了以往过于强调甄别与选拔的功能,发挥评价促进学生发展、教师提高和改进教学实践的功能,促进发展,形成多元化评价,重视学生发展和教师成长记录。

实行三级课程管理制度。

改变了课程管理过于集中的状况,实行国家、地方、学校三级管理,增强课程对地方、学校以及学生的适应性,有助于教材向多样化发展,有利于满足地方经济、文化发展的需要和学生发展的需要。比如我们学校结合现代社会对人才需求类型的背景,融合学校对人才的培养要求,将零散的课程整合为"慧心课程",表现为四种课程形态:基于学科课程标准的嵌入式课程。这一类课程形态的目标是高水平地实施国家课程,给孩子奠定厚实的学科后续学习基础。我们遵循学科课程标准,选用一个版本的教材为蓝本,将其他版本教材中的学科课程资源、课外资源提取出来,对照学科课程标准和学生的实际需要,整合成为一个个的学习专题,纳入到学科学期教学计划中,成为嵌入式课程,以及时更新、不断丰富学科课程内容;基于小组合作学习的探究性课程。这一类课程形态的目标是高标准建设综合实践活动课程;基于学生主体需要的多元化课程。这一类课程形态的目标是高质量地实现培养目标,开发孩子的智慧潜能,为他的终身发展找到最佳的可能性。我们开设"慧心选修课程",让学生在自主选择中,主动生动地得到发展;基于校本文化资源的浸润型课程。这一类课程的目标是实现无痕的教育。我们提出"一所学校就是一门好课程",赋予校园里的一草一木以教育的意义、课程的价值,学生只要在这所学校里,就能自然而然地获得一种成长的力量。为学生的潜能发展提供可能,为特长生的培养提供平台。

还需努力的方向:我国教育在总体上还比较落后,不能适应加快改革开放和现代化建设的需要。教育的战略地位在实际工作中还没有完全落实;教育投入不足,教师待遇偏低,办学条件较差;教育思想、教学内容和教学方法程度不同地脱离实际;学校思想政治工作还需要进一步加强和改进;教育体制和运行机制不适应日益深化的经济、政治、科技体制改革的需要。面向未来的中国教育，需要继续解放思想，促进改革开放，推进以体制改革为中心的教育改革。

（张燕芳）

38　"创造能力"和"应试能力"

中国教育有自己的特色，作为一名教师在教学中该怎样权衡学生"创造能力"和所谓"应试能力"的培养？

按照国家对义务教育的要求，小学和初中对儿童、少年实施全面的基础教育，使他们在德、智、体诸方面生动活泼地主动地得到发展，为提高全民族素质，培养社会主义现代化建设的各级各类人才奠定基础。当今，各个领域都在不断创新中求得发展，社会需要大量的创造型人才，所以学校教育应顺应时代，重视学生创造能力的培养。但也不是说完全不要分数，教育不需要考试。相反，我们需要学生得高分，所不同的是这个高分必须是知识上的高分与能力上的高分的综合；我们也需要进行必要的应试训练，所不同的是这种应试训练是以培养人的发展能力为本的应试训练，是以素质教育和创造教育为核心的应试训练。因为，从人的发展观来看，单纯追求高分而忽视潜能发展的应试能力是我们这个时代不欢迎的。教育作为一项系统工程，它的宗旨是教育人；发展人；完善人。人的发展是教学的终极目标。因此，学生应试能力的培养也应建立在这样的基础上。

权衡的前提是正确解读与定位。

权衡好学生"创造能力"和"应试能力"的培养，教师首先要对这两种能力有比较正确的解读与定位：创造能力是人类特有的一种综合性本领，是所有人都具有的一种特性，是指产生新思想、发现和创造新事物的能力，是相对于现在提倡的素质教育而言的。在知识经济时代，创新决定着一个国家和民族的综合实力和竞争力，创新对一个国家和

103

民族的发展的真正意义在于对促进经济的发展和综合国力的增强有着决定性的影响。知识经济已初见端倪,知识经济的发展主要依靠新的发现、发明、研究和创新。创造能力是成功地完成某种创造性活动所必需的心理品质,是适应新时期人才培养的特质之一。因此,在课堂教学中,必须十分重视学生创新能力的提高,以培养出具有较强创新意识和创新能力的人才。应试能力也就是学生应付学业考试的能力,是以往的应试教育的产物。但在现行的教育环境下,无论是名教师,还是普通的教师,都要研究和探索如何提高学生应试能力的问题。两者并不对立,素质教育的范畴包含了应试教育,应试教育是素质教育的一个组成部分,应试能力是学生综合能力的一个方面,素质教育培养出来的优秀学生同样是应试能力很强的人,所以培养学生创新能力和应试能力并不一定矛盾。

那么怎样才能让两者之间达到平衡呢?

要重视创造能力的培养。

国家需要创新型人才,教育是为未来培养合格人才的事业,因此每一个教师都应该重视学生创造能力的培养。首先,应当鼓励他们大胆质疑、勇于发问。对他们的发问,教师要耐心予以解释,不可挫伤他们的好奇心,一时说不清楚的,也要鼓励他们去继续探索研究。其次,要引导学生有目的设疑。教师应当引导学生从无意设疑向有意设疑发展,这样才会使疑问与创造有机地结合起来。再次,鼓励学生质疑问难,引导他们在独立思考的基础上创造性地解决各种实际问题。另外,教师还可以从实际出发和学生一起设疑,并善于创设问题的情境,引导学生逐步解疑,使学生在探索新知识中有所发现和创新,引导学生积极发现、解决问题。创造力是靠扩大学生的知识视野,开拓他们的思路,坚持手脑并用,在各种学习活动中来促进发展的。所以必须从教学的指导思想、教学内容、教学方法和教学体系等方面进行一系列的改革,努力培养学生的创造力。当前的信息传递从内容到方法日益丰富多彩,而教科书在丰富性、新颖性、趣味性和实践性等方面的局限性日益显露。所以,从培养学生创造力的角度来看,第一课堂的教学仅仅是一个方面,同时应当开辟第二课堂,通过各种学科小组的科技活动,注意引导学生从多角度观察问题、探索问题、发现问题和解决问题,对培养他们的创造力来说是非常重要的。

此外,还应该鼓励学生敢于标新立异,训练发散性思维的能力。

培养学生的兴趣、方法、习惯、自信心。

兴趣、方法、习惯、自信心等方面对于学习成绩是重要的影响因素,我们可以以此着手,既能提高孩子综合素质,又可以提高学习成绩。在培养学生的兴趣和塑造性格的过程中,提高个人素质和应试能力。

总之,既要立足应试教育,有效解决孩子快速提高学习成绩的需求,也要重视学员个性化研究,致力于综合素质提升,从而达到素质教育和应试教育的和谐统一。教学有法,教无定法。作为教师的我们,平衡好两者的关系,在提高学生创新能力的同时也能发展应试能力。

(张燕芳)

39 点亮学生发现美的"眼睛"

生活中并不缺少美,只要你有发现美的眼睛。在教育过程中,我们身边的美无处不在,作为一名教师你应该怎样引导学生去感受与发现?

点亮学生发现美的"眼睛"是每一位教师的责任。

一提到美育,我们许多老师自然而然地想到,这是音乐、美术等艺术类课程的主要任务。"我"既不教音乐又不教美术,这应该不是"我"思考的问题。这种认识是片面的、狭隘的。诚然,音乐和美术等艺术类学科对学生的审美教育有着得天独厚的优势,在学生审美素养积淀的过程中起到的作用至关重要。早在辛亥革命前,国家学部便指出图画教育"其要旨在使精密观察物体能尚其形象神情,兼养成其尚美之心性";音乐教育"其要旨在使感发其心志,涵美其德行"。然而,美育与艺术课程之间并不能简单地画上等号,美育不是简单的美术课和音乐课的加法。美育是关于人的全面发展的教育,是促进人的各种潜能得到发展的教育,并不仅仅局限于艺术课程即美术课和音乐课。两者的关系是包含与被包含的关系,即艺术课程是从属于美育的范畴之内的,而美育的有效实施也是离不开艺术课程的。所以,点亮学生敏于发现、善于发现美的"眼睛",培养学生的审美力,发展学生的审美素养,不只是美术和音乐老师的责任,而是我们每一位教师应有的职业使命。

点亮学生发现美的"眼睛",需要教师有一双更亮的眼睛。

美不仅仅在音乐或者美术课程里,其他所有课程里都蕴含着丰富而鲜活的美。这,需要教师先于学生有一双善于感受和发现美的眼睛,能对教材和教学内容进行深入浅出的审美化开掘,充分发挥教材的审美教育的功能。教师的功力不仅要花在让那些看得见的美感动学生,更要让那些看不见的美显现出来,让学生体验到"发现美"的力量。那些看得见的美往往就是教材内容的本身,语文教材中感人的故事,数学教材例题中形象有趣的数学生活内容等;那些看不见的美往往是该学科本身蕴含的美,语文中语言文字的美,数学课上数学思维的美等。如苏教版语文第十册,《装满昆虫的衣袋》这篇课文,法布尔童年时期对昆虫的痴迷是一种看得见的美,作为语文教师理所当然要引导学生走进法布尔的内心世界,放大法布尔优秀的品质,感化学生的心灵。仅仅如此还是不够的。有一位教师教学时,就将精力聚焦在引导学生发现和感受文本的语文文字的美,细致入微。课文中有一句描写法布尔在父母的责骂声中将昆虫扔进垃圾箱的话:"法布尔难过极了,眼泪刷刷地往下掉,很不情愿地把心爱的小宝贝放进了垃圾堆。"这位教师问学生："这句话中哪个词语最能表现法布尔对昆虫的喜爱?"学生的目光都聚焦在"难过、眼泪刷刷、不情愿、心爱"这些看得见的"美"上。这位老师,肯定了学生的感受同时,故意质疑这里的"放"字用得不恰当,应该改为"扔"、"丢"等。学生的眼睛被点亮了,马上发现和感受到了"放"这个动词所蕴含的美——突出了法布尔对昆虫的喜爱,不忍心扔,不忍心丢。于是这位教师引导学生通过表演还原情景和朗读想象情景等活动,进一步体会动词"放"的表现力,体验作者运用文字时的苦心孤诣。在这里,动词"放"是美的,这个发现的过程本身更是美好的阅读体验。

点亮学生发现美的"眼睛",需要教师突破课堂的藩篱。

要学生拥有一双敏于感受、发现美的眼睛,仅仅靠优化课堂教学是远远不够的,更需要我们教师在教学理念和行为上大胆突破课堂教学的藩篱,将课堂与学生鲜活的生活打通,融为一体。生活是生长美的土壤,离开学生的生活,忽视学生丰富的生活积累,审美的教育如同花瓶中的鲜花,好看却没有生命。从生活走进课堂,生活的积累能够给学生在课堂上发现审美对象的美提供营养,反过来,从课堂反观生活,课堂教学美的体悟能够提升学生对生活的美的感受。四年级音乐课本中有一首《大海啊,故乡》,这是一部反映当时海员生活的电影《大海的呼唤》的主题歌。这一首时隔三十多年的老歌曲,对现代学生来说是很难直接理解的,因此也难于充分发挥歌曲的美育功能。只有让学生了解海员长年累月在海上漂泊的生活状态,以及海上思念家人却无法联系的痛苦,才能更深刻地体会到歌曲中表达出的对大海、故乡和母亲深挚的感情,以及作者对祖国的美好祝愿。所以,在教学前教师可以组织学生观看《大海的呼唤》这部电影,还可以引导学生阅读杨红樱的儿童文学作品《小香咕和他的海员爸爸》。打通课堂和生活的围墙,需要教师有更加开阔的视野、丰富的学养。

点亮学生发现美的"眼睛",需要教师本身就是美的使者。

尽管素质教育的号子一路高歌,但是应试教育的影子挥之不去,中小学的审美教育依然没有跳出知识化和技术化的泥潭。要真正让审美教育焕发她应有的青春活力,需要教师本身就是美的热爱者、美的使者。这里有两层意思:一是,教师自身就是爱美的人,在生活中一言一行表现出来是崇尚美的,遇到美的事物一定会感动不已的,一定会情不自禁地与学生分享;二是,教师要将自己的教育教学工作视为一门艺术,将整个生命投入到日常教育教学中,精心设计,智慧创造,让自己的课堂充满科学和精神的美。

(徐国荣)

40 涵养"艺术心"

丰子恺先生提出了涵养"艺术心"的美学思想,在教育中教师要维护孩子清澈透明的"童心"。你认为在艺术欣赏和表现活动中教师应该扮演怎样的角色?

笔者自参加工作以来,曾为若干次音乐期末考试评过等第,期间总在思考一个问题,对于小学生,难道一次技能演唱就能评定这个孩子一学期音乐学习的好与坏吗?但是长期程式化的育人方式,将音乐审美囿于技能的习得与情感的说教状态,忽视音乐内在的音乐价值,无视儿童内心体验,造成儿童审美的异化。《新课标》指出以音乐审美为核心,于是我们思考学生生命内部如何"感受美"和"表现美"?如何才能更好地达到"审美"的目标?笔者以为,音乐教育的魅力并不在于知识技能的传授,而是表现在启迪、激励、唤醒、感染和净化的效应上。教师通过丰富的音乐实践活动引领学生参与音乐情感体验的过程,是引导学生主动参与其中的审美过程,是情感得到释放和升华的过程。

在课堂上,如何判断学生是否进入审美的状态呢?

你有多少次沉醉于审美意境中的体验?弄堂里的老人在自家门口乘凉之时,将收音机播到一个地方戏曲频道,闭上眼睛可以听得摇头晃脑——沉醉了。那么课堂上,我们该如何引导学生沉醉于其中?这就涉及两个问题:欣赏什么?怎么欣赏?所谓"欣赏什么",便是审美对象之所在;"怎么欣赏",则意味着并非所有"欣赏"都在审美。其实,音乐与诗歌、国画、书法等艺术形式一样,均讲究充满感情的流露及对意境的追求。在音乐创作中,作曲家通过绮丽的想象将单个或群体意象,相互沟通、连接,最终以特定的音乐要素、手段物化为可倾听的审美意境;也恰恰这一点,音乐欣赏时常留给审美主体想象的空间,以听觉感官为基础,引发出多种感官的审美意象,从而感受到作者所表达的内涵与意境,即体验作者的体验。课堂中,教师引导学生听意境,实际是让学生在音乐音响中感受作品对美的表达方式,从而让学生懂得如何欣赏、理解和表现音乐蕴含的各种美。因此,教师要把注意力放在引导儿童感受音乐要素在塑造音乐形象时所发挥的作用上,这有利于儿童更好地把握音乐作品中蕴含的审美意境。

教学"无为"先有为。

教学的最高境界是"无为",意味着教师要激活儿童的学习经验,激发儿童对艺术的先天敏感力,在充满审美的活动中,获得身心的愉悦发展。这样看似"无为"却有意为之的特殊训练,把那些只有身临其境才可意会的艺术内涵与儿童原有的审美经验相契合,使他们对艺术作品中的各种要素、各种表现手段做出整体性的反应;经过长期的特殊训练,不断积累与发展更为丰富的审美经验;当审美记忆在音乐活动中再次被唤醒与碰撞的瞬间,它所产生的特殊效果就会凸显出来。例如我们的音乐教学,要紧紧围绕"审美"这个核心,基于儿童的音乐经验,设计出有创意的、切合儿童音乐学习需要的教学活动,把儿童带入音乐学习的自由王国之中,从而令教学产生"润物细无声"的审美功效。如:五年级上册第二单元的铜管乐合奏曲《祝你快乐》是一首结构相对比较复杂的乐曲。记得某教师在教授这一课的时候,鼓励学生边走边听,并根据音乐旋律的变化设计出不同的队形和动作。当儿童听到主题重复出现的时候,即做相同的动作和队形,这样每一处变化就是一段音乐,很快,乐曲的框架就显现出来了:由 A →B → A → C →A 五个部分,即主题部分出现三次。作品的结构很快从模糊变成了清晰可感,这样的学习过程,让儿童一方面从音乐中获得美的感受、精神的愉悦、理性的满足,另一方面鉴赏能力、音乐记忆能力得到增强,丰富了其在音乐艺术上的审美经验。

将静态的教学内容转化为动态立体的教学方式。

听其音,类其形,得其意,穷其趣。在教师的引导下,让学生凭借这种形式,开拓一个想象机制无比自由的灵性世界,任由其中,驰骋想象。还是以音乐为例:音乐是听觉艺术,适宜于聆听"耳"的抽象事物,却难以表现听觉官能以外的感觉体验。而教师能够引导儿童把多种感官的功能沟通起来,形成一种独特的审美心理感受,从而帮助儿童更好地理解音乐背后的艺术匠心。《音乐课程标准(2011 年)》在感受与欣赏的音乐情绪与情感内容中明确要求:3～6 年级能够感知音乐主题,区分基本段落,并运用体态或线条、色彩做出相应的反应;能听辨不同情绪的音乐,并作简要描述。由此,在音乐欣赏的活动中,教师要逐步训练儿童结合对音乐形式美的感知,鼓励运用审美通感展开音乐联想,进行概括、推测、虚构,并能用语言表达自己对音乐的审美感受,从而更好地把握鲜明具体的音乐形象,增强音乐艺术的审美效果。在音乐欣赏中,为了能使学生理解作品的内涵,加深对音乐形象的感知和理解,教师可利用听觉想象,将静态的教学内容转化为动态立体的教学方式,把抽象的听觉形象与具体的视觉联想结合起来,使欣赏教学更具吸引力。《朝景》是诗剧《培尔·金特》第四幕第五场的前奏曲。乐曲一开始,由长笛吹奏出优美、纯朴的牧歌风曲调,双簧管与它呼应,好似牧笛在回响,完全是一派恬静温馨的田园诗歌般的意境。我会让学生先分段聆听乐曲,然后找找乐曲中主题旋律出现了几次,并请学生在每次主题出现时用动作表示。接着,我启发学生边欣赏边思考这样一个问题:长笛和双簧管描绘了一幅怎样的画面? 你能表现出来吗? 孩子们闭上眼睛,静静地聆听、感受丰富的旋律线变化、乐段的高低起伏及反复出现的音乐主题,给了他们无限的音乐遐想。根据音乐的表现要素,聆听、感悟,并尝试用手势、图案或线条表示,进一步直观感受乐曲所表现的内容、画面和场景,既加深了儿童对作品的理解,又能准确地把握音乐形象和作品内涵。

小学阶段是儿童学习的初级阶段,根据他们的年龄和心理特征,教学应尽量结合实践活动和音乐欣赏进行,教师要有目的地让学生通过实践活动充分体验艺术的魅力,潜移默化提高他们感受美、表现美、鉴赏美的能力,并在实践的过程中不断积累与丰富对艺术的美好记忆;当艺术中的美感因素被完全体验,艺术的审美教育功能也就水到渠成、事半功倍。

(徐国荣)

41 走向"信息时代"

面对信息时代,正如美国专栏作家所说"地球变平了,地球变小了,地球变热了,地球变体了",世界变化如此之快,对传统的教育观念和模式提出了严峻的挑战。面对经济全球化、社会信息化所产生的新的教育理念和迅速发展的信息技术及其对传统教育观念全方位的挑战,我们必须对原教育观念实行"五个转变"。

重学校教育真正走向重终身教育。

知识在以海量的速度不断更新,人们在学校所接受的教育已经不能服务终身了,"活到老学到老"成为时代的要求。人们只有不断接受教育,追求自我发展,才能适应社会的发展。从重学校教育转向全社会终身教育的教育观念是信息时代发展的必然趋势。在时间上,它要求教育要与人生相整合,并贯穿人的一生;在空间上,教育要与生活相整合,教育已由狭义的学校教育扩展为包括家庭教育、学校教育、社会教育、在职教育、自我教育在内的大教育。终身教育是形成知识社会的基础。在信息时代下,教育和培训的区分将变得模糊,知识的获取,除了学校教育,还包括其他多种多样的形式,个人接受学校教育的途径也趋于多样化。学校教育的目的不仅是为个人就业作准备,而且是为提高生存质量作准备。培养个人适应社会变迁的基本能力和自我教育的能力,应成为学校的主要任务。家庭和社会将越来越多地发挥教育功能。传统的学校教育应该与其他形式的教育相衔接,社会将交织形成一个十分发达的教育网络。

重知识教学真正走向重素质教育。

在信息社会,教育的任务不只是让学生学习书本上的"死知识",更要让学生懂得如何在现实社会中掌握生活的"活本领"。这就要求教育实现从单一的知识传授转向综合性素质的培育的转变,以全面提高学生综合素质为旨归。(1)学会生存。21 世纪要求学生要有较强的独立性和判断力,有强烈的社会责任感和使命感,并具有主动适应社会的能力。(2)学会认知。信息时代的教育,强调学生要在学会广博的基础知识的同时,还要学会如何学习,如何求知。(3)学会做事。学生应该学会在变化的社会环境中工作,实现从知识到能力的转变。学会做事,在很大程度上与处理信息和人际交往的能力密切相关,这不仅包括实际动手能力,而且包括处理人际关系、集体合作态度、主观能动性、管理和解决矛盾的能力以及果敢地承担风险的精神等综合而成的能力。(4)学会共同生活。教育的责任是要让学生在多样化的世界中能更好地理解他人,养成为共同目标而积极与人相处的态度和能力,要教育人们用理智与和平的方式处理那些不可避免的冲突。

满足于"维持性学习"走向重"创新性学习"。

在传统的经济社会发展态势下,技术进步和知识更新速度缓慢,人类习惯于用已有知识解决现存的各种问题,这就是所谓的"维持性学习"。在信息时代,经济和科技的竞争,不仅是人才数量和结构的竞争,更是人才创造精神和创新能力的竞争。培养学生"创造性学习"能力的任务不仅仅是高校的任务,更是需要在基础教育尤其是小学阶段就要打下扎实的基础,从小培养创造性学习的思维和习惯。

(徐国荣)

42 你准备好"信息化教学"了吗

所谓信息化教学,就是以现代教学理念为指导,以信息技术为支持,应用现代教学方法,以提高课堂教学效率的教学模式。在具体的课堂教学中,其最基本的表现形式是制作多媒体课件进行辅助教学。作为新教师,要在课堂能最大限度地实现信息化教学,除了要掌握丰富的基本信息教学技术,更重要的是要对信息化教学在认识上有一个准确的定位。往小处说,新教师要正确认识多媒体课件在课堂教学中的地位、作用,根据实际需要来经济地运用信息化的手段进行有效的教学。

多媒体课件永远是辅助手段,不能喧宾夺主。

有教师执教公开课,选择的课文是《悲壮的一幕》。文本主要记述了苏联宇航员弗拉迪米尔·科马洛夫在生命即将结束的最后两个小时,面对荧屏中的亲人,他控制住了自己的感情,从容不迫地向指挥中心的首长汇报这次飞行探险工作的感人故事(此文本曾一度引起质疑,质疑它是否真实,这里不讨论。此文也因此被删)。这位教师为了实现情感的熏陶,为整堂课设计制作了全程的多媒体课件。教师一直站在电脑前操作鼠标,学生就随着课件展示什么,他们就学什么。其中有一个教学片段实在感人,教师在课件里嵌进了航天员在太空与家人告别的电影场景,尽管是英文原版,当时学生几乎都被感动得流泪了,听他们朗读课文时能感受到他们的心在抽噎。评课中,教师们就该教师对信息化教学的重视、对课内外信息资源的掌握,以及教师制作课件的技术投入等给予充分肯定,同时也就课堂的效果提出了质疑。教师们认为,这堂课的信息化教学过于满了,教师因课件失去了主导地位,沦为鼠标操作手;学生因课件被剥夺了思维的空间,学习活动完全被课件主宰。就那个电影片段,教师们觉得对学生的语文素养的发展则百害而无一利。学生的感动是电影媒介对学生感官立体刺激的结果,而并非文本的语言文字,得"意"而"丢"形。最后,这位教师在反思中写道:"多媒体纵然能发挥形象直观的作用,但是它永远是课堂教学的辅助手段,它的作用是为课堂服务的,决不能喧宾夺主!"

根据需要制作和选用多媒体,遵循经济原则。

明确了多媒体课件等信息化教学手段在课堂教学中的辅助地位后,我们就会明白课上用多媒体课件不是越丰富越先进越好,而是要根据实际的需要进行制作和运用,严格遵循信息化教学中的经济性原则——用最少最简单最简便的媒体手段来辅助教学,以实现最大的教学效果,做到适度、适时。

(1)适度性。一切信息化手段的运用,都要符合学生学习的需要,要充分为学生的学习活动的展开、深入服务,不能为了信息化而信息化,只能是帮助学生学习而不是替代学生学习。这就是一个适度运用的原则。①数量流程适度。上面的课例就存在数量过度的问题。学生大半堂课都在看图片、听音乐,甚至看电影,基本上没有多少时间能静下来读、品语言文字,老师也无暇顾及教学的调控,师生按部就班地走完课件框定的教学程序,课堂成了"阅兵式"。所以,数量流程适度的多媒体课件往往不是主宰整堂课的流水线结构,一般呈现点状结构,在需要的时候才派上用场。②辅助力度适度。再说前面的课例,电影使用的效果之所以喧宾夺主,原因是电影的内容和文本内容重合度高,这样电影的情感刺激力度就过于强悍,使学生的情感活动完全脱离了语言文字本身,语文课悄然变成了运用电影手段进行的思品课。学生是感动了,但是不是语文给予的感动。如果教师在这里不是直接采用电影,而是在学生朗读课文的时候播放电影的音乐,也许会产生更加好的语文教学效果,使得信息化手段回归辅助教学的本位。

(2)适时性。"不愤不启,不悱不发"的启发性原则同样适用于信息化教学。什么时候要使用多媒体课件进行辅助教学呢?一方面,要教师切准学生面对学习活动出现了或"愤"或"悱"的状态,抓准时机"放马"。这当然要考验教师备课设计课件时能否对学生学习的活动有精准和充分的预见。就上面的课例,只有当学生朗读航天员和亲人话别的语段感觉不到位的时候,播放电影音响辅助激发一下,就能帮助学生进入语境,真切感受到航天员的伟大品质。如果学生的朗读已经到位了,则即使课件已经准备了,也可以不用。另一方面,使用课件和学生语文活动展开的次序问题。是在学生展开语文活动前就播放图片、音乐等媒体信息好,还是在学生展开语文活动的过程中根据需要选择性使用课件呢?一般情况下,合适的做法当然是后者。辅助,辅助,当然是在需要的时候辅助,否则就会越俎代庖,喧宾夺主。

适应信息化教学需要的基本技能。

信息化教学背景下,新教师必须初步具备十项基本技能:(1)会数字化教学资源的收集;(2)会音频和视频文件的编辑;(3)会利用网盘管理数字化教学资源;(4)会演示文稿的设计与应用;(5)会图像的编辑;(6)会思维导图的制作与应用;(7)即时通信工具的使用;(8)利用维基创建在线协作学习平台;(9)利用电子表格统计数据;(10)会在线问卷调查。

(徐国荣)

六　理想与现实的差异

> 只会做梦,理想就会成为一堆泡沫,在阳光下华丽地破碎。因为,理想与现实之间总是存在着太大的差异。
>
> 发现自己并不是无所不能,甚至在某些方面比不过孩子。
>
> 发现每个孩子之间有着太大的差异,就如手的五个手指头。
>
> 发现教育专家的理论在具体的孩子面前,显得如此无力。
>
> 发现现在的孩子不是你哄几句、吓几声,就能乖乖听话。
>
> 发现孩子并不是如传说中那般敬仰老师、信仰老师。
>
> 发现孩子的外在表现并不是他的真实内心,孩子有时简直就是个谜。
>
> ……
>
> 发现差异,研究差异,改变就发生了。

43 家庭的"无能为力"与教师的"有所作为"

让学生综合学习,需要学生能利用身边资源,开展课外学习。有的家庭无法为学生创造条件,如电脑查询,教师可以怎么做?

新课程实施以来,学生的学习方式发生了很大的变化,主体地位得到了充分体现。其中,比较常见的是小组合作学习方式,从而形成一个学习共同体。它适应任何一门学科,能有效促进学生积极参与学习过程,而后得到一种既互补又有效的学习方法。

让每个孩子的特长都能得到凸显。

学习共同体从学生主体的认识特点出发,巧妙地运用了学生之间的互动,把大量的课堂时间留给了学生,使他们有机会展现个性特长发展,在分享展示中共同提高。同时,学习共同体充分尊重学生的个性差异,发挥个性特长,让学生人人都参与到课堂学习之中,发出自己的声音,看到自己心中希望的天空。

学习共同体建构最常见的是小组合作。每个小组通常是由四到六个学生组成,根据每个孩子的特长、优势,内设组长、记录员、汇报员、信息搜集员、资料查找员等相关成员,充分发挥学生的学习主体地位。组长负责小组常规学习活动的开展,包括组内角色的分配,具体学习任务的落实,组员在学习活动中的评价等。在小组合作学习活动中,组员共同探讨与研究,共同交流与分享。从组织形式来看,一个合作学习小组就是一个学习共同体。另外,小组合作学习,能充分调动学生学习积极性,使每一位学生都有了主动学习和创新的机会。比如,音乐课堂上老师要让学生在认真聆听音乐的基础上,进行小组合作,根据乐曲传达的情感和旋律,结合学生自己的爱好与特长进行展示:喜欢画画的就简单地描绘出心中的画面;喜欢文学的就写出优美的诗句;喜欢朗诵表演的就尽情抒发;喜欢舞蹈的就跳起来;即使什么特长也没有的学生,专注其他同学的学习过程也是一种享受。小组学习为学生搭起了尽情展示自我的大舞台。

在学习中合作,实现优势互补。

课堂教学应当兼顾教学的学生个体性与集体性特征,应当把个别化与人际互动有机地结合在一起。因此,在开展小组合作学习时,教师应把握时机,激励更"多"的学生参与到合作学习中来,同时为学生创造更"多"的进行探究、合作的时机。因此,教师要合理选择合作的时机。我们认为:把握好合作时机是提高课堂学习共同体有效性的良好途径。其价值就在于通过合作,实现学生间的优势互补。

小组中的任何一位组内成员都有责任完成学习共同体中的任务。只有每位成员的积极性都调动起来,学生之间才能互相帮助、互相合作。比如我们的综合实践活动课需要大量的实际数据,如此大的工作量靠一个人的力量是不行的,只有分组进行,各负其责,然后交流分享成果,才能共赢。这种合作的意义远远超过了学习本身。培养学生们的合作精神,使他们学会与他人合作,具备合作完成问题的能力,是我们教师义不容辞的责任。

在合作中学习,实现资源分享。

著名音乐教育家奥尔夫曾经说过:"让孩子在合作中共同实践、一起去创造音乐是十分有意义的。"小组合作学习是一种极富创意与实效的教学理论与策略,是如今课堂教学实践中重要的组织形式,利于全班学生人人参与学习的全过程,促使学生的学习变得生动活泼,人人都能体会到成功的喜悦。它既能发掘学生个人的内在潜能,又能培养集体的团队合作精神。在合作学习中实现资源共享,智慧分享,同伴互助,共同进步,共同成长。例如:分组学习的目的是在有限的时间内,让每一个学生都主动参与学习,让学生在自主学习中得到发展、树立信心,养成良好的习惯,形成有效的学习策略。由于学生的好胜心理和集体荣誉感,他们在分配到任务后,都会自发地积极地去完成。在这期间,学生始终处于一种主动、积极的心态,使学生由原来的被动听讲变成了主动学习、研究、参与,从而有了"我要学"的强烈愿望。小组合作学习给他们提供了一个独立思考发现和解决问题的空间,更能体现学生的主体地位。

学习共同体的建构方式强化了学生对自己学习的责任感。通过合作学习,学生学会了沟通,学会了互助,学会了分享,实现了创设合作式学习小组的初衷。在这样的合作学习活动推动下,不仅能提高学习效率,学习潜力也会得到更大发挥,更重要的是能培养学生较强的合作意识和团结协作精神。总之,积极营造适合学生共同学习的环境,有的放矢地运用小组合作,才能获得应有的教学效益,我们的课堂教学才能焕发出生命的活力。

（马晓菲）

44 当综合学习影响到教学进程时

综合,是基础教育的一种基本理念。它体现了现代教育的一种发展趋势,是学科体系向学习领域的伸展,是精英文化向大众文化的回归。它有益于改变人格的片段化生成而向人格的完整与和谐发展。因此,以审美教育为主旨的音乐教育,自然也倡导"综合"的理念。

"综合"学习方式。

就拿音乐学科来说。当前,小学音乐教学普遍存在这样一些问题:教师以教唱歌曲为主,学生对音乐理论知识不感兴趣,欣赏教学进行得极少,课堂外的教学活动较少……课堂教学还是老一套:组织教学→发声练习→导入新课→节奏练习→模仿唱歌练习总结等。针对这种残缺的教学现状并结合《国家基础教育改革》提出的要求,在小学课堂教学中进行综合性学习是十分重要的,是学科走向综合化的必要途径。比如,在音乐教学活动中,我们是可以根据教学内容的综合、教学方法的综合,以及提高教师综合素质这几方面来组织并实施学科综合性学习的。我们把音乐教学内部的各方面内容组织起来进行教学。音乐的学习领域包括:感受与鉴赏、表现、创造及相关文化,把这四个方面的内容综合起来教学,这是音乐内部内容的互相融合,它可以是音乐知识的学习与音乐活动的结合,也可以是音乐不同方式的结合。如:音乐欣赏可以通过演唱、演奏和创作来加深对作品内容的理解,还可以是音乐表达内容与表达形式的结合。在这个过程中可以结合创作与器乐来进行创作表演,并通过唱歌与表演、演奏来展示学生创作成果。我们引导学生欣赏弦乐《二泉映月》,可以让学生唱一唱旋律,也可以用不同的乐器来演奏。通过欣赏旋律片段,还可以引导学生以"鱼咬尾"的方式,尝试着创作简单的旋律。通过歌唱、演奏、创作等环节引导学生欣赏音乐,提高学生对乐曲的鉴赏能力。目前,义务教育课程标准(实验版)小学音乐教材的设计,就是侧重于课程内部内容的综合。课本的每单元都安排了"听一听,唱一唱,玩一玩"这三部分。因此,在教学中教师要引导学生灵活运用所学的音乐知识,加强"视、唱、练、耳"的训练,运用演唱、演奏等方式表现并创作音乐。这样,既丰富了课堂实践活动,又能实现素质教育的目标。

"综合"学习内容。

还是以音乐学科为例,我们把音乐和其他艺术形式结合起来进行教学:音乐与舞蹈,美术、戏剧、影视等姊妹艺术。从艺术的本质上讲,一切艺术都是心灵的艺术,只是各自的感性材料不同而已。不同的艺术形式有着许多的相通之处。从心理学的角度而言,"通感"这一心理现象也使得艺术形式之间的相互融合成为必要和可能。如:对情绪、情感的表现都是各类艺术共同的特点。那么,我们必须抓住这条主线,充分发挥与运用各种艺术门类的不同表现手段,整合成综合性的学习方式,利用共性来促进相互沟通、相互结合。如:我们引导学生用线条表示音高或情绪变化,用色彩表示情感,用图画表示歌曲的意境等。像这样的把音乐与美术结合起来的教学方式,是音乐课堂运用学科综合最主要的艺术形式。不仅能让学生留下深刻的印象,而且提高了学生对音乐的理解能力,从而实现审美教育的目的。又如舞蹈是音乐的表现形式,音乐是舞蹈的灵魂。我国古代就有"乐为舞之心,舞为乐之容"的说法。成功的舞蹈形象是与音乐紧密相连的,而且会给观赏者带来无尽的美感享受。我们在学习《丰收之歌》这一课时是这样进行的,在学生学会唱这首歌后,师生共同编排了些舞蹈动作,在表现这首歌时,展示给大家的是优美欢快的小调伴随着轻快俏皮的舞蹈。于是,一个勤劳活泼、爱惜粮食的小姑娘形象被刻画得栩栩如生,让人有身临其境的感觉。

"综合"学科课程。

把音乐与音乐有关的其他学科课程结合起来进行教学。艺术之外的其他学科也是丰富的音乐教学资源。音乐与文学关系密切,教学中可与诗歌、戏剧段落沟通;体育可运用不同节奏、节拍、情绪的音乐进行韵律操训练;社会课可了解一些不同历史时期、不同地域和国家的代表性歌曲或乐曲,以及相关的风土人情。那么,把音乐与语文、数学、体育、社会、英语等结合起来并不困难。如在进行《静夜思》一课的教学活动中,我们可以在唱歌前复习诗句意思以及诗人当时所处的社会背景,从而进一步体会诗人对家乡的思念之情。练习唱歌时,教师引导学生把朗读穿插在乐曲之中,整个乐曲结构为:男女混合唱+朗读+二声部合唱。有如泣如诉的感觉,歌曲感情被处理得淋漓尽致。而且众所周知,有些诗词名篇早已被谱之以曲,被人们广为传唱。如:苏轼的《水调歌头·明月几时有》,李商隐的《无题·相见时难别亦难》等。在音乐课上我们还可以用英语问好,说些日常用语等,不仅在形式上灵活多变、新颖,也符合儿童的心理特征,容易吸引学生的注意力。这种融合式的音乐教学,不仅突出了音乐文化这条主线,有利于音乐素质的提高,而且拓展了知识视野,并以艺术的方式促进相关学科的学习。在教学中,教师可以根据教材和学生的实际,有计划、有步骤地实施。

根据学科的特点和学生的实际,创设开放的教学环境,适时适度地引导,鼓励学生积极参与活动,让他们在实践中得到发展。在学科综合性学习中,教师要发挥全新的作用。如:教师要了解学生的知识基础、个性差异、学习能力等。要立足于每一个学生的发展,让学生成为教学主体,允许学生最大限度地发挥他们各自的智力优势。把学生放在教学的中心,让他们获得自由,才能体现出学生的自主性、探究性、合作性等特征。教师要与学生更好地协调与配合。在教学中,"引导"比"教授"更为重要。教师不仅仅是"教",学生不仅仅是"学",教师一定要把自己放在促进学生发展的地位,才能使教学成为与学生共同提高的过程。

(马晓菲)

45 学习内容与生活实际产生差距时

学习来源于生活又高于生活,有些教学内容受区域的影响而与学生生活实际有差距。我们该如何做?

著名教育家陶行知先生的"生活教育理论"认为:生活即教育,教育要通过生活才能发出力量而成为真正的教育。他还给生活这样定义:"生活教育是生活所原有,生活所需自营,生活所必需的教育。"即教育包含三方面含义:一是我们所过的生活及生活所必需的一切东西,便是我们的教育内容。二是生活与教育必须一致,否则就不能起到教育的作用。三是教育不能脱离生活,必须与生活相联系,甚至必须与生活打成一片。

没有体验就没有学习。

苏霍姆林斯基说过:"如果教师不想方设法使学生进入情绪高昂和智力振奋的状态,就急于传授知识,那么这种知识只能使人产生冷漠的态度,而不动感情的脑力劳动就会带来疲倦。"可见,只有让教学走生活化的道路,紧密联系生活实践,才能使封闭的书本文化积累过程转变为开放的、活生生的与社会生活紧密相连的自我发展过程,这既是学生认识与能力发展完整性的必然要求,也是学生获得全面发展的必经之路。知识源于生活,又运用于生活,因此,教师要结合教学内容给学生创设和提供适宜的生活情境,引导学生利用自己的生活经验来学习新知。这样,学生会感到亲切、自然、有趣,认识到身边就有许多学习问题,使学生的学习变成一种自我需要,从而唤起学生主动参与学习的兴趣和热情。而对于小学生来说,通过自身的参与或实践建立起的知识体系是牢固的、印象深刻的。我们说,体验是一种正在进行时的经历,而体验结果的固定化或结构化就是"经验"。实践表明,引导学生在体验生活中进行学习是非常重要的。我们应当把生活实践当作学生认知水平发展的活水,把学习与生活实践紧密"链接"起来,让学生在学习与生活实践的"交互"中获得直观经验,进而感悟延伸、触类旁通。但若学习之果不能嫁接在生活体验的大树上,就会成为无源之水、无本之木。

教育的价值与生活相等。

生活是知识的源泉,丰富多彩的生活世界是教材内容取之不尽用之不竭的源泉。只有植根于生活世界,并为生活世界服务的课堂才是具有强烈生命力的课堂。这就要求教师将教学目标转化为学生的内在需要,让学生在生活中学习,在学习中更好地生活。长期以来,课堂教学受应试的束缚,教学内容局限于书本,课堂没有融合鲜活丰富的社会生活,造成教学内容的单调乏味,学生也由此失去了体验的情境和乐趣。新课标强调教学要以课堂教学为轴心,向学生生活的各个领域开拓延展,全方位地把学生的学习同他们的学校生活、家庭生活和社会生活有机结合起来。教学离不开生活,生活时时处处皆学问,生活是一本很好的教科书。在教学时,教师应尽量寻找生活中与学科教学的结合点,让生活成为学生学习的辅助教材。以语文为例,《课程标准》明确指出:"语文课程应植根于现实。"要求教师指导学生在生活中学语文、用语文,把语文学习的背景扩大到学生存在的整个生活世界。语文学习和生活息息相通,天然联系在一起。在教学实践中,教师要让教育教学走向广阔的生活天地,让学生在充满生命力的智慧教学中享受学习的乐趣。

让学习发生在学生身上。

在教育实践中,我们经常会碰到一些尴尬的局面:一篇文情并茂的课文,教师以饱满的热情进行教学,既没有忽视学生的主体地位,也没缺少读的训练,学生就是不能被课文的思想内容所感染,始终处于似懂非懂、似悟非悟的状态,学习效果很不理想。文章中人物的品质并非不够高尚,行为并非不够感人,一堂课上下来,教师自认为入文入情入境入理,学生却一脸茫然,尤其是一些离学生生活距离较远的课文,即使教师做了相关背景的介绍,也收效甚微。其实,之所以出现这种情况,根本原因在于教师没能架起文章中反映的生活与学生实际生活相互联系和沟通的桥梁,使得文本的内容和情感得不到学生的认可,无法产生共鸣。再以数学为例,数学起源于生活又应用于生活,数学课堂教学应该着力体现"小课堂,大社会"的理念,让学生贴近生活去发现数学问题,运用所学的数学知识解决实际问题,培养学生运用知识以及做出决策的能力。有意让学生通过观察、分析、运用、了解数学知识在生活中的实际作用,把数学和学生的生活实际联系起来,可以让学生看到生活中处处充满数学,学生学起来也亲切自然。再者,学生喜欢在实践中学习,在生活中运用,把应用题与生活的问题联系起来,可以使学生积极主动地投入到学习生活中,让学生发现数学就在自己身边,从而提高学生用数学思想来看待实际问题的能力。

生活即教育,教育即生活。学习联系生活非常重要,创设情境则必不可少。教师应以情入境,以境导情,情境交融,相辅相成。例如,生活情境的创设可以在导入新课时形成,也可以借学生的问题衍生,目的是把学生的认知系统迅速唤醒,从而提高积极性和学习效率。学生因情境的巧妙刺激,学习热情激发起来,萌发了学习兴趣,认知系统自然高效运转。教师要重视生活情境的创设,加强学生生活体验与课堂教材的融合,这便显得尤为重要。

（马晓菲）

46　如何衡量学生在综合性学习中的表现

综合性学习,顾名思义,是对知识进行综合性运用的学习过程。那如何对学生的综合性学习进行评价,衡量学生在综合性学习中的表现呢?

我们还是先来了解一下综合性学习的意义和价值。

多年来,我们的学习方式是这么一幅场景:在班级授课制中,众多孩子在课堂上共同学习着课本上的知识。课堂教学往往更注重基本知识的学习,而忽视了作为个人发展最重要的能力的培养。因此,新课改提出了综合性学习。就以语文学科为例,语文综合性学习体现的是语文课程的综合化趋势,与课外学习、综合实践活动有联系但又不等同。语文 2011 新课标在"课程基本理念"里是这么叙述其意义的:"综合性学习既符合语文教育的传统,又具有现代社会的学习特征,有利于学生在感兴趣的自主活动中全面提高语文素养,有利于培养学生主动探究、团结合作、勇于创新的精神,应该积极提倡。"在"课程设计思路"里也着重说明:"课程标准还提出'综合性学习'的要求,以加强语文课程内部诸多方面的联系,加强与其他课程以及与生活的联系,促进学生语文素养全面协调地发展。"可见就语文学科而言,综合性学习除了培养学生听说读写的能力,还能更好地培养学生其他方面的能力,使学科教学更具开放性,更具有活力。因此,综合性学习有利于转变学生的学习方式,提高学生的各方面素养。

再来看综合性学习的具体目标和内容。

仍以语文学科为例,在"学段目标和内容"的第五点中有专门的叙述。比如第一学段(1~2 年级):

(1)对周围事物有好奇心,能就感兴趣的内容提出问题,结合课内外阅读共同讨论。

（2）结合语文学习，观察大自然，用口头或图文等方式表达自己的观察所得。

（3）热心参加校园、社区活动。结合活动，用口头或图文等方式表达自己的见闻和想法。

到了第三学段（5～6年级）：

（1）为解决与学习和生活相关的问题，利用图书馆、网络等信息渠道获取资料，尝试写简单的研究报告。

（2）策划简单的校园活动和社会活动，对所策划的主题进行讨论和分析，学写活动计划和活动总结。

（3）对自己身边的、大家共同关注的问题，或电视、电影中的故事和形象，组织讨论、专题演讲，学习辨别是非、善恶、美丑。

（4）初步了解查找资料、运用资料的基本方法。

从中可见，综合性学习的特点在于探究和实践，更注重过程性。也就是说，也许我们并不过多地考虑能获得多少结论性的知识，而在于学生能主动地去发现问题，并运用所学知识，寻找恰当方法去解决问题，在这一过程中，学会与人合作，学会独立思考，学会进行创造。

了解了综合性学习的基本特点，我们重点来看如何衡量学生综合性学习的表现。在评价学生的综合性学习时，传统的量化指标并不适用，即不能用具体的数据来体现。通俗来讲，用一张含有知识点的卷子进行测试并不能真正体现出学生在综合性学习中的表现。那如何来衡量？就要通过知识与技能、情感与态度、过程与方法这几个维度综合性地考虑。

（1）我们要观察学生参与学习的情绪和状态，学生是否能充满兴趣地来参与问题的发现和提出。

发现问题比解决问题更重要，只有具有强烈的好奇心，才会投入到积极的探索活动中去。对学习的热情是最可贵的，不同的孩子基础不同，知识和能力也可能会有高低之分，但如果一个学生能情绪饱满地投入到综合性学习中,有强烈的参与意识和合作意识,首先就要给予极大的肯定。

(2)我们要观察学生在参与综合性学习中的过程与方法。

综合性学习的目标实际上主要指"过程"。善于探索的孩子会尝试采用不同的方法来解决问题。科学界泰斗钱学森提出了"世纪之问"——为什么我们的学校总是培养不出杰出人才?除去其他的客观原因,我们不得不说,其实这还是和从小接受的学校教育有关。记得我在读小学时,语文课就是抄词、背课文,数学就是做书上题目,最后得到的是什么呢?认真的孩子也许能取得高分,但创造性的思维却没有得到什么发展。由于从小就没有这方面的习惯,一旦长大踏入社会,要在纷繁复杂的现实生活中去开拓创新,很多时候会感觉手足无措。当人们说"读书好的学生只能给读书差的打工",其深层含义并不是"知识无用",而是指:被束缚的思维严重影响了人的发展。因此,衡量学生的综合性学习,要看学生的学习过程,要看学生的探究方法,要重视学生的一些调查访问、查阅资料的过程与策略。需要注意的是,也许在探究中并不能得到固定的结论,但勇于尝试,善于发散性思考,都值得肯定。

(3)我们要观察孩子的能力是否得到提高。

综合性学习的目标之一就是改变学生的学习方式,培养自主、独立的学习能力,让学生在观察调查、专题探究、阅读交流等多种形式的学习活动中得到锻炼。比如,一个胆小的孩子能开口了,一个内向的孩子愿意和同学合作了、能提出问题了、能动手实践了,都值得赞扬。孩子在综合性学习中的表现,我们可以多采用赏识性评价,以肯定学生的进步为指向,可以建立学生成长档案袋,对学生进行星级评价、等级评价或描述评价等,构建发展性课程评价体系。对照学习目标,关照学生学习过程中的情感愉悦与心智发展,就具体的进步表现做出及时而充满激励性的评价,并做出进一步学习的策略导向。

作为教师,在衡量学生的综合性学习表现时,还要明白一点:教师仅仅起引领的作用,学生才是真真正正的主角。在学习过程中,没有什么比激发学生学习兴趣和好奇心更重要;在交往过程中,没有什么比尊重学生个性、关注学生情感更重要。学生是有血有肉的生命,教育正是要体现其对生命的唤醒、激励与促使自我发展的不可替代的功能。

(于毓青)

47 教师如何提高自己的综合教学素养

众所周知,教师要有良好的教学素养,而学科的综合性教学更是把这一要求摆在了广大教师面前。

先来了解一下学科的综合性教学。

大家都知道,学校教学都是分学科的,比如文理分科各有各的教学内容。但随着时代的发展,人们发现,知识并非划分得那么泾渭分明,很多时候会处于一种整合状态。跨学科、边缘学科、多学科交融等词日益频繁出自人们口中。因此,在学校中也提出了"综合性学习"这一概念。比如语文教学内容中有"综合性学习"这一块,数学学科中也有"综合实践活动",此外,小学还有"综合实践活动"这一门课,这里都要运用到学科的整合。我们不能说,我是教语文的,其他综合性教学活动却不能胜任;或者我是教数学的,只会计算解题,像数学综合实践活动之类的就不是我所擅长的等等。

再来了解一下教学素养。

教学素养有多种分类方法,不外乎可以包括专业的教育教学知识、学科专业知识、广泛的文化修养等。一要有专业的教育教学知识,包括职业道德素养在内。这是作为一名教师的根本。教育学、心理学是教师必备的专业知识,需要不断体会、加深理解,这有助于我们更好地投入到教学实践中去。而教师职业道德虽然可以通过理论知识学习、参加各类培训获得,但所有的条条框框,最终更要依靠教师的自律和敬业精神。其次,要有学科类专业知识。这可能在读师范院校时已经学到,但时代在发展,不断修订的教材在一定程度上提醒我们,即使是小学的各门学科,也需要读通读透,更需要钻研最新的发展趋势以及更高年段的知识链接情况。所谓"给学生一杯水,自己先要有一桶水",我们要不断研究教学内容,研究学生。第三,需要有广博的文化修养。如果说前两者是必需品,那我们还需要一定量的调味品。干巴巴的食物也许能填饱肚子,却不能让人得到享受,毕竟皱着眉头吞下的不太好吃,说不定还不好消化。广泛的文化修养,会让我们在教学时如鱼得水,会让学生在学习时流连忘返,这样的教学效果才是事半功倍。

记得多年前我们在读师范的时候(那时称之为普师班),虽然是中等师范学校,但小学开设的各门学科都要涉及。除了专门的教育学、心理学,要学小学语文、数学的教材教法,要学音乐、美术、体育的基本技能。比如琴法,每天吃完饭,琴房里就异常热闹,此起彼伏的琴声不绝于耳,即使是五音不全的师范生,也得硬着头皮去练习,因为要还课,要弹那些小学音乐课本里的曲子。我们还需要每天在自习课上练习钢笔字和粉笔字,在课间练习普通话。那时我们的状态就是毕业后能基本胜任小学的各门学科,即使担任技能学科的可能性不大(那时普师班也有专门的特招生),一专多能在一定程度上得以反映,因为广大的农村教育岗位急需这样的教师。而事实上,当我们踏上工作岗位,那一手还算扎实的师范基本功,真的让我们受益匪浅,能教语文,也能教数学,还能代上技能课。我就看到不是科班出身的体育老师,体育课照样上得风生水起。

当然,随着时代的发展,当年的中师已经消失在历史的河流中了,取而代之的是分类更加精细、学得更加深入的师范大学,和我们当年所学的皮毛不能同日而语了。更何况,要教某门学科,你必须持有这门学科相对应的上岗证书,否则连职称也无法评。但是,这并不意味着教学素养的狭隘性,相反,我们还是需要树立全科教学观,要有广博的知识来支撑我们站在这个关系着下一代健康成长的职位上。

那如何来提高教师的综合教学素养呢?

没有诀窍,只有学习——在学习中摸索、体会,在实践中领悟、提高。学什么呢?一是学习理论知识。教育专业类书籍、文化修养类书籍,都能让人受益匪浅。切不可教哪门学科就只看这门学科的书籍,狭隘的知识层面会妨碍我们的进步。有多少教育大家不是博览群书、广泛涉猎呢?在系统学习、博学多才的基础上"术业有专攻",才会更得心应手。

前不久,网络上热传这么一条新闻,在一些地方的师范院校里已经着手培养全科教师,"小综合"全科教师指小学教师具备语文、数学和英语的教学能力,"大综合"全科教师包括语数外加"副科"(音乐、体育、美术等)。其出发点是考虑小学阶段专科知识不需要那么深,不需要过细的分科。全科教师更能发挥特长,关注孩子的各方面发展。姑且不论其优缺点,但从某一个侧面也显示出全科教师的发展趋势,而实际上这已经不是多年前的"包班",更多的是教师能够将所有科目融合,实现小学课程的科学整合,知识广博、能力全面。事实上,根据教育部基础教育改革对新师资的要求,2014 年教育部启动了"卓越教师培养计划",其中"卓越小学教师培养计划"目标是培养热爱小学教育、综合素质全面、能够胜任小学多学科教学"一专多能型"高素质新师资。

在其中还需要提到的是,良好的职业道德和正确的教育观先要树立起来。古有孔子,近有陶行知,作为教育大师,他们都深谙为师之道。为人师表,教书育人,需要时时刻刻提醒自己。我犹记得当初进师范时的八个大字——"身正为师,学高为范"。

二是参加各类培训和听课活动。不管是各级教育部门组织的专业培训,还是学校组织的学习,不管是通识性知识类培训,还是专业性知识培训,别人已经总结好的经验和理论的现身说法,会让教师少走弯路。专业培训是纲,课堂学习会更直接一点,两者缺一不可。教师要多听课,名师的示范课、同行的研讨课说不定都能让你有如醍醐灌顶,豁然开朗。需要注意的是如今学校有专门的继续教育考核,上级部门的教师发展中心每年都要进行验证,这也在一定程度上保证了教师知识的不断更新。

三是虚心向身边的教师群体学习。学习他们的教育教学方法,共同探讨课堂教学,探讨学生教育;学习他们学科之外的技能,拓宽自己的知识面,增加自己的特长。而且重要的是,要有全科意识,可以向本门学科以外的知识学习。比如教数学,还担任一门综合实践课,你会发现原来学科之外的东西会这么受用,你会成为受学生欢迎的教师。

此外在课余生活中,我们也可以培养自己在专业素养之外多方面的兴趣爱好,这一点不用多说。只要你是一个有心人,生活中处处皆学问。当我们爱好广泛、学有所长,当我们愿意付出热情和努力,不断提高综合教学素养,我们就能在教育这一块沃土上,成为一专多能、备受孩子们欢迎的教师达人,取得更加卓有成效的教学效果。

(于毓青)

48　"因材施教"和"统一要求"

教学原则中有一条是"因材施教"原则,换个角度来说,我们也允许学生存有不同的发展程度。但是,现在普遍班级容量大,学生人数多,有统一的教学目标,现行的考核制度和学生发展的差异存有一定矛盾,该怎么办?

要讨论考核制度和学生的发展差异,首先要明确彼此之间并非是一对矛盾体。所有的现行制度都必须有考核一说,这样才能推进制度的实施和优化。当然从另一个角度来说,人的发展不是仅通过考核就能确定或者说以所谓的一次考核就给人贴上标签,这一点一定要谨记。搞清楚了两者之间的关系,我们才能来分析"因材施教"和"统一要求"之间的辩证关系。

首先来了解一下因材施教。

在现实教育教学生活中,万千个孩子有万千种性格,有的好动,有的好静;有的口头表达能力强,有的动手能力棒;有的喜欢语文,有的擅长数学,因此在教学时,要根据孩子的特点来选择适合他的教学方法,比如根据不同的认知水平、学习能力、自身素质等,有的放矢,让孩子扬长避短,获得不同程度的发展。

古代孔子首先提出了"因材施教",两个弟子子路和冉有问了同样的问题:"闻斯行诸?"对于好胜的子路,孔子要让他问问父兄而后再做;对于犹豫的冉有,孔子鼓励他马上行动。这就是因材施教的典型。而在我们当代教学中,考虑更多的可能还是关于学业方面的差异。如何针对不同类型、不同水平的学生进行施教?我们教师要善于观察孩子不同的个性特点,比如能力的个别差异、性格的个别差异,根据教学过程中的进展情况多问问为什么,"为什么这次能学得这么顺利?""为什么这回会卡住无法理解?"特别是学习困难生,要进行具体分析并区别对待,激发他们的学习动机,鼓励他们产生战胜困难的信心和力量,教给他们有效的学习方法。这样才能更好地因材施教,力争让每个孩子都能得到发展。

再来看关于考核。

现行教育体制下,必要的考核是不可或缺的。每门学科都有自己的教学目标,有规定的教学大纲,要完成相应的教学任务。以此来确定一名教师是否较好地完成自己的教学工作。这也是对孩子的一种负责态度,判断到底学了多少知识,发展了多少技能,获得了多少情感态度上的发展。虽然最终评定孩子的学业成绩单往往就是一张同样的试卷,但就中国国情而言,人口众多,班级人数饱和,这是比较公平的一种评价方式。当然除此之外,我们也在努力地辅之以其他的个性化评价,尽量做到全面地去评价一名学生,不以偏概全。像现在国家提倡的校本课程开发,其实也是在一定程度上为学生的个性发展服务。

最后,我们提倡要辩证看待因材施教和统一要求。

既然考核方式基本差不多,而孩子的个性存在着差异,必然会导致两者之间的不一致。但这不是绝对的,大多数情况下两者并不矛盾。我们要在因材施教的基础上提出普遍性的统一要求,同时在具有普遍性意义的统一要求下更好地实行因材施教。直白地来讲,一方面,我们在教学时要兼顾孩子的不同特点,用适合他们的方法,让学生去掌握应该具有的知识,达到课标所提出的基本要求。另一方面,我们也要根据新课标要求,思考如何让学生能更有效地掌握技能,发展自我。当两者之间不一致,比如说确实有孩子存在着某一方面的困难,我们既不能放弃,也不能强求,而是要灵活对待,让他努力达到基本要求,在此基础上发展自己的特长。

有一部印度电影《地球上的星星》,也许能给我们一点启迪。一个八岁的小男孩在学校总那么格格不入,作业、分数、次序让他成为另类。随着一位美术教师的到来,孩子的命运才发生了变化。那位老师在和学生们的接触交流中发现了这个孤独的孩子。通过观察发现,原来孩子患有学习障碍,无法拼写和阅读。在孩子的世界里,只有缤纷的色彩和可爱的动物。在那位老师的悉心帮助和努力辅导下,他帮孩子找回了自己的快乐,让他的绘画天赋得以展现。这就是"因材施教"。

换言之,为了努力让每个学生达标,我们就很有必要了解学生原有的知识水平、思维习惯、态度经验、发展的可能性,弄清楚"学生学习的起点在哪里""学生是怎样学习的""学生学业困难的症结何在",然后再实施有的放矢的个别辅导,让因材施教在现行的学业考核下发挥出优势,同时又能走出自己的一片天地。在统一要求下,我们希冀每个个体的独立发展,当然说起来容易,做起来可能有一定难度,但如果能有心去做,我们就能做到既坦然面对考核,又无愧于孩子。

今天比昨天进步一点点,就是对师生最大的肯定。也正因此,才值得我们老师殚精竭虑,和孩子们共同前行。

(于毓青)

49 没有教不好的学生,只有不会教的老师吗

在同一个班级中,往往存在着成绩的差别,而人们又说"没有教不好的学生,只有不会教的老师"。那这一矛盾该如何解释呢?

作为教师,首先一定要明确教育的目的。

可以说人的发展是教学追求的终极目标与核心,致力于人的发展的教育才是真正的教育。一个受过教育的人,他的谈吐、他的修养会让人觉得舒服得体,这样的教育就是成功的。一位哲人说过,"当你把学校里学到的东西都忘掉以后,剩下的就是教育"。在中国,党的十八大把"立德树人"明确为现代教育的根本任务。明白了这一层意思,有了一点大局观,我们再来看学科成绩和学习效果,可能会更有意义。

其次,我们来了解遗传、环境、教育对人的发展的作用。

在师范学《教育学》的时候,大家都应该知道,遗传、环境、教育在人的身心发展中都起着一定的作用,先天性的遗传为人的身心发展提供了可能性,失明者无法成为画家,失聪者无法成为音乐家。但物质基础并不起决定性作用,后天的环境和教育非常重要。环境在人的身心发展中起着重要作用,所谓"近朱者赤,近墨者黑"。而教育更是占主导作用,方仲永先天聪颖,但最后"泯然众人矣",缺失的正是教育。实际上,学业成就不仅与智力水平有关,而且也与非智力因素有关,如

稳定的情绪、浓厚的学习兴趣、高涨的学习热情、明确的学习目标、顽强的毅力等。

第三,我们要肯定教育的重要影响。

虽然说,正因为遗传和环境的作用,教育不是万能的,我们所能做的,就是尽量发挥前两者的积极作用,避免其消极性,调整和选择环境对人的身心发展的作用。因此,我们提倡研究学生,遵循孩子身心发展的规律,更积极地让教育影响到每个孩子。

我教过这么一个孩子,学习和生活习惯都差,做什么都懒洋洋的,作业也是乱七八糟,总不及时完成,人家放学都半小时了,他连作业要求都没抄好。只要老师不在他眼前,他总是不知道在干什么。对于这个习惯差的孩子,只凭爱心是不够的,更重要的是严格要求,督促其完成学习任务,做到"每堂清、每日清、每周清"。为此,老师只能花费一定的时间,把他拉在身边。尽管他的作业还是比较慢,写得不好,但通过老师对具体内容和要求的讲解,大多数时间里总算能按老师的要求及时做完,学习比以前认真一些了。在进行个别辅导时,我也在琢磨孩子到底是完全因为课上听不懂,还是不肯花心思,抑或更大的可能是两者兼而有之,尤其学习态度是最大的因素。我发现,他的记性并不差,因为相类似的题型,做得还是可以的,于是在这方面多次表扬了他,给他自信。并借机与他谈心,力求使之明白,如果能养成良好习惯,一定会取得更好的成绩,使他既看到了希望,又增加了压力。

当然,这中间也不乏个性化的教育教学手段。当这个孩子几次又懒病复发时,就"以其人之道,还治其人之身"。比如,在他又一次完不成作业的时候,我故意再拿一张练习纸,说:"既然你的速度慢,老师只好让你多做一张,练练速度,行吗? 直到你按时完成作业为止。"孩子赶紧说:"我会马上完成的。"有时我说:"你既然可以晚交,我就可以晚改。这样吧,你的作业我下次再改。"把他晚交了一天的作业故意放在一边。小家伙半天没动。看他在思考这件事,我说:"怎么? 这样不好吗?"他摇了摇头。我说:"你想一想,这件事情怎样解决好?"他说:"我以后按时写作业还不行吗?"在这种协议的带动下,他终于能按时完成作业。就这样通过因势利导,不停地运用各种手段,不断地规范他的行为,他的习惯在慢慢地改进,学业上也有了长足进步。虽然和其他同学比起来可能还稍有落后,但对于他来说已经很不错了。

最后,我们也要明确:教育不是万能的,要学会科学地评价孩子的进步。

在教学中,我们会发现,有的孩子反应迟钝,接受新知比较困难。逻辑思维能力弱的孩子学起数学来比较吃力,记忆力差的孩子总记不住英语单词。这时候,会让我们发愁:你看,同样的时间里,效果咋差那么多呢? 是的,先天遗传这一客观因素,我们不应否认,但是,所谓"笨鸟先飞"在现实生活中是存在的。我们要学会科学地评价孩子的发展,看待教育对孩子的作用和影响。作为教师要做的,就是在了解孩子特点的同时,为他找到适合自己的方法,多花点时间和精力,针对其薄弱点,有的放矢,进行辅导。以诚感人,并用智慧去让他得以慢慢前进,哪怕是一小步。要找到孩子的"最近发展区",通过实现自我参照目标来体验成功。当能到达这一层次时,即使他和别的孩子在这门学科上可能还有点差距,但对于自身而言,已经是进步很大了。当大家又在说"没有教不好的学生,只有不会教的老师"时,如果孩子有一点一滴进步,那就证明你已经尽力而为了。

事实证明,先天的智商并不能决定后天的成就。作为一名教师,还是要坚信:在人的发展中,起主导作用的是教育。教育的作用正在于发现每一个孩子身上的潜力,帮助他认识自己。

(于毓青)

50 严格了，就一定不能亲切吗

刚踏上工作岗位的教师常常希望自己能与学生成为朋友,憧憬着和谐融洽的师生关系。可是,现实总不能如愿,正如你们所说的"严格了,学生和我不亲近;亲切了,学生不怕我,班级管理有困难,课堂纪律乱了"。这是为什么呢?

师生关系是教育过程中最基本最重要的人际关系,但并非一般意义上的人际关系。

教师承担着"传道、授业、解惑"的责任,是教育教学活动的组织者、引导者。作为组织者和引导者,从某种意义上讲,具有一定的主导地位。如,在课堂教学中,教师首先是一个班级的管理者、教学活动的组织者,班级管理到位,活动组织有序,课堂教学才能顺利进行,才能完成预期教学目标。特别是小学低年级学生,处在行为习惯养成的关键期,建立良好的师生关系,可以帮助学生形成积极向上的学习心理,投入到校园生活中去。

严格了,就一定不亲近?

答案是否定的。我们身边有许多教师,对学生要求严格,但学生依然喜欢他,围着他。关键是,我们应该如何看待这个"严格"。"严格"不是凶神恶煞,不是大声呵斥,不是要体现教师的权威,来震慑住自己的学生,让他们一个个乖乖听话,唯命是从。"严格"应该是一种态度,既是教学的态度,亦是学习的态度。"严格"的目的是让学生明辨是非,遵循应该遵循的规则,知道自己应该怎么做,为什么要这样做。"严格"应该建立在彼此了解的基础上。每次新接班,总会发现班级里有几个作业速度慢的。该是课堂作业,他却做成了回家作业。而慢的原因并非是他不会,而是他时间观念不强,做事磨蹭,没有良好的作业习惯。面对这样的学生,严格是必需的!作为老师,要告诉他必须在规定的时间内完成作业,要帮助他合理安排时间。在老师的耐心指导和等待下,让他逐渐养成"今日事,今日毕"的习惯。当学生明白了老师的用心,他不会因为你的严格而远离你,反而会更亲近你。

亲切了,也能维持好课堂纪律。

校园中你总能看到这样的情形,学生与老师并肩走着,有说有笑;教室里,也总能看到老师弯腰细语,耐心指导;活动课上,老师与学生们一起游戏,分享快乐。不论是对身体不适的同学的细心关怀,对沉默伤心的学生的温情开导,还是对调皮捣蛋的孩子的用心教导,这样的教师都是亲切的。他们关注班上的每一个孩子,用心去了解、观察每一个孩子,他们用自己的教育智慧来帮助他们、引导他们。所以他们的课堂依然有序,而且充满活力。身边就有这样的老师,课堂上语言风趣幽默,课堂节奏松紧有致,课堂管理调控得法。他们用他们的专业教育教学能力吸引着学生,感染着学生。他们知道亲切不是纵容自己的学生,不会为了迎合学生而失去作为教师应该遵循的准则。师生关系应该是和谐的,也是相互尊重的。所以,我们有必要记住,严格和亲切并非是一对矛盾体,应该要让它们达到和谐统一。

提升自身修养,用专业魅力吸引人。这是每一位初上岗教师应该明确的目标。刚上岗的教师要从学生角色转变成教师角色,从一个被管理者成为一位管理者,一开始难免有些不适应,或是不知所措。一些优秀的班主任在分享自己的班级管理经验时,你总会发现他们的共同点都是善于学习的,并能将学到的方法用到自己的班级管理中去,同时还能不断地调整与修改,因为教师面对的是各不相同的学生,于是就有了自己的方法和思想。所以,新教师首先要学会学习与反思。学习他人的经验,向书本学习,向有经验的教师取经。平时要多观察,多积累,多思考。有方法、有思想的教师才能真正地走进课堂,才能管理好自己的这片小天地,处理好与学生之间的关系。同时更要学会反思,反思教育教学中的得失,探寻更有效的路径,总结优化自己的方法,从而逐渐提升自己的专业魅力。有魅力的教师,是有思想的教师,是能让学生走近的教师,更是能让学生尊敬和爱戴的教师。

(朱秋虹)

51 如何兼顾个别教育与集体教育

作为一名新教师,在管理班级时遇到问题是正常的。我们要解决"如何兼顾个别教育与集体教育"这一难题,就要从本质上认识班集体管理中的个别教育和集体教育的关系。

正确认识个别教育和集体教育的关系。

对于班级管理而言,我们的教育不是单一的,而是平衡好个别教育和集体教育的关系。具体而言,集体教育是教师在班级中对学生进行的有组织、有计划、相互协调的教育;个别教育则是针对特殊个体在一定条件、一定情境中进行的独立教育。在管理班级、教育学生时,要求教师必须将两者结合使用,才能起到很好的教育效果。只顾集体教育而不抓个别教育,只会使教育流于形式化、一般化,这不仅没有阻止个别问题的发展,反而会影响个别学生的进步。班级中的个别问题就会像一颗毒瘤,越烂越大,还会影响到整个班集体的发展。但如果只抓个别教育而忽略集体教育,也会影响班集体的健康发展,不能很好地发挥集体教育的作用。

抓个性特点,做好集体中的个别教育。

我们的班级是由几十个个性鲜明的个体组成的,他们的活动、情绪、行为表现都或多或少影响着班集体,所以在教育过程中,一定要保证对个别学生的个别教育与班集体的教育目标相一致。

不同的个体来自不同的家庭与社会,在各种因素的影响之下,他们表现出来的情绪、行为、认知等都各不相同。对此,我们不能简单地要求他们必须做到整齐划一,而是要因势利导,通过有明确目的和有计划的方式来因材施教,做好个别教育。

我曾经教过一个孩子,是我教书几年中遇到的最特殊的孩子。他成绩差,脾气也差,差到什么地步?面对老师的批评,他敢奋起"反抗",甚至做出一些过激的行为。这样的一个小学生,曾经一度让我很害怕,害怕跟他正面交锋。因此,曾逃避过一段时间,对于他的问题和错误,我都睁一只眼闭一只眼,因为不敢去批评他,也为了图省力,不想闹出事,也不想在学生面前表现出对他的无能为力。可是渐渐地,我发现班级中的一些学生也变了,也会出现像他一样的问题,因为老师不会批评,一度班级纪律开始变得糟糕,糟糕到我无法忽视的地步。这逼得我必须采取措施,不能对他再次放任自流了。通过耐心地与家长、老师和学生的沟通,我知道了他情绪不稳定、脾气暴躁的最直接原因:他有一个异常严厉的爸爸,奉行棍棒底下出孝子的教育观念。了解到这一情况后,我迅速地与家长取得联系,提出教育方案,并得到家长的支持与配合,一段时间后孩子有了明显的改变。在班级中,我也重新做好他的教育工作,像其他同学一样,该表扬就表扬,该批评就批评,尽管仍会遇到不少问题,但他确确实实在改变,班级中的其他同学也明白了不能成为第二个他,一切都在好转。

想要一个班集体健康发展,就必须做好个别教育工作,想要做好个别教育工作,就必须找准个别学生的个性特点,抓准落脚点,才能开展行之有效的个别教育。

以集体教育带动集体中的个别教育。

马卡连柯在总结自己的教育经验时指出:"教育了集体、团结了集体、加强了集体以后,集体自身就能成为很大的教育力量。"由此可见集体教育的重要性。通过集体教育的活动,学生与学生之间的思想观念、行为习惯必然会相互影响、相互感染。个体成员在参与集体教育活动时往往需要以团体或小组的方式开展,有助于提高学生的归属感和集体责任感,并以集体的标准来约束、改变自己。在参与集体活动中所接受到的教育更容易促进个体的成长,更容易满足个体的精神需要。也只有在个体认同集体、归属集体时,集体教育的重要性才能体现。

还是那个脾气暴躁的孩子,由于他的暴力倾向和不能控制的脾气,在班级中没有朋友或伙伴,从一年级到五年级一直如此。在找到他的问题所在后,我便精心设计了一系列的班级活动,让他在参与活动中结识伙伴,交到朋友,找到集体的归属感。慢慢地,同学们发现,原来脾气暴躁的他也可以是一个合作的好伙伴,是一个可以倾诉的朋友,只是他比其他人少了些耐心。渐渐地,他们也愿意去接纳他。而原来的"暴躁王"也在集体活动中去学习控制自己的脾气,在与同学的交往中去培养自己的耐心。更令人惊喜的是,第二学期,他的坏脾气一次也没有发作过,成为他人眼中的小绅士。

班级管理中,个别教育是集体教育的基础,集体教育为个别教育提供指引、指明方向。两者同样重要,没有主次之分,也不能单独行动。这两者是在相互影响之中彼此促进、共同发展的,因此要抓集体教育,也要抓个别教育,才能更好地开展教育,培养优秀的学生。

(戴燕妮)

52 碰上爱"告状"的低年级孩子怎么办

"低年级的孩子总是要找老师告状,一开始我很有耐心,但却发现认真处理这些事件后,反而有越来越多的孩子都来找老师,怎么回事啊? 是不是下次置之不理就会平息啊?"

置之不理肯定是不对的。置之不理可能会平息这件事,但也可能生发出更多的事情,所以面对学生的"告状",肯定要想办法解决,关键是怎么解决。还要思考:怎样才能改变孩子们大事小事都来"告状"的局面呢？如何让班级里没有那么多"事"？

孩子爱找老师、爱告状跟低年级孩子的心理发展特点有关。

刚入学的一年级学生，他们从幼儿园到小学，不同的环境、作息时间、学习的负担，对他们而言有许多的不适应，所以他们正处于适应学校生活的过渡时期。他们的自理能力较差，依赖性很强，常常需要老师的督促和提醒。而且他们活泼好动，喜爱游戏，课间时分，校园中、过道上，甚至是教室里都能看到他们追逐打闹的身影，也能看到孩子们三五成群地围在一起研究他们的游戏。但是，他们自制力不足，容易冲动，还不善于与同学相处，总会出现许多的不如意。比如，会因为同学玩弄了他的铅笔盒，或是拿了他的铅笔，或是有人不小心碰到了他……只要是他们所遇到的不喜欢的事都有可能来告诉老师。更何况，在不少家庭的教育中，总会告诉孩子：有问题告诉老师，所以老师自然成为孩子们解决问题的第一人，也是学校里他们最依赖的人。

教师要分清事情的轻重缓急，处理问题不仅关注的是班级中的个体，更应该考虑到全体。

学生的"告状"，在某种程度上也反映了班级中存在的问题。当教师处理问题不得当，没有达到真正的完全处理，就会引发更多的事件。比如，某个学生的行为出错，有学生来"告状"，教师简单处理好了，紧接着又一个孩子出现类似的错误，又有同学来"告状"，请教师再次处理。其实，面对学生大大小小的"告状"，教师要会分辨，哪些应该亲自处理，哪些应该让孩子自己处理，哪些必须单独处理，哪些应该集中处理，哪些应该及时处理，哪些应该暂缓处理。对于班级里首次出现的个别事件，教师要及时用心处理，把问题彻底解决，不让其扩散，避免达到以点带面的效果。比如，下课时分，一位学生跑来报告：某某某偷了别人的东西。此时教师必须第一时间进行处理，除了与学生的个别谈话，让当事人明白不应该这么做。更重要的是在平时的晨会或者班级活动中应该经常设计活动让全体同学明白不应该随便拿别人东西。

要教育孩子一些日常的行为规范,让每个孩子认识到是非对错,知道作为一名小学生应该遵守的行为准则,知道同学与同学之间的相处怎样才是礼貌的。如此,既关注个体教育,又关注集体教育的处理方式,才能让班级的"告状"事件逐渐减少,同类的事情不再重复地出现。

教师要学会不包办代替,让孩子学会处理自己能解决的问题。

教师事无巨细,样样亲力亲为,在一定程度上也促使学生养成凡事爱告状的习惯。对于来告状的学生,教师是否也应该多问问:你了解清楚了吗?确实像你说的那样吗?你觉得这件事情严重吗?怎么解决比较好?你能帮助老师去解决吗?虽然低年级的孩子独立处理问题的能力还不强,但是,作为教师,不能养成包办的习惯,要学会放手,通过一些小纠纷的处理培养学生自己处理问题的能力。要给班上的孩子处理问题的机会,他们自己处理问题的过程就是一个学习的过程、成长的过程、建立良好人际关系的过程。

比如,下课,学生们从体育器材室借来了四块滑板,班上爱玩滑板的同学多,但滑板少。一位邓同学,首先得到滑板,滑得兴奋,乐在其中。边上虽有同学在催促,可以换人了,但他仍旧没有交给同学的意思。一位学生跑来告状:邓同学玩了好久了,就是不肯给我玩。

甲老师:找到邓同学,批评他没有时间观念并命令他让给其他同学。

乙老师:让告状的同学自己去跟邓同学交流,想好应该怎样去交流,才能让邓同学自觉地交出滑板,知道滑板是全班的,应该轮流玩。

两位教师不同的处理方式,给邓同学带来的也是不同的影响,同时也让告状的同学知道自己应该怎样去处理问题。

同时在班级中,对于自己能解决问题的同学,要及时地表扬与肯定。让每位学生知道,自己能解决的要自己解决,实在严重的事情或是解决不了的,才应该请老师来处理。

"告状",是学生学校生活中最常见的一幕,教师要善于利用"告状",善于处理"告状",让学生逐渐养成良好的行为习惯,建立良好的人际关系。

（朱秋虹）

53 面对学困生怎能无能为力

"每个孩子都是被上帝咬过一口的苹果。"每个孩子都有自己的智能强项和智能弱项，作为教师，我们要能正确地看待每个孩子，特别是对学习有困难的学生，更要小心翼翼地呵护好他们的学习信心。

是的，学不会，也不能放弃。

由于学生的知觉有一定程度的混淆性、笼统性和无意性，所以导致他们写"反字"，比如把 9 写成 P，这一点在低年级孩子中是最为常见的。有的孩子经过几次错误，慢慢地就纠正过来了；也有的，可能错误的次数会持续不断地增加。在加减法计算中，由于低年级孩子以具体形象思维为主，特别是学困生更不善于进行抽象思维，所以导致计算只能一个一个数，在一段时间后也只能数着手指头进行计算。面对学习困难生，确实是令教师最头疼的。可能你付出相当多的时间和精力，却收效甚微。当你问一个比较简单的问题，而学困生却答得"牛头不对马嘴"，难免气愤填膺！若干次的辅导没有成效，于是就会丧失希望，失去信心，最后将他们放任自流。要知道，教师的放弃，可能就会改变孩子的一生；教师的放弃，可能导致孩子的自我放弃。所以，作为教师我们应努力不让"一个孩子掉队"，而做到此，首先要调整心态，积极面对。因为作为教师，你的任务就是让每一个孩子都有不同程度的发展，让他们每个人都有进步的权利。要以不同的学习要求来对待他们，要保护好他们学习的信心与兴趣，让他们每天都有一点进步。

了解他们，帮助他们学力所能及的知识。

曾看到这样一句话："对那些'难教'的、理解力差的少年要特别耐心地对待,任何时候都不要责备他们头脑迟钝,也不要让他们拼命地记忆——这些都没有用处。"作为教师首先必须了解学生已有的知识水平、学习习惯、方法及存在问题等。相信,如果你了解自己班上的学困生的水平,你肯定能容忍他们的错误,也肯定不再给他们的学习带来更多的困惑。你会制订符合他们的辅导计划,选择符合他们的辅导方法。相信你的耐心、你的信心、你的希望也能随之而来。

刚接班时,班上的同学都对我说:老师,你不用管小陈的。他考试总是不及格,连最简单的计算都不会。看着小陈一副无所谓的样子,我决定就从最基本的口算抓起。测试了一下他的口算能力,发现五年级的他计算二十以内的加减法会算很久,甚至会算错。于是跟他商定每天帮他在自备本上写 10 道二十以内的加减法,帮他进行训练。从加减法再到后来的乘法口诀,坚持一个月后,他的口算能力有所提升。在全班进行口算训练时,他也能高高地举起手来。每天放学,他总是主动地来到我的办公桌前,补习功课。我知道就是因为他学会了计算,才对数学恢复了信心与兴趣。

找到适合他们的学习方式。

在学习中,学生的差异是客观存在而且是显著的。而传统的教育,不公平地对待学生的差异,统一的学习进度、统一的学习内容、统一的练习作业、统一的评价标准致使学有困难的学生在课堂只能充当"陪客、观众、听众"的角色。每个孩子有自己的发展空间,我们不可能也不能把所有学生"一刀切",像模板一样刻出来。更何况是学习上有很大困难的学生,我们应根据他们的具体情况,放低要求,探寻适合他们的学习方法。

曾听到这样一个辅导故事:面对数学学习中的解决问题,学生无法理解数量之间的关系。后来老师在辅导中发现学生家中是开小饭店的,帮助爸爸妈妈算钱时又快,正确率又高。然后老师把许多应用题都"翻译"成与他们家小饭店有关的应用题,结果发现这样一"翻译",他竟然会做了。就这样,从老师帮他"翻译"到他自己"翻译",慢慢地这位同学理解了数量关系,会解决一些基本的应用题了。这个故事中,正是因为老师找到了适合他的学习方式,他的学习才有了质的飞跃。

家校合作,达到事半功倍的效果。

学困生的形成与其家庭有着密切的关系,毕竟家长是孩子的第一任老师。家长的方法态度直接影响到孩子的成长。家教的错误造成儿童不良的性格,导致不能形成自立的积极的学习态度,从而造成学业不良。所以在转化学困生的同时也在转化其家长。首先应让家长认识到自身教育的问题,改变原先的教育方法与态度;其次,要让家长了解老师目前的教育方法与措施,做到家校配合,使工作能顺利地开展。学困生需要老师的鼓励与帮助,更需要家长的理解与支持,只有老师和家长的教育能触动他们的心灵,才能使教育产生效果,发生质的变化。

学会就是从一点点开始的,没有一块块小砖,何来高楼大厦?所以说,教师的辅导,应该找准学生学习困难的症结在哪,从源头抓起。有人说:教了也不懂的,就不教。确实,我们要辅导他们能理解和掌握的知识、技能,这样,他们就能在学会的过程中找到快乐,看到成功的希望,从而培养他们的进取心。

(朱秋虹)

54 举手的同学怎么那么少

"一毕业就教高年级,是不是我讲得太枯燥了,班级里举手的孩子寥寥无几?"

高年级孩子在课堂上不愿意举手回答或表达自己,是一个普遍存在的现象。这与新教师刚刚踏上岗位后所期盼的工作状态相差甚远,往往会消磨掉许多新教师的工作热情,还有的新教师会怀疑自己的教学能力,对教师专业发展产生消极的心理影响。

学生不举手发言的原因很多,多数还是师生之间教与学互相制约造成的,是积累性的弊病,需要教师有比较全面的认识。

其实当我们老师怀着一颗期盼的心注视学生,希望看到他们举手回答的时候,学生的眼睛表达出了很多内心的思想,不愿意的(怕失败、不明白)、愿意却希望老师点名的(期盼获得更多关注)、逃避的(不在乎)……

从低年级的孩子抢着发言到高年级孩子举手者寥寥,一个原因是随着年龄的增长学生的心理发生了微妙的变化,他们自我意识不断增强,自尊心也日趋强烈,所谓的自我保护意识让他们对举手回答问题有了很多顾虑:有怕因为出现错误而导致老师和同学嘲笑的;也有喜欢在只有十足把握的情况下才愿意进行表达以获得同学老师肯定和赞扬的;也有些孩子是在自主意识驱动下觉得没有参与这类回答的必要,认为学习是他自己的事情,没有必要表达出自己的想法,只要自己听和学就够了;当然还有学生是真的没有回答的能力。这些原因虽然主要来自学生的心理变化,但是同样和教师平时的教学态度、教学理念是分不开的。如果学生长期处在一个滔滔不绝讲授的老师的课堂,始终处于被动接受状态,就没有回答的主动性,老师讲得再精彩,学生也只是一个听众,听惯了点名回答的他们哪怕是举手回答也往往是在教师的引导驱使下,少了自主的意识;如果教师在平时对待学生回答问题的时候缺乏必要的应答技巧,而是主要以对错加以粗暴简单地区分,那么孩子的参与积极性在自尊心的驱使下自然就降低了;当然还有很多情况发生在师生的无奈下,教师急着要在课堂上完成教学任务,在提出问题后没有充裕的时间让学生思考,学生又无法很快得到答案,当然问题的解决只有教师的和盘托出了,久而久之学生也就失去了对问题的思考兴趣,更没有表达的愿望了。

从多个源头做起,重拾学生学习的热情,这需要教师从教学的理念、教学的方法出发不断反思自己,改变自己。

　　虽然学生的心理在变化,但是学生期望获得肯定来树立自我信心的愿望不变,教师教学的目标也不变,希望学生在课堂中获得发展。教师正确的教学观是显性课堂的本质,学习的主体是学生,学生是发展中的个体,教师要善于发现学生学习中的闪光点,引导他们走向成功,同时教师要认识到挫折和失败是他们成长不可或缺的重要组成部分,要给予学生自主学习的空间和时间,善于让学生表达出真实学习的状态,并以此来改善自己的教学。学生回答问题的时候其实是师生的交流,同时也是生生交流的时间,倾听与互助是此时的主流,而非教师简单的肯定与否定。

　　当一个学生面对"什么是黑板面的大小,你能指出来吗"这样的问题时,他举手并上台来点了点黑板,这时教师有两种不同的反应,一是:"你指的是黑板的大小吗? 大家说呢?"台下的学生发出笑声,"是啊,你这一指并不是表示黑板的大小,你再想想。"于是学生悻悻然回到椅子上坐下;第二种是:"老师看到了,你虽然手指点的是这里,其实你眼睛中看到的是整个黑板,你能换一种方法把整个黑板面指出来吗?"于是学生伸出手掌,比画出了黑板面的大小,"我们是不是应该鼓励他一下?"两种不同的应答,对于学生来说会有不同心理感受,一个受到了挫折的打击,一个是受到正确的引导从而获得成功的体验,这对他们今后参与学习势必产生巨大的影响。学生在回答问题的时候大多情况下不会得到和教师期盼的一样的"标准答案",但是教师要在学生的回答中发现亮点,给予激励和引导,这是一种教师应答的文化,是一种教与学互相促进的氛围,更是正确的师生关系的体现。

　　当然,不断改进自己教学的设计,让学习的内容、设计的问题更加贴合学生的最近发展区,让学生在回答中获得更多的成功;用更为亲切幽默的语言和学生交流,创造和谐的学习氛围;鼓励学生之间通过交流来互相帮助,获得更多有利于回答问题的积极因素等都是保护和激发学生学习热情的措施,这些都是我们新教师要不断努力的。

(周育俭)

55 怎样让讨论变得有价值

合作讨论是促进学生学习的有效方法,在实际教学中学生的合作也确实存在无效讨论的现象,这种现象的存在是对合作学习这种方法的很大腐蚀。产生这种现象的原因主要来自教师对合作学习的组织和发展的培养缺少一定的方法,同时也受孩子在合作群体中的心理因素的影响。

学生都会在合作小组中找寻自己的合理满意地位和角色,这种动机是他们积极参与合作学习的心理基础。

蚁群中蚁后的生殖器官发达,主要职责是产卵、繁殖后代和统管这个群体大家庭;雄蚁或称父蚁,主要职能是与蚁后交配;工蚁善于步行奔走,没有生殖能力,主要职责是建造和扩大巢穴、采集食物、饲喂幼蚁及蚁后等;兵蚁的上颚发达,可以粉碎坚硬食物,在保卫群体时即成为战斗的武器。这样一个群体中每一种蚂蚁都依据自身的特点承担自己的责任和义务,他们虽然是动物中体型很微小的种类,但是它们靠群体的力量可以战胜比它们自身大出很多倍的动物,成为地球上适应能力最强的动物之一。

要想让学生在合作学习中达到彼此促进的目的,我们也要发挥每一位成员的个性作用,让他们在合作中获得自我价值的满足。因此合作小组创建的时候教师需要对学生的学习特点、个性所长有一定的调查分析,而不是简单地以人数来组合。合作小组中不同的岗位需要让更加合适的学生来担任,记录员、策划人、发言人等,在较长的时间可以让专人来负责,同时在不同的活动中还要注意让学生在特定的环境下发挥其长处,比如需要测量的时候就要设置观察员和测量师,这时候那些擅长动手的、善于细心观察的学生就有了用武之地,他们在合作完成学习活动时会收获更多属于自己的成功。

共同的目标是合作学习的基石,在这样的目标下指导学生如何在合作中交流,让交流更具学习价值。

合作学习小组中每一个成员都必须围绕同样的目标,他们之间的讨论才能指向相同,更有互助的作用。

大目标是大家在学科学习和自我能力上取长补短,使每个同学都获得发展。小目标是在每一次学习活动中发现知识、学习知识、获得经验。因此教师在每次学习活动中要给合作小组明确学习的可行目标及活动方法,让小组中所有的成员都知道自己的责任,让他们每个人都能在学习中有事可做,有事必做,这样才能避免学生的假合作、空交流。

在合作小组创始的阶段就要教育学生要虚心地倾听同学的发言,特别要认真地去思考和自己的想法不完全一致的意见,善于批判、吸取正确的经验,补充修正自己的认识,使认识更充分。在发表意见时,要做到说理准确,以理服人,使交流的内容不断深入。要教育引导他们大胆地说出自己的想法,激励他们不要怕错,让学生懂得错误是成功的基石,暴露出错误则有利于进步,要勇于发表自己的见解。在小组成员之间出现矛盾的时候让学生懂得要以小组利益为重、班级利益为重,争议时对事不对人保持友好相处,达到合作学习的最佳效益。教师在教学中要有意识地提供机会让学生多表达自己的观点,通过学生间的交流达到互相学习、互相帮助、共同进步、生生互动、共同提高的目的,在合作交流中求得认识的统一,在争论中求得智能的发展。

合作学习不仅是集体的活动,更是学生个体的一项比较复杂的心理活动。

因此需要在平时各种教育教学活动中培养合作的意识,达到自然有序的合作。比如,平时开展多种小组合作完成的竞赛,竞赛前引导学生各自进行积极的准备和探索,收集信息、查找资料、整理材料、了解比赛规则、训练参赛技巧、自我完善和提高参赛能力。比赛评比中,让学生制订评分标准,设计比赛程序,总结比赛成绩,评定比赛结果。同样可以结合学生的社会实践活动,让学生相互协作,投入到社会生活中去,收集、选择和处理相关信息,分析理解表达有用的信息。在这种完全自主性的社会实践活动中,提高了学生明辨是非善恶的能力,培养了学生高尚的道德情操和社会责任感,增强了学生深入社会生活、分析研究社会现象、处理解决社会问题的综合素质。同时还加强了同学之间的信赖感和互助合作意识,逐渐让学生产生伙伴的关系,让彼此之间的交流形成一种自觉和习惯。

(周育俭)

56 达不到课标要求怎么办

学科课程标准是规定某一学科的课程性质、课程目标、内容目标、实施建议的教学指导性文件。它明确了学科面向全体学生的学习基本要求,也明确了教师教学的基本目标,即学生在学科学习的各个阶段应该学习什么?学会什么?而教师又应该教些什么?怎么去教?这些都是学科教学面对全体学生的底线,是各级专家学者以及主管部门在全面分析学科教学和学生学习能力的基础上制定出来的。

教学中需要结合课程标准去制订教学目标,这就需要仔细研读学科课程标准,去理解标准中每个字词的含义,做到研读到位。

课程标准不是对学科教学的每一节课都提出相应的目标,它是一个集成性的纲领,粗浅地找目标,往往会让我们失去对它真正含义的理解,我们要从课程标准的字里行间去分析、对比,把握课程标准的准确教学定位。比如《义务教育语文课程标准》中对朗读的目标是:(第一学段)学习用普通话正确、流利、有感情地朗读课文;(第二学段)用普通话正确、流利、有感情地朗读课文;(第三学段)能用普通话正确、流利、有感情地朗读课文。可以发现其中的核心是"正确、流利、有感情",什么是"正确",就是在朗读时用普通话读准每个字的字音,吐字清楚,声音响亮,尽可能没有错字、别字、漏字,不重复,不唱读;所谓"流利"就是要求在朗读时语气比较连贯,能读出句读和段落之间的停顿,节奏自然,速度适当;所谓"有感情"是要求朗读时通过轻重、抑扬、停顿等变化,把阅读文本的感情传达出来,能读出陈述、感叹、疑问等不同语气,同时有主体的感情参与其中。虽然三个要求同时出现在课程标准中,但是还要注意很多其内在的联系和外在的要求,才能真正在不同年级的教学中创设和实现相应的目标。首先是理解三者是不可分割的整体要求,其中"正确"是基础,"流利"和"有感情"是进一步的要求。其次三个学段的要求看似相似,仔细推敲还是存在很大的不同:第一学段的"学习用"更强调的是学习的起步,需要教师的指导、示范在学生学习中的作用;第二学段的"用"强调的是使用普通话进行朗读的实践过程,里面包含着习惯的培养;而第三学段的"能用"强调的是能力的达成度,要求达到用普通话正确、流利、有感情地朗读课文的水平。还有就是三个学段强调的都是朗读"课文",也就是说这些朗读材料都需要教师的相应指导下的课文文本。一旦没有全面细致地理解这些不同学段的朗读目标,那么在我们的实际课堂教学中很容易出现目标制订的偏差,特别是对于第一学段和第二学段就容易产生"拔高"。比如第一学段的朗读指导的缺失或不扎实,教师缺少最起码的范读;第二学段的课外阅读让学生去朗读,缺少课文朗读的实践积累和指导。

　　课程标准的要求把握好了还需要把握的是学生,确定符合学生认知规律的教学目标,创设符合学生心理特点和学习特点的学习方法以及评价方法,才能有效落实教学目标。

学生的心理特点随着年龄的变化而变化,不同的学习方法和评价方法对他们的促进作用也会发生变化,因此教师在制订教学目标和实施教学的时候要充分考虑学生的实际心理状态。课程标准在教学建议部分对此也有指导性建议。比如在语文课程标准的"精读评价"中就提出:精读的评价,重点评价学生对阅读材料的综合理解能力,要重视评价学生的情感体验和创造性理解。第一学段侧重考查学生对文章内容的初步感知和文中重要词句的理解、积累;第二学段侧重考查通过词句帮助理解文章,体会其表情达意的作用,以及对文章大意的把握;第三学段侧重考查对文章表达顺序和基本方法的了解领悟。如此有侧重主要就是依据学生的学习心理,学生的阅读依赖一定的生活经验以及联想与想象,低年段孩子主要就是经验和基础的初步积累,所以评价的也是在教师阅读指导学习中对文章内容的初步感知,是从感性到理性,由初步感知到整体把握的一个过程,评价侧重的变化也反映出学生应有的积累和发展。

（周育俭）

57　如何增强学习动机

学习动机是影响孩子学习活动的一个因素。似乎现在的孩子学习动机都不强,是为读书而读书。小奖励维持时间不长,树立远大目标似乎又离他们的生活很远,该怎么增强孩子们的学习动机呢?

在一个理想的课堂上,学生们都注意力集中、积极发问并乐于学习,他们对作业没有怨言,也不需要用甜言蜜语来诱骗他们学习。但问题是教师们往往不是在这样的理想课堂上教学的,他们会遇到那些缺乏学习动机完成课堂上所布置任务的学生。如此,教师需要在很大程度上激起学生的求知欲并使他们学会对自己的学习负责。孩子的学习动机一般也分为外部动机和内部动机,我们教师在课堂上的小奖励其实就是在促动学生的外部动机，是让学生在参与学习中达到一定的目的。

我们缺少的就是对学生自身学习内在需要的了解和干预，也就是缺少内部动机的激发。

问问曾经的我们，当我们小时候读书的时候，是什么远大的理想去促发和督促我们自觉学习的？大部分时候我们也道不明，说不清。因此就内在理想去帮助学生，激发学生的强烈学习动机往往是教师的一厢情愿。如今的学生处在一个知识不断膨胀，不学习就会被淘汰的时代，虽然还是孩子但是他们已经能感受到这样的现实存在，只是孩子们在优越甚至是极端庇护的环境中对未来需要面对的社会竞争缺少一定的感知，这问题来自家庭，更来自社会。独生子女在数倍于自己的家长眼中是家里的皇帝、公主，对他们无尽的"呵护"是为了让他们"健康成长"，但是未来却还是要孩子自己独立去面对，这就造成孩子成长的断层。也就是这样的原因，学生自主积极学习的热情在"真空"的环境中被弱化，学习只是完成家长的一种嘱托，而并非自己成长的需要，学习动机自然就淡化了。这是社会普遍存在的教育问题，要打破这样的壁垒，教师和学校的责任除了有限地对家庭教育的干预，主要的还是还原学生一个社会化的过程。

竞争、发展、进步；逃避、堕落、退步。相对的态度对于个体未来的生存起到关键的作用，学校和班集体是社会的小缩影，在这个教师可以控制和再造的环境中，教师有必要让学生慢慢体验自我成长的需要。就比如，移动电子设备是孩子游艺、交往的工具，虽然现在大多学校还没有引进这样的设备帮助进行教育教学，但是教师在一定范围内通过这样的媒介，可以做到普通教育无法企及的沟通，沟通的是学生的现实生活，这样去了解学生是现代孩子愿意接受的，在这样的沟通中学生的思想会暴露无遗，因为没有了师生面对面时那种与生俱来的不平等的感觉，在了解学生真实生活的基础上，教师可以为他们创造更多实践活动的机会,或是真实的,或是虚拟的,但是都是孩子需要经历的。让孩子体验到活动中自己存在的价值和不足,让孩子感受成长的自我需要。此时的教师是学生成长的同伴、学习上的同伴、生活上的同伴,携手学习将更有可能。一个平时的书本习题也许就变成了一个类似于闯关的游戏,学生乐在其中,感受到的也是更加真实的进步。这样的环境改变,促发的是学生内在的需要,也是让学生在师生、生生交往的过程中做回了真正的自己。

学习的外在动机的促发也有可能转变为内在动机的促发,可以更为有效地让学生在较长时间内保持一种对待学习的态度,达到学习与生活的自我非刻意追求。

比如一位低年级学生在刚刚接触应用题的时候,教师加以悉心的辅导,当学生在作业表现上反映出了他的个人努力,教师不是简单的表扬加肯定,也不是用物质的奖励,而是一句"你真正理解了我们一起在做什么。你的努力有了回报,不是吗?"这样一句看似简单的话,在真正努力过的孩子心中不仅仅是一种外在的激励,它促动的是学生的内心,肯定的是孩子学习的动力来自自己,让孩子看到的是自己坚持的所得,外在的鼓励转化为一种内在的需求。这就是我们教师要注重的激励艺术。

(周育俭)

58　我高估学生的学习迁移能力了吗

"学习迁移能帮助孩子较快地学习新知,但实际上,孩子常常不会举一反三、灵活运用,比如数学题,换一个场景,换一个数字,马上就不会解决新的问题。是不是我的教学方法出现了问题?"

学校的教育教学不可能教会学生他们需要知道的一切,但是可以教会学生迁移的能力,让他们利用已经学到的知识来成功解决新问题或者在新的情境中快速学习。

我们教师期盼学生会举一反三，其实这对于学生来说相当困难。据研究，人类将一个背景下学到的知识和技能应用到更加广泛的不同背景下的能力（称为一般迁移）很少或者几乎不会发生，而我们教师期盼的往往是这种只能发生在特殊个体身上的事情在我们的学生中成为普遍，这是一种不切实际的奢望。

那么学生的知识技能可以迁移吗？答案是肯定的，这是一种"特殊迁移"，也就是指把在某种背景中学到的知识和技能应用到相似的背景中的能力。

我们学生身上值得去培养的就是这种看似简单却是自主学习重要手段的能力。就如：学生知道了像猫、狗、马等会哺育它们的孩子并且用肺呼吸的动物是哺乳动物，他们就很可能辨别得出牛、羊也是哺乳动物，因为牛、羊和猫、马等例子很相似，但是他们不太可能把哺乳动物这个概念迁移到蝙蝠身上，因为蝙蝠与他们最初感知的哺乳动物相去甚远。同样的在低年级学生学习了"小明有 3 块糖，小红再给他 2 块糖，现在小明一共有多少块糖"，那么他们解决下面的问题就会很容易："小东有 2 支笔，小华又送给他 3 支笔，这时小东一共有几支笔"。然而，如果要学生解决"小亮有 3 支笔，小金有 4 支笔，那么他们一共有几支笔"这样的问题，就不会那么顺利。因为第一个问题与第二个问题之间的关系更加接近和类似，迁移通常针对的是特殊的情境。这就要求我们教师在培养学生的迁移能力时要从相似的情境和条件出发，让学生在其中自觉养成发现共性并加以运用的能力。

影响学习迁移的因素还有很多，主要有学习情境的相似性、学习者已有的理解深度、学习经历的质量、学习者的经验背景以及元认知的强调等。

这些因素对学习的迁移作用往往是同时显现的，教师在教学过程中依据这些因素，为学生创造合理合宜的学习氛围和条件，学习的迁移才可能发生,他们的迁移能力才有提升的基础。

学生迁移不能成功的重要原因之一是他们对于最初学习的那个命题不理解。比如,学生在学习"三角形的面积"时,不理解三角形面积是等底等高平行四边形面积的一半是怎么得到的,那么很容易在寻找条件运用公式进行计算的时候忘记除以 2。再者由于学生在推导三角形公式的时候主要关注的是结果,而没有充足的时间参与过程的演化,那他就不会明确其中的转化的思想,这就是学习经历的质量出现问题,导致当要运用类似的方法推导梯形面积的计算方法时,学生就很难将两个同样的梯形联系成平行四边形。学习经历的质量也是我们教师,特别是数学教师以往比较忽视的一环,需要学生经历的活动,往往被"碍于教学时间的限制、教学目标的达成"等等原因而在时间和空间上受到无情的压制和剥削,导致学生参与数学活动的经历得不到有效保障,经历的质量更是被旁落,这就是为什么新课标强调"基本数学活动经验"的根本原因。

当然,对于其他一些迁移的因素同样值得我们教师反思,并逐渐改善我们的教学。比如学习者的经验背景、已有知识和学生的生活背景是教师设计和开展教学的基础,来源于生活的情境和问题,更容易让学生投入到学习之中,同时学习过程更容易让学生形成对知识未来迁移的条件的感知。比如在认识长方体的时候,教师让学生带来生活中的长方体盒子进行拆拼,而后在此基础上让学生去感知长方体的特征,这是一种切合学生实际生活的教学活动,学生有生活的经验,会在活动中有更多的感知。这些感知对于将来学习其他立体图形(比如圆柱)的时候会发挥巨大的作用,对于怎样认识立体图形、怎样发现立体图形的特殊性都起到很好的迁移作用。

总之学习迁移的能力,不是学生与生俱来的,教师平时的教学中关注影响迁移能力产生的各种因素开展合理的教学活动才能让迁移自主发生的可能性得到提高,切忌盲目期盼。

(周育俭)

59 "熟"能生"巧"吗

　　"熟能生巧"这个古老的格言让很多教师在教学中选择了题海战术，以大量的练习让学生的某些技能达到熟练的程度。在实际教学中，不乏成功的案例。不过，并不是"熟"一定能生巧，生巧也并不一定完全依靠"熟"。

　　"熟"不一定能生"巧"。

　　经过研究发现，反复的练习对提升某种技能到一定的境界很重要。比如在学习数学时，通常会使用反复练习的方法训练学生的技能，通过大量反复练习，学生的确能熟练地运用某种方法进行解题，并且效果很好。可是如果只是运用反复练习的方式训练学生，带来的弊端也不容忽视。首先由于学生长期在运用同一方法解题，机械重复式的练习做多了，学生会产生思维的惰性，使他们只能在这一方法的限制中思考问题，造成了思维定式，缺失了灵活性。长此以往，学生就会养成一种习惯，即使是有更好的方法解题，他们都不会再去思考。懒得接受，这样训练出来的学生即使能解题又怎么能跟我们的培养目标相一致呢？记得前几年某中考成绩遥遥领先的学生反映，大量的习题练习，使他们看到题目，已经反映出了答案，根本不用思考过程。这太可怕了，学生没有了思考，成了解题机器，这对于他今后的发展有什么帮助呢？

　　"巧"并不一定完全来自"熟"。

　　我们的教学大纲要求教师在选择教学内容及组织教学过程时，必须考虑学生的学习心理，遵循教学原则，考虑教学法的要求。所以，学生熟练掌握知识养成技能还必须依靠教师运用科学的方法、遵循教学的巩固性原则和学生的心理来展开教学，以达到"生巧"。

首先,要树立生本理念,以学定教。新课程的核心理念是:"一切为了学生的发展",即"以人为本"的人本思想。它倡导一切以学生的发展为目标,真正把学生看成活生生、发展的人,让学生成为真正的学习主人,学与练结合,在学好的基础上通过练习,特别是当堂练习,从而实现课堂教学的高质量、高效率,又减轻学生负担。要实施这样的教学,教师要了解学生,了解学生已有的经验和兴趣,在确定教学目标、设计教学过程、选用教学方法时,尽可能贴近学生的需求、爱好,能激发他们的学习兴趣。从学生实际、学校实际、教师自身条件出发,尽可能让学生参与实践活动,提高教学活动的实效。在教学过程实施中,如果出现与教学预期不相符的情况时,要以学生的实情作为新的起点,修改教学计划,把生成的新问题作为研讨话题,因势利导,探引结合,让学生共同找出问题根源,提出解决问题的办法。这个探究解决问题的过程会教给学生思考的方法,对于以后遇到诸如此类问题的时候能熟练沉着应对,这就是"生巧"。

其次,教学要遵循科学原则。孔子说"学而时习之","温故而知新",说明自古以来,我们的教育先驱就非常重视知识的巩固问题,达到"熟"的程度。这个巩固是要建立在学生理解的基础上,引导学生把理解知识和巩固、记忆知识联系起来。当然并不否定在教学中还应要求学生对一些知识作机械记忆,如年代、人名、比重、原子量、外文词汇等。在这个记忆知识的过程中,学生知识的遗忘也是正常的,关键是要组织好复习,用各种方法进行巩固,而不是靠题海战术。教师要向学生提出复习与记忆的任务,力求具体、明确;要安排好复习的时间,及时进行,不要为考试而复习,不要"平时不烧香,临时抱佛脚";要注意复习方法的多样化,运用提问、讲授、作业、看幻灯片、电视、电影片、实验等各种方法进行复习;要指导学生掌握记忆方法,学会通过整理编排知识、写成提纲、编成口诀等多种方法帮助记忆。最后,教师还要善于结合新授知识的过程不断联系复习已有知识,在运用知识中不断巩固和深化已有的知识与技能,达到熟练掌握的程度。

教学中,一切以学生的发展为主,切忌简单重复的大量训练,而是要讲究引导学生学会思考,指导学生获得思考的方法才是我们的首选。

(张燕芳)

60 怎样培养学生"解决问题"的能力

培养学生解决问题的能力是课程标准的总体目标之一,新课程标准(2011 年版)在课程目标的提法上有一个改变,就是将解决问题修订成了问题解决,这一重要转变体现的理念是从培养学生的问题解决能力着手。问题解决作为一个重要的教学目标,在教学过程中展现了学生的心理活动,关注了学生学习的整个过程,从而让学生通过问题解决,形成一种能力。问题解决的过程就是学生发现的过程、探究的过程、创新的过程,培养学生问题解决能力就要善于抓住学生心理,联系生活实际,通过质疑、合作探究的过程养成。

把握心理,创设情境。

现代学习方式的基本特征之一就是具有问题性。问题意识是学生进行学习特别是发现学习、探究学习、研究性学习的重要心理因素。问题解决是在一定的问题情境中开始的。当学生面对新情境、新课题,发现它与主客观需要的矛盾而自己却没有现成对策时,就会引发要寻求处理问题办法的心理活动。这时教师就要善于把握学生的心理,为这种求知心理架好桥、铺好路。因此在教学中,教师要有意识地创设情境设置矛盾,让学生发现问题、提出问题,利用学生的"好奇"心理,培养学生的问题意识。比如在求两地间的路程时,可以创设这样的情境:问学生要想知道两地之间有多长,怎么办?学生有的说:"用步测的方法,先量出一步的长度,再数一数走了多少步,最后用一步的长度乘步数就是两地的长度。"有的说:"可以用卷尺量一量。"在肯定了学生们积极想办法、开动脑筋的同时,我又提出新问题:"假如求从苏州到上海有多远,还能用这样的方法吗?"学生们领悟到这种方法太麻烦,也不实际。那么,有没有更简便的方法求两地的长度呢？疑问萌发起学生求知的欲望,他们跃跃欲试,开始探求新知识。接下来,让学生理解求两地的长度可以用一小时行的路程乘几小时,这样的计算方法加以解决,满足了学生求知的欲望。

学会质疑,成为习惯。

教学中,教师要以饱满的热情、真诚的微笑面对每一位学生,与学生平等对话,给学生营造一种轻松愉快的教学氛围,使学生处于一种宽松的心理环境中,迅速地进入学习的最佳状态,乐于思维,敢于质疑,并采用语言的激励、手势的肯定、眼神的默许等手段对学生的质疑行为给予充分的肯定和赞赏,让学生毫无顾忌勇于质疑。比如在教学《万以内笔算减法》时根据计算规则应该是从个位减起,那为什么会有这样的规则呢？教师可以鼓励学生质疑问难,当一个学生提出"四位数的减法,可不可以从高位减起"时,就把全班学生带入问题情境,此时教师就可以引导学生在新的问题情境中进行探索学习,让学生尝试按"从高位减起"的规则进行计算,然后组织学生进行交流的研究和探讨:"课本上为什么选择了从个位减起?"引导学生进行两种方法的比较,使学生认识到有些方法尽管是可行的,但由于操作烦琐、效率低下,一般是不可取的。学生经历了"猜想(假设)——论证——实践——结论"这样一个认知过程,既使学生认识到这段学习的收获和意义,又有效地突出了学生的主体地位,使学生再一次获得了自主学习成功的情感体验。作为教师,就是要提供多种的观察、操作、思维及语言表达的机会,引导学生主动参与学习的全过程,使学生对所学知识感到有问题可想、有问题可提、有问题可议,加强训练,循序渐进,这样就能不断提高学生的质疑能力,让质疑成为一种习惯。

联系生活,发现问题。

在教学时,教师要结合学生的生活经验和已有的知识结构,设计一些富有情趣和意义的活动。比如在学习数学的过程中,把数学问题转化成生活问题。创设一些贴近学生生活的情境,缩短抽象的数学题与现实生活的距离,让学生感到数学并不枯燥、神秘,数学就是在生活中发生的和需要解决的实际问题。其次是从生活中提炼数学问题。数学源于生活、生产实际,教师应努力把生活中的实际问题变为数学研究的对象,以唤起学生的学习兴趣,激励学生主动探究,并从中发现问题、提出问题、解决问题。

(张燕芳)

第三篇
专业能力

ZHUANYENENGLI

七 做一个伟大的设计师

一个高明的设计师,具有化腐朽为神奇的力量。简单的线条,简单的色彩,一勾勒,一涂抹,就成为美丽的画作,甚至是伟大建筑的雏形。

富有智慧的教师,也是高明的设计师。寻常的教育活动,有了教师个性化的小心思,意义与价值就显得不同了;日常的课堂教学,有了教师创意化的设计,所占据的角度与高度就变得独具匠心。于是,教师与学生共同拥有的校园生活显得那样富有滋味。

61 跟不上进度怎么办

"按照年级组制订的教学计划,我们班级却总是跟不上进度。其他班级已经顺利完成教学内容,而我们班级的一部分学生还掌握不了。这该怎么办?"

美国著名教育家、心理学家布卢姆认为:有效的教学始于准确知道希望达到的目标。可见,合理确定课堂教学目标,是达到教学有效性最为关键的一步。

在我们现在的一些课堂教学中,因教学目标不明确而造成的教学随意性、盲目性现象仍然较为普遍。有的教师没有明确的教学目标,想讲什么就讲什么,讲到哪里算哪里,随意性很大;有的教师的教学目标大而无当,多而繁杂,导致目标紊乱、重点不突出。教学环节设计不够精当,课堂结构松散,因此造成完不成教学任务的后果。

听过一位老师教学《认识左右》,这是低年级的数学,联系实际生活认识左和右,学生活动比较多,实际操作性强。整堂课下来,下面的学生是乱哄哄的,你讲你的,我玩我的……看似热热闹闹的教学活动,最终学生还是没认清左右,甚至到最后,老师自己也搞不清左右了。教师缺乏明确的目标意识,所组织的教学活动必定难以实现教学的有效性。

学习目标是师生通过教学活动预期达到的结果或标准。教师认真钻研教材,深刻解读文本后,在充分了解学情的情况下,科学设计出关注学生发展的学习目标,课堂上再机智应变、灵活处理生成目标,是提高教学有效性的关键,是实现高效的重要环节。

目标要明确。

在一堂课中,教师教什么,学生学什么,必须有一个明确的目标。它既要依据学生的实际情况,又要考虑到时间的限制。那么明确的目标哪里来?最首要的一条还是认真钻研教材。全国著名特级教师于永正说过,备课不等于写教案。备课包括钻研教材、搜集信息、了解学生、考虑教学思路和教学方法、写教案等。写教案只是备课的最后一个环节——把钻研教材等方面的所思所得,把教学的目的要求、重点难点、教学过程和方法以及搜集到的有关教学的信息记录下来,供课前翻阅,以便把课上好。

例如《认识左右》,只要在具体的场景里体会左右的位置关系及其相对性,能用左右等词描述物体所在的位置,解决生活中简单的问题,发展初步的位置观念即可。

目标要科学。

一节课,可以教的内容有很多,因此可以作为教学的目标也很多。教学目标应基于学生可能达到的发展水平,教学目标过高,强人所难;

教学目标过低,低水平重复。课前我们必须对学生的学习状况充分了解,看你所面对的学生在这节课中需要学到哪些知识。不同的学生在一节课中的需求是不同的,学习比较轻松的学生在学习了新知识后马上就能理解消化,因而他们需要继续提高;学习有困难的学生对新知识的理解需要不断巩固。因而在备课时要充分考虑到学生的特点,教学设计既要满足一部分学生提高的需求,设计一些有高度、有深度的习题,又要考虑到另一部分学生,设计一些基础性的练习,巩固所学的内容。

"学生已经会的,不需教;学生能自己会的,不必教;教了学生不会的,不能教",研究学生,了解学生,考虑学情,是我们定位教学目标时必须做的一项工作。

目标要适量。

前面说过,一节课可以教的内容有很多,可以作为教学目标的也很多。一节课 40 分钟,如果教学目标贪多求全,样样都要实现,其结果往往是什么都想抓,可什么也都没抓住,那这节课的有效性就无从谈起。

课程标准就是我们的指南。新课程的教学目标是多元的,它不仅关注学生基础知识、基本技能的掌握,还要关注学生的学习过程和方法,关注影响学生终身发展的情感、态度、价值观。结果有的教师在制订教学目标时就片面地孤立地曲解了三维目标的含义,把它们一一割裂开来逐条制订。事实上新课程提出的"三维目标",是我们进行课堂教学的一个理论参照,将三者有机地整合于教学之中,才能真正促进学生的发展,提高课堂的有效性。

一堂课教学目标不宜过多,一两个就可以了。核心的教学目标完成了,那么其他的附属教学目标自然会水到渠成。

例如:《认识左右》的教学目标,可以设定为:1. 在具体的场景里体会左右的位置关系及其相对性。2. 能按左右的方位处理日常生活里的简单问题，并能采用左右等词描述物体所在的位置。那么在掌握左右的基础知识、基本技能的同时，就能使学生发展初步的位置观念，在熟悉的情境中感受数学与日常生活的密切联系，敏锐地发现和解决问题，并从中获得成功的体验，树立起学习数学的信心。

教学目标在整个课堂教学中处于核心地位，制约着教学的方向。我们只有确立了准确、明确的教学目标，定位好我们的教学目标，才能有的放矢地进行教学，才能有效地提高课堂教学效率。

（李雪梅）

62　怎样满足不同层次学生的学习需求

同样一个教学内容，班级中总有部分优等生过于轻松，部分后进生却跟得很累。学生的差异性越来越大了。是谁造成了这样的差异？我们如何找到适合每一个孩子的教学方法，从而提高学习积极性，让每一个孩子都热爱学习，使"不同的人得到不同的发展"呢？我想，我们还是应该从教师自身的原因上去分析问题。在教学设计中，我们教师要正视学生之间的差异，实施差异教学，提高课堂教学效果，满足不同层次学生的需求。结合自己的教学实践谈一点体会。

教师教学的理念要正确。

小学教育作为启蒙教育，如果我们的教师只是从知识的概念体系与逻辑结构出发，一味追求内容的标准化、系统性与严密性，那么我们的孩子就会在这样机械的掌握知识中痛苦地学习，学生之间的差异就越来越大，甚至有的学生会出现厌学情况。所以我们教师要抛弃陈旧的教学理念，接受一些新的教学理念，我们的教学设计都要从小学生的现有经验出发，选择他们周围熟悉的现象与事物作为素材。只有这样，才能被儿童理解与接受，才能减少学生之间的差距，提高学生的学习积极性。

教师要充分地了解学生。

了解学生是实施课堂教学的基础。只有在了解学生的基础上，教师才能针对不同的问题采取不同的措施，以便于因材施教。了解学生的前提是教师与学生要平等地进行对话。教师与学生是两个平等的人格主体。教师要抛弃凌驾于学生之上的思想，转变自己的角色，把学生看成是朋友，与学生建立融洽和谐的师生关系，使学生"亲其师，信其道"。教师不仅要了解学生的志趣、爱好、性格特点、健康状况，而且还要了解学生的心理需求与学习需要。在教学过程中，教师要及时与学生进行情感交流，教师对后进生要付出更多的关爱和鼓励，多给他们具体的指导和帮助。课堂上多给他们开口的机会，让他们体会到老师的关爱，使他们与老师的情感形成共鸣，提高他们求知的勇气。不同的学生都有各自的情感特点，他们在课堂上有不同的情绪表现，都需要教师在课堂教学中察言观色，并给予恰当的处理。教师必须对不同学生给予不同的情感关注，以实现真正的因材施教。

实施分层教学，因材施教。

(1)对学生分层。对学生恰当分层是因材施教的前提。对学生分层，要尊重学生的人格，尊重学生的需要、兴趣和能力，尊重学生的个别差异，使每个学生在学习知识的同时，找到自己最喜爱的部分，个性得以发展。在对学生分层之前教师要做大量的调查工作，全面了解学生。综合智力因素、学科基础、非智力因素、平时表现，教师掌握了各类学生层次后，按优、中、差互相搭配的原则编排学生的座位，这样便于学生互助互学。经过一个阶段的分层教学后，对学生进行不同形式的评价，根据评价的结果对各层次的学生进行适当的调整，以满足不同学生的学习需求。

(2)对教学内容分层。知识是由问题构成的，问题是课堂的心脏，要提高课堂教学的效率，必须把问题作为教学的出发点。教学内容分层，把本节课内容根据知识发展的规律设计出几组问题，每组问题之间要有密切的内在联系,使知识由浅入深。在教学时教师要巡视了解不同学生的学习情况,寻找教学的中间地带,恰当调节课堂的气氛,使各类学生在和谐愉悦的气氛之中共同学习。

(3)分层评价。在课堂教学时要给予学生适当的评价。不同层次学生采用不同的评价方法。对探究有困难、自卑感强的学生,要多给予表扬评价,寻找其闪光点,及时肯定他们的点滴进步,使他们看到希望,逐渐消除自卑;对成绩一般的学生,采用激励评价,既指出不足,又指明努力方向,促使他们不甘落后,积极向上;对成绩好、自信心强的学生,采用竞争评价,坚持高标准严要求,促使他们更加严谨、谦虚,更加努力拼搏。这种分层教学、因材施教的方式最大限度地考虑学生的个性差异和内在潜力,使各层次的学生都得到了进一步发展,满足不同学生的学习需求。

综上所述,教师只有更新教学理念,在充分了解学生的基础上,实施分层教育,平等地对待每个学生,坚持"人人都有才,人人能成才"的信念,面向全体学生,就能满足不同学生的课堂学习需求,从而更好地培养学生的素养。

(李雪梅)

63　照搬名师实录为何不见效

网络上有许多名特教师的优秀教学实录,读来让人心动,但是我们一旦把这些案例搬进自己的课堂,却很难获得预想的教学效果。我们应该照搬特级教师的案例吗?我们应该搬什么?作为一个数学教师,我觉得以下几个方面可以"搬",但绝不是生搬硬套,而是模仿迁移运用到自己的课堂教学中,去感受体验名师的课堂魅力,最终形成自己的课堂教学风格。

"搬"名师的教学理念。

在每次听评课后,听课教师经常说的是:今天这节课上老师用的方法真好;名师就是名师,课堂真是太流畅了;不愧为名校的学生,跟老师配合得这么好……这些评价反映出教师们的关注点还停留在一些细节问题上,并没有深入到教学理念的层次上。我们学名师,首先应该学习他们的教育理念。以教学为例,在张齐华老师的眼里,数学课堂应是充满诗意的;在吴正宪眼里,小学数学应该培养学生的创新精神;在华应龙眼里,是人本的教学理念和融错的教育思想;在刘德武的眼里,数学课堂应充满生活气息……学习名师,不是让我们照搬名师,而是让我们结合自己的教学实际,将名师们的教育教学理念进行深化延伸,以此为支撑来指导我们平时的教学行为。

"搬"名师的独到处理。

名师他们不仅吃透教材,而且能创造性地使用教材,这是他们处理教材内容的独到之处,正因为对教材内容有着独到的处理,他们的课才出类拔萃。

例如:在教授《认识方程》这一节课的"已知数"和"未知数"的认识中,张齐华老师问学生:知道自己几岁吗?学生回答:知道,12 岁!张齐华老师说:知道自己年纪不奇怪,知道爸爸几岁吗?学生回答:36、38、35……张齐华老师及时抛出知识点:像这样,知道的数是——"已知数"。张齐华老师又问:你知道爸爸 36 岁,可知道爸爸存折里有多少钱吗?(学生摇头)。张齐华老师调侃:这个真的要知道!学生开心地笑。这时张齐华老师抛出知识点:像这样,要知道的(却不知道的)数是——"未知数"。张齐华老师适时小结:但凡人类有一个共同点,"未知数"总是想方设法变为"已知数"。看似平常聊侃,从中渗透了"已知数"和"未知数"的联系,为后面进一步学习做好了铺垫。

"搬"名师的有效训练。

数学课堂教学中有效的练习设计,是提高课堂教学效率的重要措施。有趣的练习,能使学生兴趣盎然地投入到学习活动中去,能集中学生的注意力,深化学生的思维,激发学生学习的主动性和积极性,从而使练习收到事半功倍的效果。

例如:徐斌老师的《解决问题的策略——列表》中的一个练习片段。徐斌老师说:在生活中经常用到解决问题的策略。前两天,老师经过一家文具商店,听到商店里正播放着降价消息呢——(录音播放)"顾客朋友们,你们好! 本店由于街道拆迁,所有文具降价大甩卖喽!书包原价 80 元现价 50 元,文具盒原价 20 元现价 12 元,卷笔刀原价 10 元现价 4 元,钢笔原价 15 元现价 8 元……"徐斌老师接着说:有三个小朋友准备买一些文具。(出示文字信息)小力:我买了 3 个文具盒。小红:我买了 4 个书包。小芳:我买了 10 把卷笔刀。问题 1. 小红比小芳多付多少元? 问题 2. 小力比小红少付多少元? 老师请你选择解决一个问题,先设计一下表格怎么填,互相交流一下设计的表格,然后选择信息填表解答。这时候学生说,"老师,刚才我们没有听清文具的价钱,能再播放一下吗?"徐斌老师说:"好的,那在记录信息时,需不需要把全部的信息记录下来呢?"一个学生回答说:"不需要,我只要记录我解决问题需要的价钱。"还有一个学生说:"我要提醒大家,记录价钱时只要记现价,原价不要记,因为已经降价了……"

"搬"名师的巧妙点评。

人们常说名师的课堂教学难以模仿,最难学的正是他们字字珠玑的点评艺术。我们也常常感叹,上课时最不好把握的就是对学生的点评,常常在学生答完问题后,还没想到恰如其分的评价语。的确,课堂点评就难在它的即时性、激励性、启发性,需要教师有深厚的语言功底和敏捷的反应能力。

如特级教师吴正宪老师在教学《分数的初步认识》一课时,有这样一个片段:吴老师请同学们拿出准备好的长方形、正方形、圆形纸片,折出自己喜欢的图形的 $\frac{1}{2}$,并与同学进行交流,学生用不同的折法表

示出 $\frac{1}{2}$，再贴在黑板上。突然有一个学生喊了一声："老师，我折出了圆的 $\frac{1}{4}$！"同学们把惊奇的目光投了过去，此时的吴老师显得有些激动："什么，你折出了圆的 $\frac{1}{4}$，能把你的折法介绍给同学们吗？"这位同学高高举起手中的圆形纸片，说："我把它对折，再对折就得到了 $\frac{1}{4}$。"吴老师满腔热情地鼓励了他："很有创造力！同学们折出圆形的 $\frac{1}{2}$，你却大胆地折出了它的 $\frac{1}{4}$。你能说说 1/4 是什么意思吗？"这位同学兴致勃勃地讲出了 $\frac{1}{4}$ 表示的意思。同学们不约而同地鼓起掌来。吴老师趁机给了一句："你们还有别的折法吗？试试看！"教室里热闹起来，同学们认真地折着，说着，每张小脸上都洋溢着参与的快乐、创造的愉悦。

名师的课堂还有其他许多方面需要我们认真学习，这就需要教师在平时教学过程中认真钻研，勤于思考，把学到的最终转化为自己的，为自己所用，促进专业成长。

（李雪梅）

64 编写教案前要梳理什么

编写教学方案前，我们习惯于查找各种资料。丰富的教学资源为自己提供了许多灵感。但有的时候，面对一大堆的教学参考、名师教案等资料，却不知道如何判断、如何取舍。这是很多教师都遇到的问题，我认为对学情的准确把握是好的教学设计必备条件。下面仅对我在教学中对学情的认识和运用谈谈自己的看法，与大家一起交流。

　　教学设计必须把学习和学生作为焦点，以帮助每一个学生有效地学习为目的。因此我在教学中把了解学生的兴趣、动机作为分析学情的突破点。

**　　了解学生的兴趣、动机。**

　　动机是激励人去行动，以达到一定目的的内在因素；而动机又产生于人的兴趣和需要。课堂教学的对象是活生生的学生，学生是学习的主人，教会学生学习，是教学活动的核心；教师所追求的教学的目的要求，必须通过学生的学习活动来实现。因而，教学要获得成功，就要认真分析、了解学生的心理需求，想方设法启动学生的内驱力，并采取各种有力措施，把学生的兴趣和需求纳入合理的轨道，以调动学生的学习积极性，将外在的教学目标系统转换为学生的心理需要，成为学生的学习目标，使学生由"要我学"转变为"我要学"。只有当学生对所学的内容产生了兴趣，形成了内在的需要和动机，他才能具有达成目标的主动性，教学目标的实现才有保证。

**　　分析学生的知识能力水平。**

　　学生的知识能力水平是学生达成目标的基础。教学设计要遵循教学规律，符合学生的知识建构。教学成功的关键是学生能够积极主动地学习，能够有效地吸收和运用。教学设计要研究学生的知识起点、能力水平，要考虑学生的可接受性，把握学生学习的"最近发展区"。力求使教学内容和教学水准适合学生的知识水平和心理特征，使学生能体验到"跳一跳摘到桃子"的滋味。针对本节课或本单元的教学内容，确定学生需要掌握哪些知识、具备哪些生活经验，然后分析学生是否具备这些知识经验。可以通过单元测验、摸底考查、问卷等较为正式的方式，也可以采取抽查或提问等非正式的方式。如果发现学生知识经验不足，一方面可以采取必要的补救措施，另一方面也可以适当调整教学难度和教学方法。

了解学生的认知倾向。

认知倾向也称认知风格,指学习者个体在认知即信息加工和组织过程中,表现在认知方式方面的稳定的独特倾向,表现在学习者个体对外界信息的感知、注意、思考、记忆和解决问题的方式上。学习过程实际上就是学生对信息的加工、处理、存储的过程。不同认知倾向的学习者对于信息的加工、处理方式是有差异的,主要表现为独立型与依存型,冲动型与沉思型等。教学活动中,教师应结合考虑学生的认知倾向,根据学生的认知差异不断改进教学方法和教学策略,调整教学内容和教学目标,努力做到因材施教。如对依存型的学生,注意培养其独立思考的能力;对冲动型的学生,注意培养其有条理地、细心地分析问题、解决问题的能力等。另外,在组织研究学习小组时,教师如能根据学生情况,将具有不同认知倾向的学生组合在一起,让他们在小组学习中,依据各自不同的特点去研究分析问题,相互取长补短,可以帮助学生更深入、全面地分析问题、解决问题。同时,在这样的小组活动中,不同认知倾向的学生相互影响,也有助于对学生认知倾向的培养调整。因此,了解学生的认知倾向对教学设计具有重要的意义。

因此,我们编写教学方案前,先应该进行学情分析,学情分析是教学设计系统中"影响学习系统最终设计"的重要因素之一。认真研究学生的实际需要、能力水平和认知倾向,为学习设计教学,优化教学过程,可以更有效地达成教学目标,提高教学效率。

（李雪梅）

65 丰富的教学资源运用在备课中为何会遭否定

教学资源是教师进行教学设计的主要选择素材,包括教学内容的资源、教学手段（教学方法）的资源等。相对多的资源给我们教师更多选择的空间,但是并不是一节课上运用的教学资源越丰富它的教学效果就越好,反之适当地整合教学资源,才能更好地发挥教学资源的教学价值,让课堂有效进行。

教学资源需要根据学生学情基础进行必要的整合。

一个幼儿在刚刚懂得玩的趣味的时候,由于家长的宠爱给他买了很多玩具,堆在孩子眼前,初时孩子会觉得每一样玩具都很有趣,拿起这个笑一笑,拿起那个摇一摇,但不多久孩子就会一下把所有的玩具推开,开始哭闹,家长们往往不明就里地忙着哄孩子。

其实这些玩具每一个都值得孩子玩耍,当只有一两个玩具的时候孩子会对玩具产生一定时间的关注,从声响到颜色、从形状到变化,都会给玩耍的孩子一些有益的启蒙。但是孩子的感知能力是有限的,面对凌乱的大量玩具反而让他们迷失,这是孩子正常的心理反应。

课堂上的孩子同样处于发展的特定阶段,40分钟可以给学生带来什么? 需要视学生学情加以考量。学生已有怎样的学习基础? 学生在这个年龄阶段有怎样的学习心理? 都是教师需要在选择教学资源、确定教学内容的时候应着重分析的。

记得有位老师在上《珍珠鸟》的第二课时,首先是分析鸟笼的描写:"一盆吊兰的垂蔓蒙盖在鸟笼上,珍珠鸟就像躲进幽深的丛林一样安全。"让学生去体验这样的鸟笼的好处,想象小鸟在笼子里的生长以及作者的爱惜之情;而后是分析小珍珠鸟的外貌描写:"瞧,多么像它的母亲:红嘴红脚,灰蓝色的毛,只是后背还没有生出珍珠似的白点;它好肥,整个身子好像一个蓬松的球儿。"让学生说说这样的小鸟有什么特别,是什么让作者那么喜欢它;然后是分析珍珠鸟的动作描写:"起先,这小家伙只在笼子四周活动,随后就在屋里飞来飞去,一会儿落在柜顶上,一会儿神气十足地站在书架上,一会儿……",从"一会儿……一会儿……"到"挨近、俯下、啄……"再到"竟然、索性、反而",这些词语描写的作用让学生一一道来……这么多的教学资源让整个教学过程看着相当"充实",教师是希望学生通过这节课的学习学到怎样去描写特定事物,怎样去用生动的语句刻画事物等等,但是过多的教学内容只能使每一个环节都是点到为止。

其实对于四年级的学生来说,动物外貌的描写、动作的描写都是能自我感知的。

一堂课下来教师上得很累,他在课后说他看到的是文本中那么多值得让学生去感受和体验的知识点,这些知识点对于学生来说都很重要,因此他都不舍得放弃。对于这样一篇优美的文章来说,确实在描写上有很多值得学生去学习的地方,但是也正因为这位教师对教学的内容没有加以删减,一股脑儿地呈现在学生面前,学生只是在教师不断的启发下匆匆学习着。学生学得累,教师教得也累,而语文教学的目的——学生的语言能力的发展却没能实现。

教学资源要发挥效能还必须有基于学的教学方法,不是简单的累积呈现。

就如上面一节课的老师,在教学中,他出示了鸟笼、小鸟的挂图,采用了层层的设问,启发学生进行想象性描述,让学生进行了朗读,还让学生进行了重点词语"一会儿……一会儿……""索性"等的仿写造句等等,教学资源呈现的方式是多样的,但是对于大多数学生来说只是在浅浅地被动地参与,每一种教学方法都没有让学生获得真正的发展,主要原因还是教师缺乏对教学资源的选择,缺乏立足学生主体发展设计合适的教学方法。

教师往往从自己的视角出发,一厢情愿地设计完整而丰富的"教的活动",无暇顾及"学的活动"。我们需要转换思路与视角,从教师的立场转化为学生的立场,"教得完整不如学得充分",基于学生充分投入和自主的活动设计是我们需要追求的教学方法,注重在学的活动中让学生真正有所收获。

对于四年级的学生来说,文本中的很多描写都是可以自己感受的。文本的字词句优美且浅显,要让学生更深刻地感知,完全可以通过朗读这一主要的教学方法来实现。关注学生朗读的语气变化；引导学生变换朗读的形式，比如缺词朗读；启发学生转换描写角色进行朗读。通过朗读的深入和变化就可以让学生将文本语言所具有的表达效果体现出来，同时朗读也成了学生自我语言感知能力的体现，这就是基于"学"的教学方法，是学生主动性和教师主导性有机结合的产物。不同的教学方法达成不同学习效果，让学生在轻松愉快的学习过程中获得发展。

对于新教师来说，教学设计时去收集和开发更多的教学资源是好事，是对教学的负责，但是教学不是资源的累积，是对资源的再创造，创造出让学生真正获得发展的、符合学生心理特点的教学内容和教学方法，否则再好的设计也必然遭到否定，起码方案的否定比教学的实际失败还是更容易接受的。

（谭瑜萍）

66 如何处理"学生主体"和"教师主导"的关系

班级和少先队活动交给学生自主设计，活动往往不如人意；由教师全权担当设计角色，活动内容又很难符合学生的内心成长需求。在设计班级和少先队活动时，如何处理学生主体和教师主导之间的关系？

把活动的设计权交给学生是教师对于活动性质的正确认识，班级和少先队活动与教学活动一样，主体是学生，教师是主导。活动中如何有效体现学生的地位，如何发挥教师的主导作用，都影响着活动的开展和收效。放手交给学生自主设计和组织或教师全权设计和组织其实是走在了认识的两个极端，没有将两者的地位、作用、关系协调好。

要相信学生，给予学生更多自主设计和组织活动的机会。

学生的成长是一个渐进的过程,当我们把活动的设计权和组织权交给学生的时候,是我们正确的教育教学观的体现。学生在这个过程中产生各种问题也都是成长中必须经历的,我们更不能简单地自己去承担设计组织活动的全责,放弃培养学生的机会。

学生自主设计和组织活动并不是一开始就会一帆风顺的,就像在学科学习上一样,这样的主体作用的发挥很大程度上是一种学生的自我完善。挫折和失败是学生必须经历的成长过程,教师不能因学生的挫折而丧失对学生的信心,要给予这些学生更多的机会。

一次学校的六一游艺活动,主题是和学生的日常生活能力相结合,布置给六年级学生进行活动的设计和组织。因为庆六一是比较大型的集体活动,负责的少先队干部们都非常重视,详细计划,认真准备。最终安排了低年级装铅芯、端饭盘(里面放空碗)、折纸带等活动,高年级是包书皮、削苹果皮、运送乒乓球等活动。关于场地的设置、活动的方法、器械的准备、评委的安排、奖品的采购、现场秩序的管理,队员们短短一星期就制作好了一本活动守则,学生还现场请来了部分家长共同协管活动的开展。整个现场活动活泼有趣,学生们都玩得很开心,家长和老师们也很投入,活动开展很顺利。

看得出学生设计的活动不仅符合主题,而且还符合低年级高年级学生的不同特点,活动的各个环节考虑也相当周到。活动的成功关键在于这些设计和组织的少先队干部在平时的少先队工作中积累了丰富的经验,这些经验很多是他们平时组织活动失败所得,是教师不放弃的信任给了学生成长的机会,学生的组织、策划、统筹、协调、交流能力都得到培养。这就是让学生自主开展活动的最主要目的——通过活动培养学生的能力。

相信学生,将班级或少先队活动的主体权交给学生不仅仅是为了完成一项活动,也不是为了减轻教师的负担,是把活动看成教育教学的重要组成部分。相信学生更是要看到学生成长的潜能,给予学生更多成长的空间和时间。

　　教师在活动中要发挥积极的指导作用,帮助学生提升各项能力。

　　无论是教学活动还是班队或少先队的活动,活动的主题和宗旨必须由教师来把握,学生是被教育者,活动的目标和方向还不能通过培养让学生自我把握。就比如上述的六一游艺活动,如果单从形式上来说,游艺活动对于学生来说就是一些玩乐活动的设计,一旦突出了玩,那玩的过程中学生的感知就只能停留在浅显的活动表面,而有了生活能力的培养,学生设计活动的时候、活动开展的过程中也就在活动的表面下包含着更多生活的态度,在活动之余掌握更多的生活技能也是我们学生应该去锻炼的。家长在我们的生活中已经付出了太多的汗水,学生作为生活的主人,也具有劳动的义务。

　　孩童学步,从蹒跚爬行到跟跄起步,每一步成长家长都无法替代他去完成。虽然都是自己在努力着,但是离不开那一件件的扶手,摔倒后需要扶着床沿、桌沿、凳沿……才能站起来。我们教师不就是学生成长的扶手吗?当学生刚刚起步的时候,我们给予学生的帮助是相当重要的。活动的准备、活动的组织、活动的协调,对于大多数学生来说都是从一无所知开始,怀着一点点冲动、迷惘甚至紧张,学生需要指导,这些指导是培养的起点。有些孩子在成长的过程中,很多生活基本能力都因家长的溺爱而缺失,甚至到了成人后的高中、大学阶段,一些孩子还需要家长来打理洗漱和一日三餐,成就的是一个几乎毫无自理能力的成年人,这样的悲剧还不时在我们身边上演。学生的班级活动不需要包办,包办就是放弃对学生主体的培养,是对教育本质的否定,更是对活动意义的曲解。活动不仅仅是活动,更是对学生能力的培养。

　　当然,教师自己设计和组织活动如果真的是不符合学生成长的需要,那是教师教育教学的基本理念的问题,教师没有从学生的实际生活、学习出发,没有理解学生真正的成长需要,那就不可能设计出既让学生有兴趣参与,又有利于促进学生成长的活动。

(谭瑜萍)

67 活动设计时怎么协调主题和内容

学习活动的内容和主题其实并非一对矛盾体。新教师往往过多追求内容的丰富,以期给学生一个看似鲜活生动的课堂,这个出发点无可厚非,但是却往往忽视了教学活动的内容首先要服务于教学的主题,鲜明的主题更能让我们的教学活动指向明确,从而达到教学的效果,同时围绕主题来创设丰富的内容,可以让主题更加深入学生的心灵。

学生的学习心理特点决定了我们的课堂教学必须是主题集中鲜明的。

学生在学校的学习主要是在班级体制下的课堂上,每个 40 分钟所学习的知识需要符合他们的认知心理。学生的注意力不可能长时间保持高效,当他们需要经历自我的感知和消化知识的时候更需要给予一定的时间和空间才能实现学习的效益,散乱的主题会分散本身就不够多的注意力,让学生走在知识的外围不能实现自我的建构,这就决定了现实的课堂教学必须是主题集中的。

当我们观看"纪念抗日战争胜利暨世界反法西斯战争胜利七十周年大阅兵"之前,那么鲜明的纪念主题已经早早进入我们的生活,我们思维的空间里不断回忆那段历史,跟着电视、书籍,那一幅幅、一段段画面不断显现,纪念活动已经不仅仅是对阅兵的期盼,而是一种全方位的思想洗礼。

就像在教学《莫高窟》一课的时候,教师布置学生课前就去收集莫高窟的资料,通过各种媒体欣赏莫高窟的彩塑、壁画艺术,感受那绚丽多姿、精妙绝伦的艺术成就,这就给学生的课文学习明确了主题。在这主题下,学生自主的学习热情高涨,通过网络资料、书籍、视频欣赏,课文学习之前学生就对莫高窟的艺术成就有了直观的认识,而后的文本学习就是教师带着学生体会语言文字所讴歌的敦煌艺术和世界文化历史,对文本中描写的词句、数据的理解有了更加直接的深入的感知,让课堂的学习活动更加有效展开。这就是主题集中的魅力,主题下学生学习活动有了目标,教师的教和学生的学更加自然融合在一起。

真正丰富的学习活动必定是在围绕主题下创设的,不是浅显浮在教学表面的。

来到"阅兵"活动的现场,抛却前面的所有其他纪念活动,阅兵本身给我们带来的冲击还是那么巨大。阅兵的过程中显现的内容不可谓不丰富,激昂的抗战歌曲作为序曲,庄严的升旗仪式作为启幕,习主席的检阅奏响阅兵的号角,抗战老兵方阵让我们泪眼盈盈,英雄连队方阵让我们敬意盎然,雄壮的装备方队让我们的爱国热情高涨,成千上万放飞的鸽子让我们感怀和平的不易。一幕幕展示,蕴含着纪念主题下国人对历史、对和平的认识,震撼来自鲜明的主题,震撼来自围绕纪念主题所带来的丰富的展示内容。这就是主题和内容最完美的融合。学习活动的设计就应该像阅兵一样,要给学生以鲜明主题留下深刻的印象。同样的《莫高窟》的教学,那些词语:慈眉善目、威风凛凛、强壮勇猛、神态安详等不再是单独的词语学习活动,它们是感知艺术的渠道;那些句式:有慈眉善目的菩萨,有威风凛凛的天王,还有……不仅仅是句式认识和练习,也是艺术延伸的表达;那些数字:四万五千多平方米……也不再是简单的感受数据描写,那是对艺术成就的勾勒。一个个教学内容都围绕着同样的主题,学生的理解帮助他们学习了如何去表达类似的主题,这就是内容围绕主题的重构。

(谭瑜萍)

68 如何建立同学间的学习共同体

"某位学生学习认真,成绩优良,但从不喜欢和同学一起讨论、一起分享。我该如何帮助他建立和其他同学之间的学习共同体呢?"

这样的孩子在现在的学生中常有发现,说他们不喜欢和同学们一起讨论、一起分享,也许是我们不大了解这样的孩子。他们有的可能就是天生性格比较内向,不善于和同学交流;有的可能是因为生活环境的影响,心理上对同学产生疏远的情绪。不管是什么原因造成这样的现象,儿童阶段和同伴之间产生的隔阂势必影响孩子健康的身心发展,也会对学习产生消极的影响,此时教师的积极干预是必要的。

做一个了解孩子内心的教师,帮助学生走出合作学习的困境。

学习态度好、习惯好、成绩好,对于教师来说这样的学生就是好学生。新教师能不仅关注学生的学习状态,同时还关注学生在学习群体中的表现,是很值得肯定的。小学生在成长的过程中都在寻找一种获得肯定的感觉,这种感觉会给予他们自信,促进孩子在学习上的自我驱动。孩子的这种心理需要也同时伴随着他们的社会化过程,和同学的交往同样是促进学生获得自我肯定、达到心理健康发展的重要活动。在这个阶段如果学生脱离了同伴,他的社会化发展就会走向畸形,会直接影响到孩子未来与社会的融合。

解决这样的问题,首先要去发现学生这样表现的原因才能对症下药。对于原本就比较内向的学生,教师的责任就是要为他们创造一个符合心理特点的和谐的交流环境。内向的孩子会觉得自己在和同伴交流的时候不能融入,不能把握自己,而教师的参与可以让所有学生都处于一个相对心理更平衡的空间,教师的交流引导在小范围可以帮助学生克服一定的交流恐惧,同时可以为学生创造更多展现自己的机会,当自己的能力获得面对面的肯定,学生的羞愧和忐忑就会淡化。

有的学生是受其他环境影响而造成的自我封闭,其中一些孩子的家庭教育或者家长教育方式存在一定的问题,学生的学习处在被逼迫之中,还有一些孩子自小承担很大的家庭责任,从小就是把读书学习看成自己将来改变生存环境的重要途径。对待这样的孩子最主要是要做好和家长的沟通,及时反映孩子存在的问题,只有家校齐动才能慢慢让学生放下心理包袱。家长是否具有良好的教育意识,在转变孩子的心理过程中相当重要。教师当然在这个时候要为孩子创造更符合他个性的交流氛围,让孩子在更多的时候感受同伴的肯定,学会和同学分享,同时也让孩子看到其他同学的长处,告知他怎样的成长才是健康的。

学习共同体的组建依赖于共同的目标,让每个孩子在互助学习中自我价值得到体现。

学习共同体的建立是教师帮助学生完善学习方法、实现互助合作的有效措施。这样的共同体在很多学习活动中具有独特的价值。但是共同体的组建不是简单的学生人数的整合,最主要的是让共同体有共同的学习目标,乃至更长久的成长目标。

在一个学习活动中,学生共同体是在完成一个学习小目标,整个共同体的建立就是要学生在合作中提高自己的学习能力,为了大家学好知识的目标。教师结合自己对学生的了解,依据他们的特性引导学生组建学习共同体,在共同体活动中,教师初期的参与具有很大的作用,教师需要帮助学生感受到合作学习对于实现目标的过程中的意义,互补、提升、明辨自我、调整自己都会在一个和谐的环境中达到,同时保持这个共同体学习的连贯性对于身处其中的每个学生来说都是受益的。对于那些平时置身集体之外的学生来说,这就是一个良好的社会缩影,合作、倾听、表达,获得经验和挫折,让他们感受到自己对集体的贡献,同时感受到同学对他的帮助,和同学一起健康学习、成长。

当在学习《认识周长》《圆的周长》的时候,需要学生之间相互配合进行测量方法的选择、测量、记录和交流等学习环节,每一位学习共同体中的成员只有发挥各自的长处才能让活动有效进行,这时平时不善或不乐于交流的那些学生就需要结合他们的特长,给他们安排好共同体内的岗位,让他们尽可能胜任或完成任务,在相互的合作学习中实现自己的价值,从而获得更多的自信。同时在成员之间的交流环节,设计每一位学生各自表达活动中的感受,让这样的学生慢慢融入其中。这个过程中教师的安排不能显露出刻意的痕迹,要让学生在不经意间慢慢地融合,同时教导共同体中的其他学生多去肯定这些学生的作用。

(谭瑜萍)

69 面对学生的摩擦时

确实学生之间经常会出现摩擦,有的争吵转眼即逝,有的摩擦则转化为矛盾。作为教师我们应该辩证地去对待学生间的冲突,既要适当介入防止出现不良后果,又不要过分紧张,一看见冲突就急于处理。

小吵小闹,老师装聋作哑。

当我刚做教师的时候,只要一接到来自他人的"小报告":某某同学在骂某某同学,某某俩同学在打架了……我都会第一时间匆忙赶到"现场",但大部分时间看不到"现场",只看到学生们在高高兴兴地玩耍;有时即使到达了"现场",两位学生也会莫名地看着我,让我感觉到我是"外星人",我擅自闯入了他们的领地。随着经验的积累,慢慢地我则淡然应对此类事件,对于一些小吵小闹开始装聋作哑,做一名旁观者。

教师要意识到学生间的吵闹和打斗是他们特有的一种成长方式,对于学龄阶段的孩子来说,他们的思维发展水平还处于"自我中心"阶段,只站在自己的立场上考虑问题,所以在一起玩耍或游戏的过程中难免会出现不同的意见,产生矛盾,发生争吵甚至打斗,但我们要知道这是属于他们的世界,也是他们成长的过程,他们有能力自己解决。看过《爸爸去哪儿》的教师都会了解到三期节目中都有安排孩子间独处的机会,也时有矛盾与冲突发生,在镜头的记录下让我们更能够清楚地观察到孩子间的点点滴滴。其中有这么一个片段:夏天和轩轩一起完成任务后拿着食材高高兴兴地走在回家路上,但一会儿却发生了矛盾,他们开始吵嘴,之后轩轩很生气地走了,但他走走会往后看看,显然他有他的小心思,而夏天则在后面纠结了一会儿后,最后追上去道歉,很快俩人又和好如初。其实这样的场景在我们学生间也会天天发生,有时发生在我们的眼皮底下,有时发生在我们的视线外。因此当学生间矛盾产生时,我们先要让学生以他们自己的方式去解决问题。

著名的瑞士儿童心理学家皮亚杰主张"以儿童教育儿童,以儿童感化儿童"的思想,就是指出在儿童交往过程中能够互相影响、互相教育,尤其是交往中因彼此意见不一致发生争斗的,才会使儿童自觉或不自觉地认识到他人的意见或地位的重要,了解自我与他人的区别,学会尊重和理解他人,学会调节自己的言行,以求能适应伙伴群体的行为规范,使自己从"自我中心"状态中解脱出来,成为能与他人和睦相处的人。

恶意冲突,老师及时介入。

矛盾是学生间的一种成长经验。由于学生来自于不同文化背景的家庭,他们在与他人交往中对待冲突的态度和处理方式也是不同的。因此当冲突不利于学生的人格发展和良好修养的形成时,教师有责任及时介入,解决冲突。

一些习惯于被家庭保护的学生,他们缺乏在学生群体中的角色意识,在冲突中往往处于弱势,不懂得"反抗",有时甚至是"受气包",从而对学生间交往产生一种敌对的情绪,长此以往是不利于人格发展的。因此教师要特别关注此类学生,通过发现此类学生的优点获得其他学生的认可与尊重,增强此类学生在伙伴交往中的自信和自尊,走出交往困境,从而获得真正的交往经验,学会交往和解决伙伴间的冲突。又如来自于家庭暴力的学生,他们受到家长的影响凡事喜欢动手解决问题,因此在伙伴交往中往往具有攻击性,不能吃亏。我教过一位金同学,他在与伙伴冲突时,常常用武力解决问题。在一次学校阳光活动中,他跟其他班级的同学间有了点小摩擦,结果他追着那位同学打,后来在一位男老师的介入下才制止了他的过激行为,让事态得到控制。后来在教育的过程中,他也坦白他在家不听话时经常会挨打。对于此类情况,教师应该对此类学生进行严肃的教育,让学生意识并能改正自己不当的交往方式,必要时也要与家长进行沟通,在家校的共同配合下才能够养成良好交往习惯和能力。在观察学生的冲突时,我们也会听到一些不文明的辱骂语言,此时教师要及时介入教育,但也不要过于紧张,因为孩子善于模仿他人,很多不文明的言语是一种无意识的模仿,我们既要指正引导,但又不能过于严厉苛刻,我们要意识到他们毕竟还是孩子,有时仍是"童言无忌"。

　　总之,对于学生的吵闹打斗我们既要坦然处之,也不能掉以轻心。我们在平时要注意观察学生间的交往活动、掌握小吵小闹的发展趋势,适时介入引导,让学生的吵闹打斗成为学生社会化成长的课程资源,成为提高他们辨别是非能力的契机,提高他们的社会交往能力。

(戴建琴)

70　如何制订课程教学计划

　　"学期初,学校要求老师制订一份所任教课程的教学计划。我按照教参上各单元的介绍,很快就完成一份教学计划上交了。可是,我的教学计划被'退货'了,这是为什么呢?"

　　课程标准和教材的教参具有普适性和局限性,不同地区、不同学校、不同班级存在着差异,所以教师的教学计划不能依赖于教参的介绍,而要立足于班情、立足于学生。

你了解学生的学习起点吗?

在学校的一次英语教研活动中,顾老师上了 5B Unit 7 Chinese Festival 一课的语法板块,其学习目标主要让学生学会运用 12 个月份的英语表达,但整节课,学生表现都很沉闷,老师教得也很累。课后顾老师很郁闷,"这样的内容我已经上过好几年了,怎么今天上得这么累,而且还没成效?"在研讨过程中,有一位老师就一针见血地指出:"你是不是已经提前完成了 12 个月份的名称学习?"这时顾老师才恍然大悟,"对的,这批学生以前还没接触过 12 个月份的表达,这里有好几个新词我还没教呢!"

显然,顾老师一次失败的教学经验,原因在于她没有充分了解学生的学习起点,因此教学目标远远高于学生的实际,而让学生无所适从,也会让学生有挫败感。如长期总是让学生处于跳一跳摘不到苹果的困境,那么有一天当苹果就在眼前时,学生也会失去采摘苹果的兴趣。

了解学生的起点,并不是光指教学预设不能高于学生的学习起点,也指不能低于学生的学习起点。仍以上面的例子为例,如果教师在平时的教学过程中,有提前渗透的意识,在教学前,孩子可能已经获得了 12 个月份的习得,那么教师就要重新以学生的起点预设教学目标和学习过程。

你了解学生的学习特点吗?

科学老师会让学生去发现"你能找到两张相同的叶子吗",学生最终找不到相同的叶子。即使两片看似相同的叶子,在现代技术的观察下也是截然不同的。是的,没有两片叶子是完全相同的,跟找不到两个相同的人一样。班级也同样,不管是一年级的新班级还是六年级的班级,不管是两个班级还是六个班级,每个班级都会有自己的班级特点。

我曾担任过三年级两个平行班的英语教学。针对新接的两个班级，我精心地设计了第一节课，想让学生有耳目一新的感觉，从而喜欢上我的英语课。对于三年级的学生来说游戏可是课堂的法宝，在一个个游戏的引导下，三(1)班的学生学习情绪高涨，让我有点 hold 不住。可是到了三(2)班，同样的游戏，结果学生反应淡淡，根本没有出现失控的场景。我很快发现三(1)班学生多数好动、好表现，即使是后进生，说错也阻挡不了他们举手发言的热情，而三(2)班学生多数内敛、好静、不爱表现，最好的学生也总是很淡定地坐着，不愿意举手。如果以同样的方法去开展教学，总会有一个班级不适应。于是我就开始对症下药，三(1)班教学时尽量设计一些能够让学生静下来冷静思考的环节，在评价上立足于学生课堂有序，能够自我约束；而三(2)班教学形式尽可能活泼，让学生能够动起来，在评价上立足于鼓励学生大胆发言。在之后的教学实践中证明我的策略是正确的，学生们也都认为获得了成长感。

可见不同的班级，有不同的学习特点，教师一定要充分了解班级学习风格，找出适合学生学习的方式和方法。

你了解学生的生活背景吗？

我们学校一位青年教师在一次公开课上了一节英语课"Goodbye, 2012"。整节课通过呈现本班学生和老师的各种活动照片完成，有在校的，在秋游的，也有军训的。显然这是一节独一无二的课，它只能代表这个班级、这些学生。

课程指导下的教材是统一的，无论是发达的城市学生还是相对落后的农村学生，他们手中拿的是同一本教材，但学生生活的经历和学习的体验是不同的。如英语课学生学习食物名称时，城市的学生看到 KFC 场景时，会争先恐后地抢着说，因为他们都有去过 KFC 的经历，他们有经验也有话说。但对于从没见过 KFC 的农村孩子来说，那则是不合适的。又如《我和祖父的园子》充满了浓郁乡村气息,那么对不同地区的学生来说,他们的生活经验带给他们的体验也是不同的,教师要因势利导,从而达到最佳的效果。

现在随着网络时代的发展,网络平台作业、微信作业等方式无疑为学生提供了更好的作业机会或成长机会。但从作业完成的情况来说,有的班家长很支持,平台体现了服务于学习的功能,但也有的班级家长不支持或者没有条件支持,参与人员寥寥无几,不能达到预期的效果,甚至出现一些负面的影响。这就提醒教师在教学实施的过程中,也要多考虑班级学生的生活背景、生活环境等。要反思:学生的生活背景是推动了教学的进程还是制约了教学的进程。

教师在确定教学目标、制订教学计划时,一定要实现课程标准的校本化和班本化,从而走向课程实施的生本化。

(戴建琴)

71　好课在乎于“美”吗

何为“好课”? 很难以一个统一的标准去界定,但可以肯定的是“美不美”并不是一节好课评定的关键要素。

公开课不是表演。

公开课和表演不同:前者追求“真”,后者追求“美”;前者看“台下十年功”,后者看“台上一分钟”;前者展示学生学习过程,后者展示演员排练结果。课堂不是舞台,我们要清楚地认识到公开课在于“课”而非“公开”,因此仍需在“课”上做文章,而不是在“公开”上做文章。在“课”上做文章则需遵循课堂教学和学生认识活动的基本规律,反映教学的实际情况。如语文课和英语课都是语言学习,课堂上要实现人文性和工具性的统一;数学课要培养学生用数学解决问题的意识和能力;科学课要引导学生观察,提高探究能力和创新思维等。总之,不同学科都要上出不同学科的学科味,体现学科特质,体现学生在不同课堂上的学科能力发展。

但是,在一些公开课上,我们看到课堂不再是课堂,而成了舞台,产生了戏剧化效果,教师是主角,学生是一个个训练好的配角。教学环节,一环扣一环,看上去师生互动顺利,但仔细品味就会发现很多的问题,如很多英语公开课上总会有这么一个环节:对话表演,学生的表演往往生动活泼,很耐看。如果作为复习课时,学生的精彩表演可以看出教师课外的功夫:学生们在课外得到了教师的精心指导,长期有意识坚持的话,不同的学生在一个学期中都会获得教师的个别指导,也会给听课者更多的启示。但如果作为一节新课,课堂上没有观察到教师的过多指导,也没有给予学生足够的时间去学习,显然,过于精彩的对话表演带着作秀的味道。带着表演味的公开课远离了公开课的初衷。

公开课不是看老师。

公开课后我们经常会听到"某某老师课上得很好、基本功扎实"等对上课老师的评价,但很少听到"某某班、某某学生表现如何"的话语。

我曾看到这么一个故事:20 世纪 80 年代中,美国的一个教育代表团到上海一所学校听课。校长请贵宾在学生后面入座,他们却表示:"我们为什么去注意老师呢?我们要观看的是孩子是怎样学习的。"说着,纷纷把椅子挪到黑板下面,面对着学生静静地观看孩子上课了。从故事中可以让我们反思:我们该如何观看、听课、评课,好课是因为教师教得好还是学生学得好?

课堂是学生的,空间是孩子的。因此好的课,一定要体现以学生为本,以学定教,教师的教是为学生的学服务的。"孩子是父母的影子",学生则是镜子里的老师。老师的一切工作和努力,都会集中反映在学生身上。所以,公开课上要关注的应该是学生。关注了学生,我们再品味名师的课堂,我们就会发现名师课堂的好,是因为他们为我们展示了真实的课堂,是课堂上学生的成长与变化让我们为名师点赞。

公开课不是看热闹。

"外行看热闹,内行看门道",也适用于老师的听课观课。有的课,非常热闹,如课上一个游戏接着一个游戏,或者一个视频接着一个视频,学生一会儿画画,一会儿唱歌。课上学生情绪高涨,气氛热烈,似乎效果不错。但如果我们从学生学习的角度去观察,这些热闹的设计与学生的学习关联并不大,游戏、视频、歌曲的设计在这堂课上可有可无,它们并没有为本课教学内容服务。因此听课者不能停于课的表象,要会看门道。门道是什么? 就是这个学科的学科特点、学科性质,就是看教学的人是否通过合理有效的手段,促进了学生对这个学科的学习。

教师要以专业的角度去观摩公开课,要看到热闹后面的本质,要多关注教材的解读、课堂的调控、课堂语言的组织和教学环节的设计等。并在观课中不断自问:这堂课这样的教材处理好吗? 为什么? 为什么这样的解读会突破教材而产生更好的教学效果? 教师的课堂语言如何? 教师的语言能够帮助启发学生吗?

总之,好的课要把学生的成长摆在第一位。观摩课无论怎么"观",依然是"课",要体现教书育人的本质。当然有些教师善于通过现代技术的运用为公开课增色,公开课中的"美"能够锦上添花而不是喧宾夺主,既达成教学目标又有"美"的享受,何乐而不为?

(戴建琴)

72 教师需要开发课程吗

有人说,教师是"教书"的,教师不是课程家。所以,教师不要动无谓的脑筋,去开发课程,只要老老实实教好一本书就够了。这种说法是不对的。

　　新课程提出了教师要用教材而不是教教材。新课程理论认为："课程开发包括两个步骤：第一步，先由一批人（如专家）来负责开发，然后在此基础上，又有一批新的人员（教师）开始第二步工作。"可见，教师所认为的一本书只是完成了课程开发的第一步。教材在实践教学的使用过程中，需要进行第二次开发。

　　二次开发的必要性。

　　教材作为课程的载体，是课堂教学最直接、最主要的依据。基于新课程理念的教材编制在一定程度上努力从学生实际出发，让学生感兴趣，尽可能关注学生的个体性和差异性，但无论教材编制考虑如何周全，它不是"万能"书，无法满足教育个体的多样化和差异性。因为在空间上，不同地方、不同学校、不同班级的学生情况不一样，不同地方的地理环境、经济文化水平、风俗习惯等千差万别；在时间上，社会在不断发展变化，日新月异，教材的更新显得有滞后性，无法与学习对象的需求同步；另外教材受篇幅、内容、课时的影响，有些内容不可避免地出现简单、单一、抽象的现象，脱离学生的实际经验。因此，要正确认识教材，并且能够灵活地、创造性地使用教材，对教材进行二次开发。

　　谁对教材进行二次开发？显然教材的二次开发离不开教师，教材内容转为学习对象的知识都通过教师这一媒介来实现。教师来自教学的第一线直接参与教学，身处每个具体而生动的教学情景，最了解学生的个性、能力、兴趣和需要，因此在如何正确灵活地处理教材、尊重学生的个性和差异性问题上最有发言权。教师也拥有专家、学者所没有的个人实践性知识，在实践过程中，教师自觉或不自觉地对教材加以改造，使教材更适应学生的实际，努力达成教学预期的效果。

　　二次开发基于生本。

　　教材二次开发有赖于教师，教师要通过解读教材预设的目的、内容、方法等,同时结合自己的经验和认识以及具体的教育情景对教材进行调整、改变或加工,赋予它新的意义。但不管教师如何解读教材,有怎样的经验,教师都要意识到教材的二次开发是为了更好地达成教学目标,因此二次开发一定要立足于学生。

二次开发要更贴近学生的生活实际,更有利于学生的体验与参与。如有的学校组织学生开展关于太湖生态环境的调查与研究,对于远离太湖的学生来说,是没有机会去参与和体验的;又如在科学课上,有的教师选择以养蚕为话题开展养殖环节的教学,这对于生活于江南地区的学生来说是得天独厚的优势。教材的编制是需要专家、学者共同研究的漫长过程,不可能及时更新,因此有一定的滞后性。二次开发要与时俱进,体现时代的气息,满足学生的需求。

学生也是教材的开发者。当我们确立了学生在课程中的主体地位以后,他就不再是课程的被动接受者,而是自己课程的开发者。因此教师在进行教材二次开发时,可以让学生一起参与,让他们提供资源、提出建议等。

教师专业发展的必然。

新课程理念完全打破了"教师不要动无谓的脑筋去开发课程,只要老老实实教好一本书"的传统观念。在以往的教学实践中,也有一些教师为了有效达成教学目标,对教材内容做出或多或少的处理,但是,这种处理往往局限于数量的增减或局部内容的教学法处理,他们仍是"教书匠"、教材的使用者。

新课程倡导"用教材教而不是教教材",它赋予教师"教材二次开发"的权利,鼓励教师创造性地和个性化地运用教材,拓展了教师专业发展的内涵和空间,也为教师的专业成长提供了平台。教师对教材的"二次开发"意味着教师不再是被动地接受教材、执行教材,而是积极的开发者。教师摆脱了以往对教材的过分依赖和崇拜,教师要积极、自主、合理地选用和开发教学资源,以适合教学的实际性。

新课程的教材与过去的教材区别在于前者有了更多的弹性,有弹性的教学内容为教师的"二次开发"创设了空间,给教师施展专业知识和技能提供了机会,教材因此也具有促进教师专业发展的特质和潜能。通过"二次开发",教师不仅要了解"做什么""怎么做",而且也要知道"为什么这样做"。教师通过教材的"二次开发"过程,增强了课程意识,为了应对不同的教学情景,教师自己的专业知识和技能也得到了发展。

由此,教材二次开发让教师对教材的运用从经验的、直觉的过程上升到理性的、自觉的过程,教师走在了专业发展的路上。

(戴建琴)

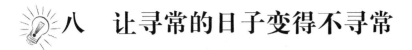八 让寻常的日子变得不寻常

同样的材料,经过不同厨师的烹调,就有了不同的味道,或酸,或甜,或辣。同样的生活,在不同人的世界里,有着不同的滋味,或沉重,或严谨,或浪漫。

校园里的那点事情,对每个师生来说都是大同小异的。上课、下课、作业、活动等,可以说是日复一日,年复一年。但是,在不同的校园里,在不同教师的课堂上,生活的色彩却是不相同的。

每位教师都希望自己的日子是丰富的,色彩明丽的,是不寻常的。那么,就好好研究吧。研究教学的规律,研究学科课程的特点。我的世界,我做主。

73 唯美情境与启而不发

在一次听课活动中,一位教师用动听的音乐、动人的画面、生动的语言启发学生想象,并有感情地朗读课文。可是,学生启而不发,对如此唯美的情境无动于衷,这是为什么?

新课程特别凸显教学的情境性,良好的学习效果,光靠教师一个人口若悬河的讲授很难达到,这就需要创设一个情趣盎然、引人入胜的教学情境。有的教师能在课堂上一次又一次掀起高潮,而有的却自始至终难得有一个波澜。其实每个教师都想让课堂进入特定的教学

情境,只是前者善于一石激起千层浪,而后者却是唱了独角戏。为什么上述那位教师在创设情境中花费了不少心思,但是课堂上却遭遇学生不买账的尴尬境遇?其实我们很多教师也同样碰到过这样的情形,我想主要的原因有以下几个方面:

情境的创设脱离学生的经验。

情境的创设只有与学生的实际生活紧密联系,在学生鲜活的生活环境中发现、挖掘学习情境的资源,才能帮助学生激发学习的兴趣,切实理解知识的价值,这样的情境才是有价值的。而上述那位教师虽然运用了动听的音乐、动人的画面和生动的语言,但是这些在成人眼中看起来形象生动的手段如果脱离了学生的认知经验和生活经验,不能帮助学生将课堂与生活联系起来,只是一种为情境而情境的形式,学生当然是启而不发、无动于衷了。

情境的创设缺乏真情实感。

第斯多惠说过:"教学的艺术不在于传授的本领,而在于激励、唤醒、鼓舞。"赞科夫也强调指出:"教学法一旦能触及学生的情绪和意志领域,触及学生的精神需要,这种教学法就能发挥高度有效的作用。"因此,教学情境必然应该具有激发学生学习动力的功效。而产生这种功效的前提之一就是情境中蕴含的真情实感。这种内含的真实的情感才能引发学生的兴趣和情感共鸣,产生学习的主动性。

情境的创设背离教学内容和教学目标。

在教学中创设一定的情境只是一种教学形式和手段,其目的是为教学内容服务的。所以,教学情境的创设必须紧扣教学内容、围绕教学目标进行,使其具有深刻的内涵,达到形式与内容的统一,才能让学生在其中有所领悟。否则情境的创设就会失去其核心和灵魂而显得苍白无力,课堂也随之沦为为活动而活动,流于形式,学生则被引向歧途,又如何实现启而有发呢?

总之,教学情境的创设一定要把目光转向学生,教师不能在课堂上唱独角戏,陶然自乐,一定要注意到我们的教学对象和教学效益,做到境中有人、境中有情,把握创设教学情境的"度",让情境真正成为语文教学中一道亮丽的风景。

(黄妹芳)

74 当学生在课上捣乱时

"上课时,总有个别学生注意力不集中,或者故意捣乱。停下来,教育他,一节课就这样浪费了;不停下来,当他不存在,他就变本加厉,甚至有更多的学生跟着捣乱。遇到这样的事情,我该如何处理?"

课堂教学,作为一个复杂多变的动态系统,教师面对的是活生生的、具有鲜活生命的教育个体,教育情境不断变化,因而课堂教学具有不可预测性及不确定性,课堂中常出现"意外事件",使教师不断面临挑战,上述问题中提到的学生的不良行为就是其中之一。遇到这样的问题,我们该如何处理呢?

偶发事件,及时干预。

如果这样的事件是偶发事件,为了避免课堂教学中断,同时也为了避免课堂秩序混乱,教师应该根据当时的情况和学生的具体情况采取不同的干预手段,以稳定教学秩序,让课堂教学得以顺利进行。主要方法如下:

(1)暗示法。对于一些自尊心较强,行为习惯还不是太差,又喜欢得到大家尤其是教师关注的孩子,教师可以采用暗示的方法,提醒学生遵守课堂纪律,专心听讲。比如用眼神注视的方法,或者教师授课的声音暂停,还可以提出一个问题让捣乱的学生回答,再或者用一语双关的话语进行提示等。如果是低年级学生,处理起来就相对简单一点,可以采用对全班同学或者同桌,也或者某个同学进行表扬奖励的手段,激发这个学生认真听讲的愿望。也可以在大家不注意的情况下悄悄地走过去,摸摸孩子的头,或者纠正孩子的坐姿等。

（2）明示法。对暗示法无动于衷的孩子,教师可以采用直接提醒的方法,但是教师的言辞要注意分寸,始终要在尊重学生、保护学生的自尊心的基础上进行提示。比如:某某同学,你可以让老师先说完,你再说吗? 某某同学,我估计你已经听懂了,那说明你很聪明,老师很欣赏你。如果你给机会让大家也听明白,我们会更欣赏你。

常态事件,寻根究底。

如果捣乱或者注意力不集中的事件是经常发生的,那教师必须要找到出现这样的情况的根源所在,对症下药。

（1）分析原因。课堂上出现这样的学生,原因很复杂,不能一概而论、简单处理。个别学生注意力不集中有多种原因,有生理上的原因,也有心理上的原因。由于生理的原因,比如孩子由于缺微量元素导致注意力不集中,或者由于多动症的原因导致上课好动。如果是出于生理上的原因,那就需要进行医疗上的干预。这种情况比较少见,大部分上课不专心或者捣乱的孩子都是来自于心理上的原因,也或者是从小没有养成好习惯。如果是心理上的,那么处理的方式是首先要了解原因。大致有以下几种:第一,对学习不感兴趣,觉得学习没有让他有快乐的体验。第二,用异样的举动希望引起老师和同学的注意,达到被关注的目的。第三,没有规则意识,散漫惯了,从小没有养成良好的习惯,缺乏自制力。第四,由于家庭的变故,孩子无心学习。

（2）对症下药。针对以上四种原因,教师可以采用以下措施:对学习不感兴趣的学生,教师要采用多种方法,帮助学生体验到学习的乐趣,享受到成功的快乐。比如孩子因为接受能力差或者基础薄弱,学习上总是遇到挫折,以至于对这门功课丧失了信心,觉得认真听也没用。像这样的孩子,教师就要因材施教,比如作业要个性化,少一点,要求低一点;让成绩好的同学在学习上轮流帮助他,让他每天都进步一点点;上课多关注他,优先提问或者批阅作业等。在学习上尝到成功的甜头,他自然就会对学习感兴趣了,上课也就不会捣乱、走神了。

对于企图用捣乱的方式希望引起老师、同学关注的孩子,教师则要在平时的学校生活中关注他,看他是否有人际交往方面的障碍,在同学中是否有存在感不强的现象。如果有人际交往的障碍,那么教师一方面要进行有针对性的辅导,增强孩子的交往能力;另一方面,教师可以通过多关注的方式,加强孩子在班级中的存在感。比如经常提问,让孩子发本子,发现进步及时表扬等等。当大家的目光经常关注他之后,上课时他自然就不会再捣乱。

对于缺乏规则意识的孩子,教师则要采用循序渐进的方式,加以有效引导。比如老师可以和孩子悄悄地约定:上课如果坐端正,专心听讲十分钟,老师就奖励他一朵小红花(高年级的孩子奖励的方式可以另选)。如果孩子能做到,那么就把时间逐渐延长,直到孩子能完全纠正过来。

对于因家庭变故而无心学习的孩子,教师最好联系家长,晓以利弊,通过家校合力给孩子以心灵的温暖,来转变孩子的学习态度。

当然,出现上课不专心或者故意捣乱的学生的原因肯定不止以上四种,采用的措施肯定也不仅仅只有四种,教师要通过反复观察,深入了解,机智灵活地采用不同的措施,让课堂上的尴尬课外解决。

(黄妹芳)

75 应该调整教学活动吗

"创设活动情境后,班级学生的反应不一,有的学生表现为态度积极,掌握扎实;有的学生表现为茫然无知;也有的学生表现为似懂非懂,一知半解。这个时候,教师需要调整教学活动吗?"

这个问题,我们先不着急回答。

我们先来问问自己的内心。答案,来自于内心,往往更贴近

真实。

初一，数学课上，我低头自己找着乐子玩。正开心时，冷不丁听到老师喊我回答问题。万幸，虽然开小差，但我还是听到了问题；虽然没认真听讲，但这个问题还是比较容易打发。顺利过关后的我，没胆子继续开小差，就只好端坐着神游。一节课，实在难熬。因为，老师讲的实在比较简单！

本科进修时，最头疼的是英语课。只读了初中三年英语的人，怎么能听懂本科的英语课程内容？就连老师讲到哪里，我都找不到。我恨不得老师每句英语都用中文翻译一遍。每次下决心认真听讲，可又每次坚持不了十分钟。那种有心无力的感觉，至今难忘。

讲述这些经历，是因为我在尝试着从一个学生的需要去思考问题。那节难熬的数学课上，如果老师出几道有意思的题，也许我的眼睛就发亮了。那一堂堂令人挫败的英语课上，如果老师放慢点节奏，在可能的范围内能让我这个后进生体验到一点学习的成就感，也许我就萌生出对英语学习的热情。我所举的案例都比较特殊，但只要你用心观察，在我们的每节课上，都有可能发现这样的现象。班级授课制下，学生习惯着在课堂上的听得懂、听不懂或者似懂非懂。习惯，并不代表着他们没有需要。他们需要感到无聊时，来一点有难度的内容进行挑战；他们需要在困难时，老师能发现他们的无助。所以，当班级学生的反应不一时，教师应该要调整教学活动。

在调整教学活动前，我们先要准确判断。

学生反应不一，是由多种原因导致的，最主要的是三种。

第一种，活动内容本身的问题。一位青年教师上二年级语文课《青蛙看海》，让每组同桌分角色表演青蛙在松鼠鼓励下一步步跳台阶的场景。一部分学生很兴奋，在教室里跳啊跳，边跳，边笑，边闹；一部分学生却趴在桌上，没劲。为什么？教师所创设的活动情境，没有语文学习内容的支撑。青蛙在一级一级跳时的感受是怎样的，学生没有体验。于是,一个精心预设的教学活动就流于非语文的学习活动。自然,这样的活动是不足以吸引学生的学习兴趣的。

第二种,内容难度的问题。内容简单,可以顾及学习后进的学生,使他们也能参与到学习活动中,但其他的学生可能就处于无聊状态;内容难度大,部分学生非常积极,反应迅速,但大部分学生却处于木愣状态,因为他们跟不上节奏。

第三种,活动组织的问题。阅读交流课上,一位老师组织学生围绕沈石溪的作品《保姆蟒》中的动物形象进行讨论。讨论过后,各小组进行汇报。2组学生能围绕一个核心形象发表自己的看法,6组学生只能做有点概括性的评价。为什么会有这样的结果?通过课堂镜头回放,我们发现,这6组同学的讨论从头至尾,存在着以下几个问题:没有核心成员的组织,导致你说我说没有效率;没有记录员,小组成员讨论的内容说过之后,没有留下痕迹;没有总结,导致汇报的内容只是组员个人的感受,不代表整个小组的讨论成果。

所以,当学生反应不一时,作为教师,我们先要准确判断,这是什么原因引起的。找对原因,才能对症下药。如果是活动内容本身出问题了,就需要教师重新解读教材,从学科的角度,反思教学内容;如果是内容难度的问题,建议活动与活动之间设计为阶梯状,让学生感受到登山的感觉,也让不同的学生找寻到属于自己的学习成就感;如果是活动组织的问题,需要教师在组织活动前精心设计,活动时细心观察,及时发现,及时调整。

其实,任何调控的办法,都可以归结为一点:学生是不是都喜欢你的课?学生是否在你的课上能有所收获?

(沈玉芬)

76 学生为何和你疏远

学校是学生生活的第二个家庭,教师扮演着父母的角色,在孩子们的眼里,教师具有无可怀疑的威信,教师对每一个现象的态度和言行,都通过这样或那样的方式,对学生的各个方面产生影响。在这种润物细无声的感化下,学生的思想、行为、看待事物的态度等都或多或少受其影响。所以教师要充分地尊重每一个学生,平等地对待每一个学生,学生才会"亲其师,信其道",对老师既尊敬又爱戴。相反,如果教师对学生缺乏感情,态度冷淡,甚至随意损害学生的自尊心和自信心,就会引起学生内心的厌恶和反感,还可能形成"逆反心理"。一旦学生对教师的教育抱敌对情绪,就意味着教育活动的失败。遇到上述问题,我觉得教师要做到以下几点:

控制自己的情绪。

教师在处理事情时首先要控制好自己的情绪,因为一个人只有处在良好的情绪中,才能保持头脑的清醒和理智,才能有效地采取正确的方法,处理事情才能客观公正。作为知识传授者的教师,在学生心目中更是有着举足轻重的地位,一般来说,家长的话可以不听,老师的话一定要听。而被自己尊敬的人教育,学生的心灵和情感更能受到触动。如果教师为了自己的面子,心情骤然发生变化,使自己处于恼羞成怒的状态中,那么对学生所说的话和所做的事情的处理态度必然会有失偏颇,学生的心灵和情感必然会遭受到更大的打击,从而影响师生关系。因此,教师需要学会控制自己的情绪,尤其是在遇到不良事件时,更应理性克制,始终保持师者风范,让学生无论在什么样的情况下都感受到教师对学生的关心和爱护。

艺术地进行批评。

如果已经因为自己的冲动,对学生进行了不恰当的批评,造成了

师生间的隔阂,那么教师应当立即反思,自己在批评教育学生的过程中哪些地方是不恰当的,事后及时弥补。具体措施为:

私下找学生谈心,真诚地承认自己在教育过程中不理性的地方,获得学生的谅解。同时与学生沟通,让学生自己发现自己也存在问题,并能及时改正。

在全班同学面前进行一次讨论:针对批评事件,让学生畅所欲言,说出自己的真实想法,既要指出学生所犯的错,也要指出老师的不足之处,最后还得针对课堂上出现类似状况的处理方法提出一些建设性的意见。通过民主、平等的沟通方式,学生对老师的态度肯定会有所转变,同时对同学的错误举动也能深刻认识,在理解老师、发现同学的问题的同时,必然会观照到自己的言行。不仅让师生间的隔阂不复存在,更重要的是通过敞开心扉的讨论,让全班同学都得到了自我教育。

（黄妹芳）

77 物质奖励合适吗

有的教师用物质奖励的方式,通过积分、换购等激发学生学习的积极性。学生学习积极性是提高了,但是一味地用物质来诱惑,对学生学习的自觉性、主动性是否会有不利的影响?

没有惩罚的教育是不完整的,但是奖励的教育作用远远胜过惩罚,我们需要激励为主的教育。只要我们真诚地鼓励学生,赞扬他某方面有潜力可挖,未必真的动手去"挖掘",那个学生却能自然而然地显现他的潜力;只要我们由衷地赞扬学生,表示很欣赏他的某一点才华,未必真的一味地关注他,那个学生却在那方面冒得更加尖了;只要我们诚挚地劝勉学生,说他一定能克服改掉某个缺点,未必真的日日督促他,他却能表现出不竭的努力……这,就是奖励的力量!每一位小学生都渴望得到老师的奖励。奖励,对他们幼小的心灵有一股神秘的力量,如同黑夜中的烛光、沙漠中的清泉、航海中的灯塔,往往能"四两拨千斤"。

物质奖励和精神奖励没有优劣之分。

"奖励"一词在《现代汉语词典》里是这样解释的:给予荣誉或财物来鼓励。不难看出,奖励的方式既有精神奖励,又有物质奖励。物质奖励和精神奖励,本来就是一对孪生姐妹,很难简单区分它们的优劣。无论是物质奖励还是精神奖励,它们各自对学生成长的激励作用,都有积极的一面,也都有消极的一面,都如同一枚硬币同时具有正反两个面。从这个角度上看,无论物质奖励还是精神奖励,作为激励学生主动成长为目的的教育教学手段,是没有优劣之分的。要充分发挥奖励的积极作用,减少奖励的负面作用,关键的问题是如何正确地使用这两种奖励的方式。如果是一味使用物质奖励或者精神奖励,都是一种短期的行为,收获的效果必然是短期的。事实上,这两种奖励方式在我们教育教学实践中是相辅相成、形影不离并彼此交融的。

物质奖励的作用对小学生来说似乎更加直接。

理论上,奖励形式应该以精神奖励为主,物质奖励为辅。但是在具体实践中,尤其是小学教育教学中,物质奖励的见效比精神奖励来得快。我读小学五年级的时候,数学老师姓周。周老师为了让我参加乡里的数学竞赛,给我一本《应用题 1000 题解》,向我许下一个承诺:"你每做完 200 个题目,我就奖你一样好吃的。什么好吃的——现在保密。"当时的农村,孩子们除了一日三餐饭之外,要是能吃上一粒大白兔奶糖,简直就是过年了。当我做完第一个"200"题,周老师果真给了我奖励——一颗大白兔奶糖。从未体验过的奶香味使我解题的动力一发不可收,每天晚上在洋油灯下埋头演算,睡觉前不是清点做了多少,而是清数离"200"题还有多远,躺在床上想象着周老师会奖我什么好吃的。就这样,我陆续吃到了鸡蛋、肉馒头、咸鸭蛋,还有那根昂贵的奶油棒冰。现在回想起来,那时的我多么像海洋世界里表演的海豚一样,做完一个动作,就张嘴得到几条小鱼。回想起来,时常让我忍俊不禁。就在这样的物质奖励下,我对数学产生了浓厚的兴趣,以至于现在自己的孩子遇到难解的数学题,我都会乐此不疲地给他"露一手",甚至刻意显摆"一题多解"。孩子佩服的目光就如同当年的奶糖、肉馒头、咸鸭蛋和奶油棒冰一样,给我满足感。当然,面对我们现在的孩子,一颗奶糖、一个鸡蛋已经没有吸引力了。所以,我们很多老师创造很多新的花样,采用积分(发行班币等)、换购等新型的物质奖励方式,将学习转化成一场真实的激励游戏,有效地激发了现代孩子的学习积极性。这是一种智慧的创造,是一种伟大的进步。

物质奖励和精神奖励是可以相互转化的。

有人担心,一味地用物质来诱惑,对学生学习的自觉性、主动性会产生负面影响。这种担心,不无道理。要使这种担心不变为现实,关键是不要简单"一味"地使用物质奖励,而要将物质奖励的力量智慧地转化成精神成长的能量。事实上物质奖励和精神奖励是可以互相转化的。当年,周老师使用的是物质奖励,也许他自己现在还没有明白,他的做法在我身上产生的恰恰是受用终身的精神力量。现在,我教中高年级语文,为了孩子喜欢上作文,也在和孩子玩积分换购的好把戏,玩得不亦乐乎。如果要最大限度地避免物质奖励的负面影响,最大限度地彰显物质奖励过程中精神激励的力量,那么关键的秘密是你的奖品是什么? 如何奖给学生? 如果靠教师不断地提高奖品的商品价值来吸引学生,那么只有两重结果:一种是教师"倾家荡产",学生"贪得无厌";另一种是教师无力兑现,学生不再信任。我在保证积分过程中的公正、公平和公开的基础上,努力在物质"奖品"的精神化开发上,努力弱化奖品的物质刺激,最大限度地实现向精神激励的转化。比如,同样奖一粒糖,吃不到的学生可能会用"回家我叫爸爸买德芙巧克力"来自我安慰,或者受奖励的学生本来就不喜欢吃这类糖等等,使得奖励的效果适得其反。那么,如何让它精神化增值呢? 我们允许得奖的学生在课上吃,一边吃糖一边听课,告诉他们只有付出努力才能获得这样的特殊待遇,这是一种荣誉。这样,即使不喜欢吃的同学也会津津有味地吃起来,在他的嘴里已经不再是糖的甜味,更多的是精神的满足感。吃不到葡萄说葡萄酸的学生,一定感受到了这种莫大的荣誉是父母无论如何也给不了的。

最后,我想起心理学家杰丝·雷耳在《孩子,我并不完美,我只是真实的我》这本书里评论说:"奖励对温暖人类的灵魂而言,就像阳光一样,没有它,我们就无法生长开花。"我们不用担心物质奖励的负面影响,要担心的是我们能否合理地,甚至艺术化地使用好物质奖励这门学问。

(徐国荣)

78 如何组织探究式活动

"探究式活动中,充分发挥学生的主体性,安排动手、探讨、实验等开放式的活动,很容易'放得开、收不回',课堂的组织会有一定困难。怎样才能让学生活动既有趣味性,又活而不乱?"

在新课改中,很多教师为了贯彻落实新课程理念,都在不断摸索、构建、完善自己的自主高效课堂模式,使课堂充满生机活力。很多课堂看起来很活跃,但实际却"乱"了:学生一开始自主探究活动,整个班级马上呈现一种闹哄哄的场面,你呼我应、随意交流的;趁机玩玩闹闹,不专心活动的;你争我抢,小组毫无秩序的;不会探究,无从下手的⋯⋯怎样才能形成互动有序、收放自如、活而不乱的课堂教学新秩序?

既备教材,又备学生是课堂"活而不乱"的前提。

现在我们强调学生自主合作探究,教师在课前就很难预测教学的某个环节到底花多少时间才合适,而且即使有一个大致的设计,到了实际上课时,又会出现不少意想不到的环节和变化。特别是当学生在课堂上提出教师事先没有想到的问题时,教师就容易乱阵脚,乱课现象自然不可避免。因此,课前备课就不能像讲解式教学那样规定得那么具体、那么死,应留有余地,备课形式应该是丰富多彩、灵活多样的,要因课程内容的不同而异。如活动类课程,应以场所、器材、教具及活动的组织安排等作为备课重点,如此,不会出现上课了还要为找场所而闹哄哄;而科学类的实验课应着重花工夫做好实验的物质准备、分组安排等,避免课上出现"学生要、教师无""学生哄抢,小组争吵""我要和你一组,你却要和他一组"诸如此类乱糟糟的各式情况,而浪费宝贵时间;涉及科学知识的探究类活动,教师的备课意识要强,既要研读教材,还要拓展相关知识,如此才能在学生遇到困难的时候,把握好指导的时机,及时地科学地引导。教师还要结合班级学生实际,制订出切实可行的教学方案。有些活动,要根据学生情况在课前布置具有针对性的、活动性的实践作业。这样,课堂学习才能有的放矢,学生有了前期的经验准备,开展活动时也不会无从下手,避免了教和学脱节现象的产生。例如三年级数学课"千克与克"这一单元,在学习之前,就非常有必要让学生在家里、超市观察并记录不同日用品的重量,用拎一拎、掂一掂的方式感受不同物体的重量。

教师既要敢于放手,又要放得有规则。

一方面,教师要相信学生,敢于放手,放得有效。课堂上教师要为学生创设问题情境,激情导入,放开让各小组展开讨论,自主提出探究的问题、大胆做出猜想与假设、制订实验方案;放开让各小组进行观察实验、收集整理信息、归纳总结得出结论、充分表达与交流自己的发现。

另一方面,教师要科学组织,巧于放手,放得要有规则。课堂上应有规则的约束,而不是教师的约束。教师可以发动全班同学讨论并共同制订规则,然后将规则付诸实施,不断地对学生进行强化,直到规则内化为学生的习惯。如综合实践活动课上,关于小组讨论,我就和学生在共同商量的基础上提出了以下三条规则:(1)倾听:按序发言,尊重他人,善于提炼。(2)表达:声音响亮,有理有据,落落大方。(3)评价:客观公正,先说优点,再找不足,能提建议。

另外,教师要根据学情及时地收。该收的时候一定要收,放得过度不仅会浪费时间,使得教学任务完不成,还会使学生无事可做而致乱。这里的收不是控制,而是点拨,教师通过"收"帮助学生得到进一步的价值提升。当每个小组都制订出自己的实验方案、活动计划时,教师就要及时收,引领各组交流自己的方案、计划,使之更加完善,保障活动结果可信可靠;当小组探究实验完成之后,也要适时地收,教师要引领学生展示交流自己的发现,引领小组之间相互质疑、相互补充,使学生在思维碰撞中不断完善,得出科学的结论;当学生学会了书本知识后,教师还要及时根据相关内容引领学生,通过拓展与延伸,把书本的死知识变成在实际生活中能够灵活运用的活知识。

师生间建立信号联系,让学生多感官参与活动。

在平时的教育活动中,师生之间要建立一定的信号联系,形成习惯。比如,教师的手放平就表示请大家安静坐端正,教师双手摆在胸前就表示请大家站到前面来,教师拍拍手表示有话要说。

除了建立这样的信号联系,教师还可以让学生多感官参与到活动中来。多感官的参与,可以有效地遏止"嘴"的功能,少说才能专心做。比如科学课上,学生进行摩擦实验后,教师想知道各组实验的总次数和成功次数,不需要每个组员一一汇报,可以让学生伸出手指,左手手指代表实验总次数,右手伸出的手指数表示成功的实验次数。如此,教师看得一目了然,学生也可以互相观看,直观地看到全班同学的实验情况。既节省时间,又避免学生闹哄哄地一起回答。再如语文课上,要学生找出课文中的中心句,可以要求学生左手指着文中相应内容,同时举右手表示想回答问题。此刻,教师一眼望下去就能知道学生找的句子对不对,避免出现一个学生回答正确后,其他同学滥竽充数,不利于教师掌握全班学生的理解情况。

叶澜教授说得好:"评价课堂教学乱不乱,要看学生的注意力。如果学生把注意力集中在学习上,形散神不散,这样的课堂教学就不叫乱;如果学生没把注意力集中在学习上,形散神又散,这样的课堂就叫乱。"的确,处理好收和放的关系,才能让探究课堂活而不乱!

(周菊芬)

79 如何组织小组讨论活动

几个学生围坐在一起,简简单单地把座位拼一拼,看似就是小组讨论。其实不然,里面讲究的东西可多了。如何分组? 如何分工? 评价是关注整个小组,还是应该关注每一个组员? 小组活动的成效如何反馈? 诸如此类,许多问题,都值得我们在组织小组活动时加以关注。

科学组队,明确组员的不同定位。

据权威人士对比实验,小组有效活动的最佳人数在4～6人之间。因此,组建的小组人数不宜过多也不宜过少。语数英等在普通教室内学习的,一般前后座四位同学组队,既方便又比较科学。音体美、综合等在专用教室或课外学习的课程,组队一般以 6 人为宜,这样整个班级的小组数量不会太多,便于交流。

组员的人数确定,这是最容易操控的。难的是,如何合理搭配组员,使每个小组的"配置"最优化。如果把优秀的学生全部放在一个组,那别的组肯定相对就弱势了;如果把 6 个都不善于表达的学生放在一起,那汇报的时候就会暴露缺点。一般来说,教师可以本着组内异质、组间同质的原则,根据能力、性别、兴趣等精心搭配组成合作学习小组。

教师要精心挑选并培训称职的组长,同时进行合理的分工,让每一位组员都担任一种角色,如组织者、交流者、检查者、记录者等,这样的分工还必须定期轮换,否则容易养成思维定式,不利于每一位学生的成长。对组长和担任各种岗位的组员,教师也要开展专门的培训,培训可以分为集中和分散两种形式。比如对于组长的培训,可以在期初第一次合作学习的活动中,采取集体培训的方式,详细讲解小组长的行为条件,特别要明确小组长的具体职能,培养责任感,树立小组长的自信心。可以在音乐中,颁发代表组长的标志,以期在一种隆重的氛围中强化组长对职责的重视,在工作中发挥榜样作用。如果小组内有矛盾,尽量在内部解决,解决不了的,再与老师协商解决办法。一个小组就是一个家庭,组长就是家长。无论大事小情,都要操心费力;不管是学习还是生活,都得带领同学一起进退,要形成凝聚力。对于组内不同岗位组员的培训,一般采取分散帮扶的方式,在具体的小组学习中,教师根据各个学习环节深入各小组帮助引导不同职责的组员有效地组织本小组的学习活动。

科学评价,立体多元地关注小组活动。

小组合作学习,往往起先学生热情很高,后来慢慢情绪低落。运行中最怕的是出现"剃头挑子一头热"的现象。即教师满怀信心,学生无动于衷或一部分学生兴致勃勃,一部分学生漠然视之。所以,提高凝聚力,引进竞争机制是非常有必要的。合作学习策略应用之初,教师应注意激发所有学生合作学习的兴趣。根据心理学原理,一个心理健康的学生都有竞争心理。因而教师要以外部奖励为手段对学生的竞争意识加以诱导,采取以组间竞争促进组内合作的方式,来强化学生的集体观念,提高小组的凝聚力。随着合作学习策略的进一步运用,学生逐渐认识到合作的重要性,从活动中体会到互助带来的智力乐趣和同学间的友爱,对合作学习过程本身就会产生积极的态度,对合作学习产生强烈的愿望。教师评价时既要对集体的共同成果进行评定,也要对小组的合作水平进行认可。在小组合作的过程中,为了更大地发挥学生间合作的效能,可采用一系列竞争方法,如表扬激励法,小组得分制,评选最佳组长、最佳组员等,把小组合作中的成果具体量化,进行评比,给予公布。

如在综合实践活动《学做小圆子》中,学生搜集了做圆子的步骤方法后,尝试在课上小组合作做小圆子环节时,教师出示"温馨提示",从以下四个方面提出了评价方法:(1)速度:师评;(2)质量:组际互评;(3)卫生:小组自评;(4)合作:组内互评。这个小小的环节,运用到了师评、组际互评、小组自评、组内互评四种方式。速度由老师评,是因为老师来评判最合适,各组的速度一览无余。质量一关之所以让小组互评,一方面充分发挥学生参与评价的作用;另一方面开展相互评价,可以使小组之间相互激励、相互学习、相互提高。卫生状况,由各组学生自评,这种评价有利于培养学生自我效力感,提高自信心。这也是一种自我意识的培养。通过培养自我意识,提高学生元认知水平,使之学会学习、学会反思。小组合作能力的评价,通过组内互相评价的方式开展,以肯定在小组活动中愿意合作、善于合作的学生。四种不同形式的评价,目的在于发现小组活动中,学生不同层面的优势,从各个角度去发现不同学生存在的不同优势,促进学生的差异发展。

小学六年级语文课文《学会合作》中这样总结:"现代社会是一个充满竞争的社会,但同时也是一个更加需要合作的社会。"的确,要引导学生认识到学会合作的重要性,但更重要的是教会学生怎样合作。新课标提示我们在对学生合作的结果进行评价的同时,还要对学生在小组合作学习过程中的参与度、合作交流意识、行为习惯等进行评价。这就是"授人以鱼不如授人以渔"的内涵吧。

(周菊芬)

80 不擅长组织活动怎么办

学校策划活动,要综合考虑很多因素,或结合重大节日,或沿袭优秀的传统，或结合校园热点，或配合上级各种文件要求。这些活动内容，往往涉及方方面面，很多教师未必长袖善舞，不一定能驾轻就熟地驾驭每一个活动。

当活动内容并非自己擅长的时候，我们该怎么办呢？用怎样的心态积极面对？用怎样的方式来弥补自己的不足？

"身为老师，就是要一切知识懂一点，一点知识懂一切。"

就像这几年，社会公众对于医生有了新的要求，社会呼吁"全科医生"，要求医生的综合素质、各科医学能力要整体提升。其实对教师一贯是有这样的要求的，我们常说"给学生一滴水，自己要有一桶水"。2014 年，习近平总书记提出要做"四有教师"：有理想信念、有道德情操、有扎实知识、有仁爱之心。"有扎实知识"就是其中一条。的确，在学生眼里，教师如同远航人黑夜中的灯塔，夜行人眼里的路灯。扎实的知识功底、过硬的教学能力、科学的教学方法是对教师专业素养的基本要求，其中知识是根本基础。作为人师，教育教学是本职工作，也是同学生交流的主要途径。你的业务能力如何，直接关系到你的教育教学水平，也直接关系到你在学生心目中的威望。学生往往可以原谅教师严厉刻板，但不能原谅教师学识浅薄。"水之积也不厚，则其负大舟也无力。"知识储备不足、视野不够，教学中必然捉襟见肘，更谈不上游刃有余。陶行知先生说："出世便是破蒙，进棺材才算毕业。"这就要求教师始终处于学习状态，站在知识发展前沿，刻苦钻研、严谨笃学，不断充实、拓展、提高自己。前面提出的"教师要有一桶水"，这个要求其实已经不够了，应该是要有一潭水。

这一桶水、一潭水，怎么来？要端正态度，要不断充电，要与时俱进，不断提升自身的水平。作为新教师，自参加工作之日起，就要注意向优秀教师学习，有空就听他们的课，有难以解决的问题就向他们请教。有关教育教学活动，要争取一切机会前去学习，学习之余，感动之余，要静下心来反思、调整、改善自己的教育行为。平时，还要养成与书本交朋友的习惯，学习有关的教育理论、教学经验，并把它们努力运用到工作实践当中去，以此来提高自己的业务水平。

作为教师，只有不断充实新知识来开拓自己的视野，注重提升自己的知识和智慧的积累，不断增强解疑释惑的能力，如此才能担得起人类心灵工程师教书育人的神圣使命。

家长是孩子最好的榜样，家长亦是老师最好的伙伴。

家长对学生的影响毋庸置疑。优秀的家长，其良好的品行、学识、性格、待人处世的态度等都会对学生产生有益的影响。而庸俗的家长，其恶劣的品德、粗俗的言行、狭隘的处世态度等也会对学生产生不利的影响。因此，如何发挥好家长正面的影响力是十分重要的。对于家长资源的开发，近几年来，不管是学校，还是教育主管部门，都越来越重视。很多媒体都做了相关的家长资源开发的报道。的确，如果庞大的家长群的资源能得以充分开发，家长能成为孩子学习活动中亦师亦伴的角色，那么教师在组织、协调相关活动时，必然会因为得到许多强有力的专业助手而事半功倍。我们学校在家长资源的开发和利用方面，也作了很多尝试。比如在"会生活"这个德育主题系列活动中，四年级的主题是"废纸变形，创意无限"。活动首先结合综合实践活动课开展，教师要求学生回家和家长一起搜集各种各样的废纸、废盒，在家长的指导下开展各种变废为宝的创意设计与实践操作活动。活动前，需要有整体设计与规划的能力；活动中，需要用到挖、割、缝、切、绑、粘，甚至像焊接这样的专业技术。这些专业的本领，学生在小组活动中，充分发挥家长或亲友的强大资源，把亲朋好友请到小组担任课外指导员。如此，本次活动，教师主要的指导功能就体现在学生的分组、科学分工、过程评价等活动组织方面，而活动中的操作技能，通过发挥家长的作用，轻松完成了。为了让家长更好地体验和孩子一起成长的快乐，为了让更多的家长感受到"家长教师"的优点，我们在组织四年级家长会的时候，与"会生活"主题整合，请全体四年级家长到班，先与孩子一起现场完成一个"废纸变形"的设计，然后班内通过学生与家长的投票选出 5 件优秀作品,代表班级参加全年级的角逐。在此次活动中,家长们充分感受到了指导孩子的成就感;老师们也体会到,把家长变成"同事"是件一举多得的乐事。

同理,班级中的学生也各有特色,他们的特长也可以善加开发,成为活动中的小老师。社会上的各界人士,也可以根据学校、班级的需要,通过各种渠道充分挖掘社会教育资源,比如聘请名师、法律专家、致富能手、心育专家和社会知名人士等为班级学生作各种报告,内容涉及家庭教育、法律常识、成才道路、心理健康、创业历程等各个领域,全方位地对学生进行综合素质教育。开展一系列社会实践活动,给学生创造更多的机会认识社会、完善自我。比如参观附近的养殖场、大棚蔬菜基地、保鲜库,走访孤寡老人,搞社会调查活动等,使学生全面地认识社会,关心社会,形成正确的人生观和世界观。

教育资源在我们的学校处处存在,除却家长、学生,我们的门卫爷爷、食堂阿姨、园丁叔叔……他们都可以成为学生活动中最好的指导教师。作为教师,我们既要努力挖掘自身潜力,又要充分挖掘身边的教育资源,如此才能形成教育的合力!

(周菊芬)

九 激励的神奇魔力

我们可能看到过这样的现象:一个孩子的表演怎么都不能进入最佳状态,只好求助另一位指导老师。没过多久,这个孩子的眼神不一样了,表情不一样了,整个的样子都有了一种说不出的美。总之,这个孩子似乎经过了魔法师的点化。

靠什么点化?首要的肯定是激励。孩子在挫败、在无助的时候,重新建立信心,产生对做某件事情的向往,这是最为重要的。同时,任何一种评价都需在"要害处"。一点拨,孩子就能恍然大悟、心领神会。两者皆有,魔法就诞生了。

81 如何在表扬和批评间建立平衡

每个孩子的个性情况是不同的,每件事情的具体内容是不同的。作为评价的手段,表扬和批评是一把双刃剑,孩子需要多鼓励,帮助他树立前进的动力;但孩子也需要适当的批评,提醒他把握前进的方向。表扬和批评必须注意分寸,必须考虑孩子的不同个性,才能让评价发挥出最佳效果。

善用表扬,鼓励孩子发扬优点。

人人都喜欢听好话,对大人如此,对学生来说更是如此。研究表明,学生期待教师对自己做出的评价超越了父母的评价。孩子年龄小,不要以成人的眼光看待孩子的行为,他们做好一些简单的事已经很不容易了,应该及时给予表扬。为了让表扬更好地体现其价值,更

好地帮助学生成长,我们应注意以下几个问题:

(1)注意表扬时的用语。在新课程标准下,教师很注重对学生的激励性评价,许多亮相课上,左一个"你真棒",右一个"你真厉害"。回答出一个简单的问题,就大肆表扬,使表扬的价值得不到体现。真正的表扬应该是学生良好行为的强化物,而在教师滥用表扬之词时,学生只知道自己好,却说不清好在哪,更别提保持这种良好的行为了。如果说回答出一个轻而易举的问题就算好,那么别的同学一定会愤愤不平,这问题大家都能回答,凭什么只表扬他。如果教师能表达得更具体点,学生就容易找到别人的长处进行学习。比如:"你真大胆!""你回答得真完整!""你的声音真响亮!"这样的表扬方式就比"你真棒"更具体,更容易让人理解。

(2)表扬要体现个体差异。某位教育家曾言:既然到目前为止,我还没发现有一个孩子因为表扬过多而变坏的例子,就说明我们的表扬还不够。表扬不但可以使孩子树立自信心和责任心,而且能使孩子尽力将事情做得更好。为了使表扬更好地体现其价值,我们要细致观察和了解学生,发现学生身上不同的闪光点,再给予不同的表扬。

①对优生的表扬。"优生"当然应该是指品学兼优的学生,但在不少教师、家长眼中,所谓"优生"更多的是指学习成绩拔尖的学生。尤其是在现在的教育背景下,有的学生成绩优异,教师容易产生一种偏爱,这种对优生的偏爱会不知不觉地遮盖其缺点,使之滋长一种优越感和满足感,从小生活在受表扬、获荣誉、被羡慕的顺境之中,这些"优生"对挫折的心理承受能力会远不及一般的学生。所以教师应该把他们和一般的学生一样对待,不要刻意去夸大他们的优点进行表扬。

②对后进生的表扬。学习成绩差的学生是教师应格外关注的人群,教师要善于捕捉他们的闪光点,出现一丝一毫进步都应及时表扬,这样有利于树立他们的自信心。我班上有个学生学习习惯极其不好,作业马虎,经常有拖拉作业的现象,针对他的这一情况,我组织他和其他同学进行竞赛,看谁先完成作业,当他体验到胜利的喜悦时我及时

鼓励他:"好样的!你的进步很大!"从那以后每天回到家他都先做作业,他妈妈问他:"你最近怎么认真了?"他说:"老师表扬我学习好了!"从他母亲那了解到的这句话让我明白我的一句赞美之辞对这位学生来说是多么重要!是啊,在平常的课堂中,这些后进生的行为很少有令我们满意的时候,他们所面对的总是无休无止的埋怨、责备。表扬对他们来说是冬天里的那一缕阳光,给学生一缕阳光,他会带给你一个明媚的春天。

适用批评,规范孩子行为习惯。

如果说:表扬能激励学生,使学生更好地成长,那么批评同样能帮学生指出缺点和不足,让他们更好地发展。一提到批评,很多人都觉得这是件难堪的事,谁也不愿意自己受批评,被人批评总不是件开心和光彩的事情吧!特别是现在的学生,从小生活在受宠的环境中,在家中以小皇帝自居,受不得半点批评。批评过了点,伤其自尊心,不仅学生不满意,家长也要站出来说句话了。因此,作为教师,要时刻注意批评学生的方式、方法,讲究批评的艺术。批评用得不恰当,不仅得不到想要的结果,还会产生负面影响。

(1)批评要指向行为而不是人。教师不能因为学生的一次失误而对他加以人格判断。学生对自己的行为很难作出判断,大人都难免会犯错,何况孩子呢? 我们的批评是为了帮助学生纠正不良的行为,而不是对学生进行人身攻击、人格侮辱。

(2)批评不能一味指责。俗话说:"行船人爱舟跑得快。"教师当然希望自己所教的学生都能成才。但人存在着很大的个性差异,难免有一部分孩子不跟着老师的节奏走,经常跟老师唱反调,学习不好、不听话等诸多不良行为陆续涌出,有的教师脾气急躁,一看到学生不良行为,按捺不住心中的不快,对学生出言刻薄,三句不离骂字,给孩子造成紧张、恐惧的心理,导致孩子心理压力越来越大,还可能产生逆反心理。久而久之,学生就会对教师的这种态度习以为常,不加重视了。

因此,教师在批评学生时不要不着边际,应该给学生和自己都留个台阶下。

所以,批评学生时要坚持以说理贯穿整个过程,通过说理让学生意识到可能会产生的不良后果,通过说理向学生指出今后的奋斗目标和努力的方向。研究表明,批评与讲道理相结合,比单纯使用批评的效果好。

既然教师的言行、态度等都有可能对学生产生深远的影响,那么教师不仅要在自己讲授的课程中学识渊博、循循善诱,更要通过言传身教,通过榜样、无言的力量教给学生做人的道理。教师要以自己健康的价值观、高尚的道德情操和走在时代前列的学识来感化学生。让我们更好地审视自己的态度行为,从平时的细节做起,做一个对学生成长有帮助的教师。

(黄妹芳)

82 如何激发全体学生的积极性和参与度

很多学校组织的比赛类活动,到最后往往总是那么几个各方面优秀的学生代表班级参赛。到最后,很多学生就不再拥有参与的激情。

这种情况,其实在每所学校、每个班级都很客观地存在。很多学生在一次次被淘汰的过程中,慢慢丧失了自信。很多教师新接一个班的时候,也会尝试把机会给有不同潜力的同学,但是根据学生的不同表现,教师们会发现,把机会给最优秀的同学,获奖机会最大,需要教师指导的方面最少,"获奖专业户"需要教师操的心最少。久而久之,很多活动甚至不再进行班级选拔,直接指定参赛学生,台上参赛的永远是那几张熟悉的脸孔。

教师貌似轻松了,赛前指导少了,班级荣誉一点不少。然而这背后牺牲了多少孩子均衡发展的机会?

　　我曾组织全班学生一起分组进行研究性学习活动——不落的纸飞机。在分组选组长的时候,我采取"毛遂自荐"的方式。公布方式之前,我以为会有很多同学参与竞争,因为在之前的准备活动中,很多学生表现出色,对于飞机的控制都有自己的拿手绝活。没想到,最后举手的只有寥寥 5 位,细细一看,就是各科学习成绩优异、之前一直担任组长的。为何别的同学不毛遂自荐? 我很气馁,学生个体差异太大了。如果我只肯定毛遂自荐的同学,而忽略了其余同学,那么这"一把尺子"的评价,必定无法满足不同学生的发展需要。怎样让每位同学都能发展? 怎样让每位学生都能成为发光体? 我想,应该把视线真正投入到每位同学身上,把视线放在小组的可持续发展上。在后续的活动中,我尝试对学生进行长期的综合性评价,不是分离在一节节课堂上的,而是把每一次活动评比贯穿在一起,关注学生在活动中的成长性发展。《不落的纸飞机》历经一个多月的研究后,我把某个组每次活动的评价进行汇总。以下表格是第 1 小组的评价风云榜:

组员	资料搜集活动	资料展示活动	制作纸 飞机活动	操纵纸 飞机活动
组员 1		最佳 PPT 制作	最佳折纸员	最佳协调员
组员 2	最佳搜集员		最佳模仿员	最佳归纳员
组员 3		最佳介绍员		最佳模拟员
组员 4	最佳整理员	最佳幕后指导		
组员 5	最佳介绍员		最佳观察员	最佳操纵员

　　在此过程中,我努力寻找评价的三个视角的转变:

　　从某个人到每个人。那次失败的分组,让我得出一个惨痛的教训:有时,集体的存在往往是为了突出某个人,组员的风采、积极性很容易湮灭在集体中。教师的关注点从小组某个"特别出众"之人身上,转到了每一个组员,才能带动学生大胆尝试、发展自我。每个学生都是一个独特的个体,每个学生都有不同于其他学生的特点、习惯、兴趣、学习风格及家庭背景都有差异性。教师要发掘学生身上蕴藏着的潜能，珍视学生个体表现出的特点，从实际出发，因人而异，独具匠心，充满爱心，真正实现因材施教。

从某个点到每个点。综合实践主题活动无论是短线还是长线，都有无数个点值得关注。我们平时的综合实践活动指导中，关注更多的是：某一次小组交流，谁搜集的资料最详细；某一次书写日记，谁写得最生动；某一次成果展示，谁最落落大方。每一次活动应该关注的点很多，现实中教师关注的点很少。其实，学生的参与态度、能力水平、知识增长、体验感悟都可以是某个点上的评价内容。综合实践课程教师在学生综合实践活动中的指导性评价应该是全方位的，不仅要对学生综合实践活动的方案和过程进行指导，也要对实践活动的成果评价环节进行科学的指导，要从多个维度进行综合评价。

从单一性到综合性。新课程改革倡导建立促进学生发展的课程评价体系，体现了新课程改革"为了每位学生的发展"的基本精神。评价改革的基点之一是方便发现学生弱点、发现学生潜力，承认学生学习兴趣和能力的差异，承认学生认知方式的差异，建立纵向过程评价的新机制。学生评价应该是动态化的评价过程，在评价操作中，应该关注学生的各方面发展。整个长线活动中的每次评价，不应该是孤立的、互不关联的。把活动中每个点上的评价有机贯穿起来，形成对每一组、每一位学生全程的、综合的评价机制。

在《不落的纸飞机》下一个主题研究活动中，我再次让学生毛遂自荐。此次，再没有让我大失所望。因为所有学生看到评价汇总，都能很直观地看到自己与同学的潜力所在，自己并不比别人差。

此案例告诉我们，要激发全体学生的积极性，关注视角必须从点转向面。只有每一节课、每一次活动，教师都把关注的视角无限扩大，无论参加校级比赛的名额多么凤毛麟角，我自坚持认真宣传、认真选拔、认真评价。如此坚持，必能看到更多学生更多的潜能，必能激发更多的学生朝着自己感兴趣的方向不断努力。

又想起很多年前读的一本感动无数读者的《窗边的小豆豆》。这一本给世界带来巨大反响的书，让我爱不释手。第一次阅读的时候，我还只是一个师范生，还未踏上三尺讲台。到我真正成为一名教师，有了切身的教育实践后，才知道小林校长有多了不起。常常在忍不住对很多学生失望的时候，会想起——

当年，小豆豆有一件怎么也想不通的事，那就是腿很短，比自己跑得慢很多的高桥君为什么总能在学校的运动会上拿第一。后来她才知道，那是因为运动会的项目都是校长先生根据高桥君的身体条件设计的，以此来增加他的自信心。

为一个孩子设计一个运动项目，如此为他量体裁衣，那是初读再读再再读时，始终最打动我的情节。这样的一个老师，真正把目光关注到了每一个孩子，并且用最无痕、最艺术化的处理，给予一个残疾孩子最大的尊重与肯定。

小林校长默默告诉我们——除了在指定比赛中想办法提高参与度，还可以目的明确地仅仅为一个、两个孩子创设适合他们的比赛活动。

巴学园、小林校长，让全世界那么多的读者，那么多的孩子、家长与教师情不自禁地产生向往之情，因为它们代表的，是一种对人性的尊重与释放。让我们始终不忘阅读它之后的第一感受——为了每一位孩子的发展。

（周菊芬）

83 当榜样树立没有成效时

俗话说"群雁高飞，头雁领"。树立榜样这个做法是毋庸置疑的，这是班级管理中比较典型的、有效的做法之一。但是任何一种方法在实施的过程中，都要讲究策略，讲究循序渐进，讲究且行且思。

我们常常会听到一些教师抱怨：我认真向老教师学习，不管是物质奖励，还是精神奖励，我都照搬到班内；不管是活动准备，还是活动组织，我都努力模仿。为什么我的班级管理就是不到位呢？

这其中，最关键的就是，很多新教师没有把握到教育的本真。一切教育活动，都应该让学生在生动有趣的情境中潜移默化中内化，在活动中悄然成长，而不是简单地喊喊口号，把教育停留在表面功夫上。那么怎样让树立榜样这个方法产生切实的成效呢？我觉得可以从以下三个阶段尝试努力：

榜样的发现：交给雪亮的群众的眼睛。

把各种榜样事迹张贴在黑板报上，这只是树立榜样的一个最外显的表面功夫。学生对于这个榜样还是没有真正感觉、没有最大认同感的。榜样的确立不应该是教师简单地在班级里宣传一下，虽然很多教师眼里的榜样，确实是班级内某一方面数一数二的人物，尤其是学习成绩方面。但是其他方面，也许教师并没有每时每刻相处的同学那么了解。更何况，即使这榜样是教师与学生共同认同的，但改教师推荐为学生发现，这"寻找榜样"本身就是"观察、对比、思考"的过程，在这个过程中，学生会受到潜移默化的影响。

寻找的过程，教师也可以根据学生的年龄特点，采用不同的方法。比如中年级的孩子，可以先采取毛遂自荐，项目不限；然后竞争相同项目的，可以由学生投票产生前三名榜样。高年级，则可以让学生给自己发现的班级内的榜样写颁奖词，收到颁奖词最多的同学自然是当之无愧的"班级榜样"。通过这样时尚又能凸显榜样特点的活动,来增强学生当家做主的感觉,而且榜样是他们自己寻找到的,感情上更容易接受,更愿意向之学习,从而达到"寻找榜样"的真正目的。

榜样的宣传:榜样不是挂墙上装饰的。

榜样好比人生的坐标,事业成功的向导。它会给班级带来无尽的锐气、朝气,让班内形成良性竞争的氛围,可以为学生成长提供无穷无尽的力量源泉。那么在学生找寻到各方面的榜样后,如何维持他们的热情,让他们在一个阶段后,仍然热情不减呢?

不由想到娱乐圈的"炒作"。绯闻也好,喜讯也好,自黑也好,组团刷存在感也罢,明星们为了维持知晓率,可以说无所不用其极。虽然我鄙视他们的做法,但是却可以从中受到启发。班内的榜样,其实也是当之无愧的班级明星。让他们的感染力在班内经久不息,我们也需要帮他们适度"包装",加大宣传力度。这包装不等同于娱乐圈没有原则的炒作,而是可以采用学生感兴趣的、时尚的方式,增强他们的存在感。比如,班级榜样经过全班同学的观察、推荐、投票、选拔出来后,班内还可以模仿开展"班级榜样人物颁奖大典",通过隆重的仪式,大张旗鼓地宣传榜样,造成气氛,深入人心,在班级形成强有力的渲染氛围,把活动深深烙印在学生心上。

记住,榜样不是挂在墙上装饰的!榜样需要走进每一位学生的心中,如此,榜样的宣传才真正到位。

榜样的学习:需激发学生内在自觉性。

榜样是旗帜,是无声的召唤。它比有声的语言更有说服力、感染力。在班级里树立良好的榜样,不仅能影响学生的思想认识,更能引导他们去践行。

榜样的教育效果,不仅依赖于外部条件,也依赖于受教育者自身的内部条件。激发学生内在的学习动机,让他们自觉地向榜样看齐,是运用榜样教育最应该重视的问题。有的时候,班级树立了榜样,但是对部分学生成效不大,可能是因为这部分学生跟榜样的差距太大,榜样形象高不可攀,可望而不可及,让他们望而却步。

针对这种情况,教师可以采取"结对"活动,让学生挑选感觉经过努力可以追赶、超越的浅层次榜样。在追赶的过程中,观察学生的进步情况,提出具体可行的要求,使他们明确学什么和怎样学,增强学习的目的性和自觉性,让他们看到成功的可能。根据"最近发展区"原理,还要不断变化与之结对的榜样,促使他努力跳一跳,不断达到高一级的目标。

羊群走路靠头羊,树立一个"领头羊",并且让学生跟着他走,比用鞭子赶要有效得多。或许在这过程中,领头羊会不断受到挑战,能者胜之,让我们期待通过"榜样树立"活动,能树起更多的榜样!

(周菊芬)

84 如何辅导学困生

世界上没有完全相同的两片叶子,同样也没有完全相同的两个孩子。每个班内总会存在一些学习慢一拍的孩子,他们的成绩总是不尽如人意。作为教师,心里可以急,但是不能急在外显行动上。对这些孩子,有的时候需要"开小灶",但是要考虑学生的主观需要,要想办法让学生从内心发出强烈的需求。

多纵比,少横比——每天比自己进步一点点。

我们总是期望着每一个孩子都门门优秀,样样精通,却忽略了孩子作为一个独立个体存在的权利。总是对着成绩稍差的学生恨铁不成钢:"你怎么默个词语都会错这么多,同样一个老师教,怎么就不能像某某某同学那样,高标准完成学习任务呢?"

家长喜欢把自家孩子与"别人家的孩子"作比较,教师喜欢把班级里的学生互相作比较。把学生和其他学生比较叫"横比",而与学生自身比较叫"纵比"。

多元智能理论告诉我们,每一个孩子都有自己独特的潜能,传统上,学校一直只强调学生在数学和语文,主要是读和写两方面的发展。但这并不是人类智能的全部。不同的人会有不同的智能组合,例如:建筑师及雕塑家的空间感(空间智能)比较强、运动员和芭蕾舞演员的体力(肢体运作智能)较强、公关的人际智能较强、作家的内省智能较强等。学生的智能是多维的,我们不能只用一个"语数英"知识学习的维度来衡量他们。请记住,不要只与其他孩子横向比较,横比的结果会挫伤孩子的自尊心、自信心与上进心,使他们失去安全感。明智的教师应该努力发现学生的特长,对他们的每一点进步都及时表扬,强化其优点,淡化其缺点。

对于学习稍差的孩子,我们要努力让他们明白:每天让自己进步一点点。如果我们每天都能进步一点点,哪怕是1%的进步,那么还有什么能阻挡得了我们最终走向成功呢?以阅读为例,每天坚持读三十分钟的课外书,哪怕每天读十分钟,一个月、一年、六年下来,阅读量必定惊人。1985年美国职业篮球联赛,洛杉矶湖人队在决赛中意外输了。教练派特·雷利告诉所有队员:"从今天起,我们可不可以罚球每天进步一点点,传球进步一点点……"终于在1986年的职业篮球赛中,湖人队不负众望,轻而易举地夺得了冠军。

每天进步一点,每天和自己相比,这必能减轻孩子的压力。让学生知道只要我坚持,只要我努力,自我成长的目标是能一个个突破的,阶梯是能一个个上的。变"老师逼他们要"为"学生自己要"。

跟随孩子的节奏——放慢步伐,放低要求。

小时候,听老师讲《拔苗助长》的故事,全班同学笑得乐不可支,觉得那位农夫真是愚不可及。然而没有想到,长大做教师后,不知不觉间,我们经常在做"拔苗助长"的农夫。期待每一个学生能同步达到统一的高度,期待每一个学生能全面地优异地发展。

有一则很简单的故事——《牵一只蜗牛去散步》。上帝给我一个任务,叫我牵一只蜗牛去散步。我想走快点,可蜗牛虽然很用力,每次却只能前进一点点。我催它,唬它,责备它,蜗牛用抱歉的眼光看着我,仿佛在说:"人家已经尽了全力!"我拉它,扯它,甚至踢它,蜗牛受了伤,它流着汗,喘着气,往前爬……真奇怪,为什么上帝要我牵一只蜗牛去散步?"上帝啊!为什么?"天上一片安静。"唉!也许上帝去抓蜗牛了!"好吧!松手吧!反正上帝不管了,我还管什么?任蜗牛往前爬,我只在后面生闷气。咦?我闻到花香,原来这边有个花园。我感到微风轻轻吹来,原来夜里的风这么温柔。慢着!我听到鸟声,还有虫鸣,我看到了满天的星斗多亮丽。咦?以前怎么没有这些体会?我忽然想起来,莫非是我弄错了!上帝是叫蜗牛牵我去散步?

　　听了这个故事,大家会想到什么呢?你是否想到班级里也有不少像蜗牛一样的孩子?他们很努力地在前进,你是不是总觉得他们速度太慢?总希望通过自己的努力,让他们爬得快一点。然而现实总是那么骨感,我们的付出并不一定能够取得想要的结果。那是因为我们总喜欢把自己的意愿强加给孩子,给孩子的身心造成巨大的压力。在孩子成长过程中,按照孩子的节奏,引导他去发现快乐的鸣禽,去感受微风的吹拂,去仰望浩瀚的星空……老师必须转变观念,适当放慢速度,放低要求,从心底里说一句:"孩子,你慢慢来。"

　　教育需要慢艺术。教师不能急于求成,不能拔苗助长,要努力创造一个可以让学生从容地从"量变"到"质变"的环境,让每个学生可以按照自己的速度、自己的节奏获得实实在在的发展。

　　创设合适的机会——让成功属于每一位学生。

　　同一个班级里,孩子各方面的发展水平往往存在较大差异。为了让他们都能在原有基础上获得成功与满足,教师要创设各种合适的机会,让每一个孩子都体会到成功的快乐。

　　我们学校四年级每个班,都参加农耕园的种植活动,每个班级都有一小块承包的土地。在冬至前,我们挖好小坑,把一粒粒豆子埋在了土里,再轻轻地用土覆盖其上。两个多星期,豆苗大部分悄悄地发芽了,只有靠墙的那个角落毫无动静。我让学生课后去探究原因。学生通过采访科学老师,查找资料,发现墙角过于阴凉,照不到太阳。他们提出把土挖开,如果豆子没有腐烂,就往边上移动。当学生轻轻把小小的土块挖开时,发现豆子发出一个细小得很容易忽略的芽了。如果再晚点,说不定这豆子就永远长不大了!这一发现让孩子们惊喜异常,他们小心地把豆芽移到太阳晒得到的地方,精心观察,科学照料。到第二年春天,我们收获了一大箩筐的豆子,而那一坑移过的豆苗因为受到同学们的特别照顾,居然比别的长势更好,结的豆子更饱满。

这个过程中,他们都很努力地完成自己的任务,不同的孩子表现各不相同。有的孩子性子急,就每天负责观察任务;有的动作慢,除草的时候,不会因为慌手慌脚伤了豆苗;有的学生动手能力强,改装了矿泉水瓶,每天给豆苗浇水……所有同学科学分工:浇水、施肥、捉虫、除草,每项任务每天都有人专门负责。他们在不同的岗位上,都获得了成功的喜悦。当香喷喷的豆饭摆在学生面前时,我忍不住告诉他们:记住那颗差点无法跟别的豆子一样尽情生长的豆苗,给了它充足的阳光,给了它充分的照料,它后来居上!老师也会记住你们在这次活动中,一个个都能发挥所长,让我看到了你们身上巨大的潜能。

孩子就像豆芽,就像花蕾,有不同的生长期,不同的花期。最后结的果,与最早结的果一样可敬;最后开的花,与最早开的花一样美丽。

龙应台《孩子,你慢慢来》的卷首语中如是说:我在石阶上坐下来,看着这个五岁的小男孩,还在很努力地打那个蝴蝶结:绳子穿来穿去,刚好可以拉的一刻,又松了开来,于是重新再来;小小的手慎重地捏着细细的草绳。淡水的街头,阳光斜照着窄巷里这间零乱的花铺。我,坐在斜阳浅照的石阶上,愿意等上一辈子的时间,让这个孩子从从容容地把那个蝴蝶结扎好,用他五岁的手指。孩子你慢慢来,慢慢来。

是的,慢慢来。

(周菊芬)

85 浮夸背后的渴望关注

　　一个孩子成绩比较一般,性格内向,在班级内默默无闻,我也很少关注他。可是后来,这个孩子变了,他总是故意做一些令人意想不到的捣蛋事情。批评他,他却还是挺高兴。这是为什么呢?

　　"你当我是浮夸吧? 夸张只因我很怕。似木头、似石头的话,得到注意吗? 其实怕被忘记。"陈奕迅的《浮夸》是我最喜欢的歌曲之一。它为我们讲述了一个自卑的主人公,总想通过做些浮夸的行为来得到人们的关注,以换来自己的存在感的故事。而这个孩子就像歌里的那个主人公一样,他在课堂上调皮捣蛋、哗众取宠,很大程度是为了引起关注,无论是引起老师的,还是同伴的注意。这当然是孩子错误习得的一种行为,但更深层次的,我们应该看到所有孩子都有被关注的需求。

　　其实,被关注是每个孩子的心理需求。

　　在现实生活中,我们每个人都害怕被遗忘,不受关注。

　　我曾教过一个比较特殊的学生——轩轩。刚接班的时候,他原来的班主任老师就提醒我,要小心轩轩。经过一段时间的观察,我就发现他在智力发育上可能比别人稍晚些,显得比较另类,也许也是因为这个原因,在班里基本上没有什么同学会主动跟他玩。上课的时候,他常常沉浸在自己的世界里,不声不响地。而我呢,想着我讲的内容反正他也听不懂,所以也很少会去关注他。久而久之,他就在我的眼中"消失"了。直到有一次,我正口若悬河地讲解课文,忽然一声响亮的怪叫,打破了教室的和谐,我一看,就是轩轩这小子干的。我一下火冒三丈,大声喝责,让他站起来。接下来更让我生气的一幕发生了,他怎么也不肯起立,当我向他走去时,他就在教室里四处奔跑,边跑边叫。我那气急败坏的模样和他神采飞扬的"英姿"成为那节课留给同学的最后印象。以后的课堂上，这样的场景一次次地出现，搞得我狼狈不堪。怎么办？我想了各种各样的办法——"哄、骗、吓"都无济于事。直到一次偶然的机会。

那是一个周一的上午，办公室里的同事们像往常一样忙碌着——上课、备课、批作业，谁也没有注意到办公室里小吴今天参与办公室话题的讨论特别积极，进出办公室的次数也比往常多了许多。直到中午，小吴终于忍不住让我们大家看看她新剪的发型是不是很难看时，我们才意识到她剪了新发型。办公室里一下子变得热闹起来了，在同事们的一阵阵讨论声中，小吴脸上的笑意也越来越浓了。这个小插曲一下让我想起轩轩。我忽然醒悟过来，其实轩轩的尖叫就和今天小吴的行为一样，只是想引起大家的关注而已。每个孩子从生活中都会学习到一种如何获取关注的方式，他没有好的成绩可用，不用这种搞怪的行为，又能靠什么来吸引大家的眼球呢？

老师的关注能赋予学生向上的力量。

每个孩子在班级里都是几十分之一，但在家庭里却是100％，他们代表的是一个甚至是几个家庭的希望。所以，关注每一个学生的成长与发展，应该是我们每一位教师的责任。

继续轩轩的话题。自从意识到了轩轩表现的根源之后，在学校里，我总会有意无意地多关注他的表现。上课时我的一个肯定眼神，课后的几句闲聊，总能让他兴奋一阵，上课的质量也就好了许多。不过这个孩子毕竟有些特别，一不留神就会开小差。听写词语时，由于他注意力不够集中，常常会来不及，当我报下一个词时，他就在下面大喊："老师，＊＊之前是什么？"弄得大家只好停下来等他。一番催促，他依然是我行我素。于是，为了避免麻烦，下一课听写报词之前，我先在班里宣布，本次听写以轩轩的听写速度为标准，只有当他默好了之后，我才开始报下一个词。我本想着这次应该太平无事了。让我没想到的是每次几乎我刚报完词，他就在下面大喊："老师，我好了。"他听写的速度一下超过了班里好多同学。从那以后,这个曾让我头痛不已的问题如同见到阳光的晨雾一样,一下子烟消云散了。

从轩轩身上我深刻地明白了这样一个道理:学生就像一块撂荒的土地,需要我们播下希望的种子,需要有激励的语言、赞许的目光、温柔的动作、甜美的微笑去耕耘;孩子渴望阳光、需要关注,老师应主动接近他们,做他们的知心朋友,走进他们的心灵世界,用爱去呵护他们的心灵,理解他们的苦衷,尊重他们的人格,用欣赏的眼光看待他们,发现他们的可爱之处和闪光点,尽量给予鼓励和热切的期待,让他们心灵的深处扬起激情的风帆。

(周建锋)

86 为孩子说话

在每个家长的心中,都有一份"望子成龙""望女成凤"的渴望,而这也正是推动家长关注学生学习的原动力。然而,每个家长由于自身学识及经历的影响,对于"成龙""成凤"的理解是各不相同的。对部分家长而言,他们心目中成长的标准就是"分数",这显然是错误的。此时,教师从专业角度做出的引导就显得格外重要了。

家长,请不要以分数论英雄。

考试的四大意义是:考试是最好的查漏补缺,考试是最好的复习,考试是对一个阶段学习状态的最好反馈,考试是对顽强的心理品质的一次最好磨炼。但是现在家长都不看重考试的这四大意义,只看重分数,分高了就一好遮百丑,分低了就一无是处,家长的这种态度是严重偏离考试本质的。我们首先要改变的就是家长的态度,让他们明白:分数不是衡量孩子的唯一标准。

曾看过这样一则报道:美国总统卡特当选之日,有人向他母亲表示祝贺,说她培养了一个杰出的儿子,卡特母亲说:"我还有个同样杰出的儿子呢！他是卡特的弟弟,正在我家后面园子里种地。"在这位母亲眼里,只要做得出色,当总统和种地一样是人才。"多一把衡量的尺子,就会多出一批好学生",卡特母亲很显然是赞成这句话的。有的学生学习成绩比较差,但其实与他们相处,你会发现他们有情有义,很可爱,很优秀。例如,我班有个男生小皓成绩特别差,上课交头接耳,吃东西,做小动作,影响别的同学学习,这让有的老师感到很头痛,批评又不管用,在他们眼里,仿佛这个学生身上没有什么优点了。我却没有放弃,发现这个男生值日生做得特别认真,于是就任命他为周二的值日组长。结果整个学期,每逢周二,他都会带着大家一起做值日,把教室、校园卫生区打扫得干干净净,那天班级的卫生工作总是完成得十分优秀。我也不失时机地在全班同学面前多次表扬他。经过一段时间,小皓眼里渐渐流露出获得肯定的光芒,现在他上课表现非常好。

面对成绩,请家长保持一颗"平常心"。

瓦伦达是美国一个著名的商业走钢丝表演者,却在一次重大的表演中不幸失足身亡！事后,他的妻子说:"我知道这次一定要出事。因为他出场前就不断地说,'这次太重要了,不能失败'。"从瓦伦达的身上,我们可以知道保持一颗"平常心"有多重要。

孩子的成绩不可能永远稳定在一个水平上,总有起伏的时候,考得差了,家长所表现出来的失望、恐慌、担忧的情绪,很容易让孩子在遇到成绩下滑时也产生紧张、焦虑的情绪。因此,在面对期末成绩时,家长还得及时调整观念和心态,根据自己孩子的情况给予合理的定位,不要劈头盖脸一顿责骂,避免以偏概全地给孩子贴上"学习差""不用功"的标签,应该多发现孩子其他的闪光点,也可以在朋友或同事们谈论孩子时多肯定孩子的优点和亮点。

我班里有个可爱的女生小邓,她是一名班干部,平时学习成绩优秀。可是几次重要的调研、考试,她的成绩却总是不够理想。为此,小邓十分烦恼,在她的日记中,她透露了自己每当大考来临,内心就会出现莫名的紧张、焦虑和恐惧。在和老师的交流中,她的家长对此也表示十分头痛。她的母亲甚至跟我说:每逢考试,她总是比女儿更紧张。我和家长分析了小邓平时的学习情况,孩子在日常学习各方面都做得不错,而且平常测试的成绩也不错,那就说明孩子在重要考试也可以考得好,让家长明白小邓在学习上显然是没有问题的。然后分析了小邓的这种考前焦虑的根源所在——显然是多次的考试发挥失常,让她的自信一点点地流失了,而家长在考前的紧张显然更加深了她的这种"认知"。于是,我让家长试着以一颗"平常心"去对待孩子的考试,考前不要和她谈论有关考试的话题,让孩子放下自己的负担,轻松上阵。结果在五年级的期末考试中,她的考试成绩一下就变得正常了。

考试成绩对于每个学生来说都是重要的。但一次考试、一次活动的表现,并不能说明孩子的全部。我们倡导以"人的发展为本"的理念,不仅要关注学生的学业成绩,而且要发现和发展学生多方面的潜能,了解学生发展中的需求,帮助学生认识自我,建立自信,促进学生在原有水平上发展,这才是考试最大的教育功能。

(周建锋)

十 建好"超级朋友圈"

> 习近平主席在 2016 年新年贺词中说:"让我们的朋友圈越来越大。"确实,建好朋友圈是极为重要的。伙伴越多,朋友圈越大,所拥有的资源也就越多。
>
> 孩子和孩子,教师和孩子,教师和教师,学校和家庭,你、我、他之间都可以建成"朋友圈"。在强大的朋友圈内,大家互伴互助,相互理解,相互学习。
>
> 同样一件事情,因为相互间的理解与认可,认识就会产生改变,与之相应的行为与结果也就发生改变。

87 让孩子学会自省

让孩子轻松快乐地学习是每个教师的职责,然而轻松不等于放松,更不是放纵,它不能以放任自流的方式获得。多年的教学生涯告诉我,和天生脑子聪明的孩子比起来,努力进取的孩子的未来更光明。这里所说的努力进取的孩子是指善于自省的孩子。善于自省的孩子懂得自己为什么要学习,能够及时调整自己的方向和步伐。那么学生又该如何进行自省呢?

让学生给自己打笑脸。

曾子说:"吾日三省吾身——为人谋而不忠乎?与朋友交而不信乎?传不习乎?"自省是中国传统文化所倡导的十分重要的修养方法,

它指人的自我反省、自我省察。这种修养方法要求人们经常反省自己的意识和行为，辨察、剖析其中的善恶是非，开展自我批评并进行自我修正，不断提高自己的道德水准和学识水平。我们的孩子之所以容易犯错，除了其世界观尚待完善之外，另一个重要原因就是他们缺乏必要的自省意识，很少反思自己。所以作为一名教师，很有必要开展自省教育，使孩子们学会自省，学会自我反思。记得有一年，我教四年级，可能因为前一年教六年级的缘故，再回去教四年级的学生，自我感觉很不适应。一方面是因为学生的"弄不拎清"，很多事情根本就不能领会我的意图；另一方面，也是我自己角色转换不够及时，还习惯性地用六年级的标准管理四年级的孩子。其结果就是，第一个月的班级比较混乱：上课纪律糟糕，排队一团乱麻。最后终于痛下决心，打算对班级进行整顿。我决定把学生的"暮省"真正利用起来。首先，我设计了一张一周自我评定表，让每个孩子贴在桌角，每天放学之后，利用"暮省"时间，让学生从早读、晨练、午休、学习、就餐、路队几个方面反省自己的表现，觉得自己做得好的，就给一张笑脸，得到老师表扬的，再加一张笑脸。到了周五的时候，统计一周的笑脸数，以此作为老师奖惩的依据。经过一周的自我评价，学生学会了初步的自省方法，班级的情况有了很大的好转。

坚持"每天四问"。

人贵自省。在孩子的成长中，老师和家长的提醒和批评是重要的，但起决定作用的，还是要通过自省这个内因知过、改过。

接着谈谈我们班的"暮省"。进入五年级后，语文课本里有一篇课文叫《陶校长的演讲》，文中陶校长的"每天四问"让孩子们对自省有了更深层次的了解。课后，我让学生联系自身和学校的要求，自己设计一个个人订制版的"每天四问"，同学们把自己认为最重要的四个方面写下来。根据每个孩子反馈上来的问题，我总结了本班的"每天四问"："学习功课尽力了吗？行为习惯文明了吗？课外阅读进行了吗？阳光健身参加了吗？"并将它作为我班孩子的"暮省"内容，让孩子们每天都从这四个方面反省自己的得失。经过一个学期的坚持,孩子们自省意识得到了培养,渐渐地,他们学会了换位思考,变得更加自律,也更加明白了尊重别人就是尊重自己这个人生哲理,班级管理也变得更加和谐了。

积极写"暮省日记"。

"今天,在组长的帮助下,我拖拉的毛病改掉了,课上发言了 6 次,得到了老师的表扬,上学没有迟到,就餐时也没有再跟边上的同学讲话,这些是我的进步。但是,通过暮省反思,我认识到自己还存在以下一些问题:第一,作业字迹过于潦草;第二,回答问题的准确率不高。以上问题我争取在本周内有所改变,请大家监督我……"

这是我班学生小王写的一篇"暮省日记"。我让每个学生都准备好一个"自省本",鼓励孩子积极撰写"暮省日记"。一开始,孩子们还有些生涩。但随着时间的推移,"暮省日记"渐渐成为学生反思学习、自我评价和师生交流的一个平台。它以日记为载体,自省为内容,评价为手段,不仅为学生提供了表达的平台,更有利于学生行为习惯的养成,培养了学生的认识自我、评价自我的能力,并促进他们更加全面、健康的发展。

荀子曰:"君子博学而日参省乎己,则知明而行无过矣。"孩子并非圣贤,思想言行很不稳定,只有每天通过对照检查、自我反省,加上老师和家长的监督,才能规范他们的言行,尽量减少他们出现缺点错误的机会,从而使孩子在稳定中进步。教师在日常教育教学中,要注重让学生反观自身,在自省中提高。教师要启发学生从自身存在的问题出发去完善自我,认识反省自己,并在反复实践中逐步强化,趋于自觉。

(周建锋)

88 怎样引导过分自大的孩子

案例:五年级某某同学,整天感觉同学们在欺负他,一丁点儿事情就毫不犹豫挥拳砸向对方。对于他打人的行为,他认为是对方欺负他,他属于自卫;让他反思,如果把人家打伤打死了怎么办? 他答,一命偿一命,没有关系;让他换位思考,如果你被人家打伤打死了,你的爸爸妈妈怎么办? 他答,没事啊,伤心啰,最多跳楼自杀……一系列的对话显示,这个孩子心中只有自己,完全没有他人,而且在谈话中,装疯卖傻,巧言狡辩。面对这样的孩子,教师该如何引导?

著名特级教师薛法根曾经说过:"教育是培育'人'的事业。'人'字有两笔,一撇一捺,相互支撑,彼此相知,隐喻着要'知人知己':知人者方能体慰他人,自知者犹可坚守自己。"然而在我们日常的教育教学中,却总遇到一些心中只有自己的孩子。面对这样的孩子,就需要我们的教师去加以引导了。

知人者方能体慰他人。

现在的孩子从小娇生惯养,蛮横无理,自我意识特强,一切以我为中心,从来不顾及别人的感受。因此,教师注意抓住教育的契机,教会学生换位思考,对现在的孩子来讲显得尤为重要。

案例中的那个孩子一下让我想到了我的学生小泽,一个人高马大的东北男孩。平时就爱惹是生非的他仗着自己身体的优势,在班里称王称霸。刚开学一个星期,我就接连收到好几位家长和学生的"投诉"。当小严跑到办公室向我哭诉如何被他欺负后,我决定好好和他谈谈。

"知道为什么要请你来办公室,小泽?"

"不知道! 老师。"

"看来需要老师提醒一下,说说吧,你和×××之间发生了什么?"

"没什么啊!"

"没什么?没什么怎么×××说你课间莫名地打了他一拳?"

"老师,我没打他啊!我就是和他打个招呼,在他肩上拍了一下。"

"你觉得×××会傻到分不清打招呼和打人之间的区别吗?"

"这我不知道了,我真的只是跟×××打了个招呼,在他肩上轻轻拍了一下,可能是我这个人力气大,他就以为我打他了。如果老师你不相信我的话,我也没有办法了。"

……

面对我的质询,他始终是一脸委屈地诉说着自己的冤屈。这让我大为恼火,虽然最终在我的严厉批评下,他也认了错、道了歉,但我也知道,此刻他的心里其实并没有认识到自己的错误。在接下来的日子里,我越来越发现这个小泽是个典型的自我中心主义者:他看问题只从自己的角度出发,比较主观,总是想当然地以为自己是这样,别人也会是这样。在与他人交往时只考虑自己的心理需求,不替别人考虑,不会换位思考,站在别人的立场理解别人。很少主动关心别人,不愿为别人做半点牺牲。强烈希望别人尊重他,却不知道自己也得尊重别人。

然而一次偶然的机会,让这个自我的小霸王发生了改变。那天中午有学生跑到办公室向我报告:安家泽被其他班的欺负了。我过去一看,小霸王正坐在自己的座位上大哭,而一大群人正围着安慰他。通过其他同学的介绍,我了解了事情的来龙去脉。原来在吃完饭回来的路上,他和几个男生边走边谈论着游戏。在讨论游戏的过程中,他模仿着游戏中人物的口吻对其中的一个男生说了句:"你这个混蛋,去死吧!"没想到走在他们前面的其他班男生以为小泽是在骂他,于是就把小泽给打了一顿。看着小泽那满脸的泪水,我告诉他我知道此刻他满腹的委屈,这件事老师会替你做主。同样道理,现在请你设想一下,当那个被你打了一拳的小严在听到你说的那句"我只是打个招呼"后,内心会是怎样的感受呢?也许是因为有了切身的体验,事后,小泽竟然郑重地跑到小严面前,再次认真地向小严道了歉。

自知者犹可坚守自己。

正所谓"不识庐山真面目,只缘身在此山中",明白别人容易,明白自己却难,因为大多数人严人宽己,考虑问题大都从自己出发,所以自知就难了。人要想改掉自己的不足,首先要了解自己,知道自身的缺点。爱因斯坦曾说:"了解自己最好的镜子就是他自己。"可见自省是了解自己的最有效途径了。

还是小泽的故事。他的脾气一向暴躁,常常会因为一点小事就大发雷霆。而随着年龄的增长,他也显然开始意识到了自己的这个问题,但每当事情发生时,他却又总是控制不住自己的脾气。为了让他学会克制自己,从五年级开始,我就尝试让他在每天的"自省本"上写"自控日记"。首先我让他给自己订一个自我控制目标;再把这些目标进行细化,具体到每周、每日的一个小点;然后在每天的自控日记上围绕着这个目标展开反省:今天达成了哪点目标? 在达成目标的过程中遇到了哪些困难? 是怎么克服这些困难的? 今后还要在哪些地方继续努力? 通过每天的暮省,小泽的自控能力有了极大的提高。一个很明显的凭证就是从五年级下学期开始,到我这儿来告他状的人越来越少,间隔的时间也越来越长了。

当一个孩子能认识到自己的不足并能学着控制自己的情绪时,他一定能做到"坚守自己";当一个孩子开始懂得要尊重他人并试着通过换位思考的方式为他人着想时,他也就做到了"体慰他人"。而一个能"坚守自己""体慰他人"的阳光儿童,不正是我们教育的终极目标吗?

(周建锋)

89 如何做好家校共育

著名教育家苏霍姆林斯基说:"最完备的社会教育是学校—家庭

教育。"在影响孩子成长的各种因素中,家庭和学校是学生成长的两个重要环境。在面对一些特殊学生时,需要对家庭教育和学校教育进行整合,从而形成教育合力,对孩子的健康发展显得格外重要。

共同的目标,铸就教育的合力。

无论是家长还是老师,我们的目标都是让孩子获得更好的发展。共同的目标让家校天生就应该是一对并肩战斗的战友。事实上,要想让孩子们身心健康地成长,固然离不开老师辛勤细致、诲人不倦的工作,但更离不开家长的密切配合!

班里有个孩子小鑫,脑子聪明,所以数学成绩一直名列前茅,但学习态度极差,语文和英语这两门需要花时间背、默的功课每次都考得一塌糊涂。和家长接触下来,发现他的父母在教育理念上出现了一定的偏差,认为只要能满足孩子的一切物质需求,就算尽到了自己的责任;只要把孩子送进了学校,就是履行了自己的全部教育义务。再加上他们工作比较忙,也无暇照看他的学习,平时也不跟孩子交流,对孩子的学习及生活中出现的心理情绪问题不能及时疏导。他们把孩子的教育责任全部推到了老师的身上。每次我打电话联系,他们说得最多的就是一句"孩子就要多麻烦老师了"。对孩子的教育一向放任自流,撒手不管。

一次,他课文背诵没有完成。多次发消息让家长在家里督促一下,可一个星期过去了,他还是没有完成。终于我忍无可忍了,我跟着孩子来到了小鑫家,决定和他的父母好好谈谈。

"你们辛苦工作都是为了什么?""说穿了不都是为了这个孩子吗?为他将来能过得好一点。""孩子是家庭的希望,要是孩子没教育好,你们现在的辛苦不都白费了吗?"一番交流之后,他的父母终于意识到问题的重要性。最终讨论的结果是母亲将一部分工作放一放,更多地将注意力集中到孩子的教育上来。我又不失时机地和家长就孩子的教育事宜开展了探讨,明确了双方的职责和任务。经过一段时间家长和老师的配合,家校合一的功效开始得以显现——小鑫的学习获得了长足的进步。

良好的沟通,架起一座家校间的桥梁。

教师与家长沟通是非常必要的。这是因为家长对自己孩子的了解更准确、更深入,还有的家长在教育观念上有些合理的意见。良好的沟通,就像一座连接家庭和学校的桥梁,而有意识地保持这座"桥梁"的畅通应该是教师的一项重要工作职责。经常与家长沟通交流,不仅有利于充分调动他们主动与教师配合教育学生的积极性,同时也有利于教师开阔思路,博采众长,不断提高教育教学水平。

我教过一个女生,人长得可爱,字写得漂亮,嘴也很甜,每次遇到老师都会主动打招呼。这样的小姑娘照理说应该是一个人见人爱的好学生。可看到她上课的状态,没有一个老师能喜欢得起来。一节40分钟的课,如果老师不盯着的话,她认真听讲的时间绝对不超过5分钟。发下去的订本正,老师不到她身边,她绝对不会想到订正。这样的学习状态,她的学习成绩也就可想而知了。

一次家长会上,我和她的母亲进行了一次长谈。她母亲告诉我,上课开小差是她的毛病,从幼儿园开始老师就和家长提起过这个问题,他们在家里也想过很多办法,现在已经无计可施了。"还是要麻烦老师上课多盯盯",她母亲的态度十分诚恳。谈到这儿,我忽然意识到,出现现在这种家校双方都很累的局面,一个最重要的原因就是之前双方都是各自为战。没有通过有效的沟通,形成合力的缘故。

现代科技的发展使家校之间的沟通变得更加快捷和方便。在接下来的日子里,我和家长之间通过短信、电话的方式进行了卓有成效的交流与合作。

每天孩子的上课表现,我都会通过家校路路通平台告知家长,让家长及时给予孩子表扬和鼓励。每天学生在家的表现,家长也常常会电话告知我。我也会在电话中给家长一些专业的建议。

经过双方半个学期的努力,孩子在学习习惯养成方面有了长足的进步,学习的动力和质量都有了显著的提高。

鲁迅先生说过:"谁塑造了孩子,谁就塑造了未来,不仅是自己的未来,还有孩子的未来,民族的未来。"我们的学生在这学业负担日益加重,家庭、学校、社会期望值空前高涨的时代,出现了很多新的教育难题。只有在家庭教育和学校教育之间构建一种沟通与合作的协作教育模式,家校一体,合力教育,才能更好地促进学生健康、和谐地发展。

(周建锋)

90 如何走入孩子的内心

"有个孩子,经常在课上夸张地大笑,课后莫名其妙做出一些违反纪律的事情。老师批评他,他却很高兴。这个孩子处于单亲家庭。父亲每天忙于工作,很少碰面。陪伴他的,只有乡下过来照顾他饮食起居的爷爷。这个孩子的心理是不是产生了一些问题?我该如何教育他?"

如果说孩子是一本书,教师应该成为一个会读书的人。读懂孩子内心的世界,才能真正拥有更好的师生关系,才能实现教育的真正价值。很显然,像案例中这样的单亲家庭的孩子更需要教师给予关注,因为他的种种表现都体现被关注的渴求,我们对于这样的孩子要给予更多的关爱。

细心观察,用心倾听,走入孩子的内心世界。

教师的工作,除了需要有一颗热爱孩子的心以外,还需要一双善于洞察的眼睛和一双学会倾听的耳朵。单亲家庭的孩子,敏感、脆弱、缺少安全感。每一个家庭的背后,都有一个特别的故事,要想让孩子放下戒备,允许老师走入他的世界,必须让他感受到老师的真诚。我们应该走进孩子的家庭,观察孩子在家里的表现,了解他的家庭环境与他的表现的关联。在适当的时候,创造合适的环境,让孩子愿意和你吐露心声。苏霍姆林斯基说过:"教育是人与人心灵的最微妙的相互接触。"教师在与孩子交谈的过程中要让耳朵变成听诊器,要敏锐地发现,要适时地追问,要鼓励孩子敞开心扉,并对孩子的诉说做出恰当的评判和引导。在交谈的时候,一定要注意用倾听的态度,要有耐心,表现出兴趣,用鼓励的语言、真诚的眼神给予回应。这样,孩子向你倾诉的兴趣也会自然而然地产生出来。只有让孩子获得安全感,才能让他们对你打开心门。当然这也许会是一个长期的复杂过程,但教师必须要有坚持的精神,所谓"精诚所至,金石为开"。

关注需求,创造机会,满足孩子的内心需要。

单亲家庭的学生由于缺少母爱或父爱,享受不到充分的家庭温暖,往往在行为上会表现出内心的需求。案例中的孩子,不管是夸张的笑、还是故意做出违纪的事情,都渴望得到老师对他的重视,渴望被关注。在了解孩子的需求后,作为教师我们就应该创造更多的机会,给予关怀。孩子的表现是需要给予纠正的。我们要让他感受到老师对他的重视,在班级中为他设计几个适合他的工作岗位,"委以重任"创造条件发挥他的才能。只要有细小的进步,就要进行表扬,让他明白,他同样可以用良好的工作表现和学习进步,得到老师的关注和肯定,而不是用"特别"的方式来引起老师和同学的注意。除此之外,对待这样的同学,我们除了在学习上要给予更多的关心,在生活上更要多关注,尽量让他感受到温暖。多创造机会,满足他们的心理需求,不仅可以帮助他们找回自尊,树立自信心,培养责任感,克服自卑感,还有助于把注意力更多地转移到班级工作和学习中,促进其身心健康成长。

改变环境,创造氛围,引导孩子积极向上。

要想真正改变一个孩子的生活状态,就必须改变影响他成长的环境。虽然我们无法改变家长的婚姻状态,但是我们可以向家长表达孩子的内心需求。让家长在原有的基础上,多一点时间和孩子沟通,创造和谐民主的家庭气氛,提高家教效果。教师的干预,能帮助家长形成正确的家庭教育的理念,促进学生的转变和成长。同时也要让孩子有一个积极的心态:父母的事由大人自己去处理,他应该明白的是父母对他的爱不会改变,要试着理解父母。只有改变了自己的心态,孩子的生活才能变得阳光积极起来。同时,我们也要让孩子在集体生活中感受到温暖。单亲家庭学生所处的环境,特别是他们所生活的班集体以及与同学之间的良好关系,对他们来说非常重要。在班风良好的班级中,单亲家庭学生就会生活在一个充满真情友爱的班集体里,他们自然会感到生活充满阳光。因此,创造一个温暖的集体环境,能让单亲家庭的孩子更好地感受生活的美好。

每一个孩子都是可爱的,他们成长的道路上总会出现崎岖和坎坷。作为教师,你只要愿意弯下身子,把心贴近孩子的心灵,认真倾听孩子们的心声,了解孩子们的真情实感,就能带他们走出困境。这就是教育的幸福!

(仲锦宇)

91 落后的"老班"和超前的"网络新新人类"

"有时,我会觉得好多学生的话语待人不够礼貌,甚至带有恶意。所以,我经常会去批评那些学生。可是,那些学生却觉得很委屈,他们觉得这样说话非常正常,同学之间都是这样交流的。类似的现象很多。我觉得自己跟不上班级里学生的节奏——他们的思维方式,他们的话语方式,我实在无法理解。我该怎么办呢?"

我们经常说教师要适应时代发展需要,拓宽知识视野,更新知识结构,不断提高专业素养和教育教学水平。同样的,作为教师我们也要跟上学生的步伐,特别是在当今这个新事物层出不穷的时代,对教师更是一种挑战。其实,上述案例中的这一现象,在中小学中普遍存在,特别是网络上出现的一些语言,给现在的孩子带来了不小的冲击,不管是日常生活,还是行为。我们应该如何看待这种情况呢?

理解与尊重,教师也需跟上时代的步伐。

"你是一个善良可爱有气质的 MM""我晕""犀利哥""脑残""你在玩什么东西呀"这些话,我们经常能从孩子嘴里听到。其实他们在表达的时候并非存有恶意,这些语言的出现本身就是时代的特色。它能在学生中间风靡,就说明它是有生命力的。其实,人类的每一种新文化的兴起都会带来一些新的词汇,我们不必过于保守,与其说它是为了迎合新一代的需要,倒不如说是语言发展的必然。作为教师,为了避免与孩子产生代沟,就需要去了解在孩子之间流行的这些语言的意思。我们不妨放低身子,在孩子说出这些你不懂的词汇时,向他们请教一下,这反而比你一知半解,野蛮干预来得聪明。也许你也会发现它具有时代性和生动性。在恰当的时候,你尝试着在与孩子交流的时候也用上几个风靡于他们世界的词语去表扬他们,他们也许会觉得你特别亲切,跟你的距离一下子近了很多。

因势利导,开放创造性教学资源。

其实,我们发现孩子很乐于与年轻的老师接触,认为与他们的交谈没有代沟,思维方式也更接近些。的确,作为教师的我们,就应该有一颗年轻的心,这样才能在教育的道路上充满动力。我们要有正确的认识,时代在进步,新鲜事物是禁不了的,我们应该正确看待这样的事物。现在小学生思维普遍比较活跃,接受能力强,不仅能较好地表达思想与意识,而且话一出口,往往能够出其不意。这是这个时代的特色,我们不应该因此禁止这种富有时代特色的语言,而应该加以利用。就比如说流行的网络用语,它不拘泥于形式,随意性比较大,这必将进一步激活人们创造性的语言思维。因为创造出这些新奇而有趣的语言,可以显示年轻人的智慧,又能吸引其他人的注意。这是人们创造性思维的一个表现。换句话说,如果我们结合小学生的心理和个性特征,因势利导,将其开发为教学资源,充分发挥学生的想象能力与创新能力,提高学生的语言表达水平,就能使学生获得较为全面的语文能力,以适应未来学习、生活和工作的需要。

不盲从,科学分析,引导学生辩证看待新事物。

当然,作为一个教师,我们还应有辩证的眼光,对于出现的新事物,要用科学的眼光来看待。我们虽然没必要过分忧虑,但也不能盲从,我们既要看到新事物、新现象有利的一面,又要看到它不利的一面。就比如学生的交流中出现的很多词语,有许多是新鲜词汇,它能准确、形象地表达出自己的情绪,但是同样也存在许多"粗言秽语",孩子本身不清楚这些词语的意思,只是简单地模仿使用,可事实上这些词语的本身却不是高素质、文明的代表。因此,正确的引导还是必要的。教师应该采取达观而不乐观、宽容而不放任的态度,应该自觉研究当下学生的需要和心理,有针对性地指导孩子们辨别和使用正面的、积极的、健康向上流行用语,摒弃负面的、粗俗的、格调低下的网络语言,帮助和引导学生们正确对待流行语言。教师可以有目的地组织学生对这些流行语言进行调研与分析,让学生在有了一定的语言知识积淀后,就能自觉地对这些生活中常用的流行语言进行筛选,而不会盲目地求新求异了。

（仲锦字）

92 怎样积累资料

学校向来十分注重提升教师的专业素养,自然会组织教师外出参加学习经验分享、教研组研讨、题库共享等活动。这些教研活动,可以了解掌握他人最新的教研成果,借鉴吸收他人的好方法、好经验,更新知识、转变观念;可以加深对教学中所遇到的疑难问题的理解,拓宽思维角度,明确自己教学实践中成功、失败的原因,总结经验教训;可以把自己在教育教学过程中积累的问题上升到一定理论高度,提出新观点,找出新方法,形成自己的教育教学特色。教研是一种创造性的工作,它要求教师博学多才、厚积薄发。可是,我们发现普遍存在着这样一些现象:听课时,仅仅是不走心地听一遍,不做任何准备,不带任何思考;勤于笔耕的习惯没有养成,遇到研讨时就不能多角度、多方面地思考等。正是因为教师们平时不注重积累与整合,所以面对"信息堆集"束手无策,更谈不上为自己所用。

带着研究者的眼光去听课。

教师要提高自己的业务水平,听同行的课、听优秀教师的课是大家公认的捷径。但是怎么听课,还是有一定的学问的。

(1)带着目的去听课。听一节课,应有一个明确的目的。教师不同于学生,听课的目的是回去教学生。优秀教师的教学,往往重视课的整体设计,听课者首先应该领悟的是讲课教师的这种匠心,学习宏观把握课堂的技巧,达到"既见树木,又见森林"的目的。同一个问题,不同的教师会从不同的角度,用不同的语言进行阐述。优秀教师都十分注重自己课堂语言的锤炼,甚至形成了自己独特的课堂语言风格。教师在听课中要做到博采众长,仔细斟酌,着力训练,力争打下扎实的语言功底。一节课的"亮点"往往不是教师怎样"教",而是学生怎么"学"。听课时更重要的是要看学生怎样学,看教师如何调动学生学习的积极性,如何体现学生"学"的主体地位。带有"目的"地去听课,比漫无目的地听课,更有针对性,更利于发现。把自己的所见所得及时记录下来,这就是一种积累。

(2)带着思考出课堂。听课后,要认真思考。不管课时成功还是失败,作为一个教师,听课完毕,必须有自己的思考,听课的所得、听课的疑惑,都可以作为自己积累的资料。你可以想想这些问题:教师对教材为何这样处理？换成自己该如何处理？教师怎样把复杂问题转化为简单问题？自己应怎样对别人的"闪光点"活学活用？思考之后，可以做必要的记录，写些随想随感。也可以与自己的备课思路进行对比分析，大胆地去粗取精，扬长避短，为自己所用，付诸实施。

带着笔记本开始教师生活。

教育教学工作的每一天，我们总有一些感悟和问题发现，而有些问题很有研究的价值和必要，需要长期探索和研究。这些问题，通过感悟和提炼也就能形成教研素材或课题。如果不把它们及时地记录下来，假以时日和忙于事务之后，便会烟消云散灵光不再。作为一个教师，长期工作在教育教学第一线，再加上教研组 QQ、年级组 QQ 等活动，肯定有大量的实践课例、教育反思、经验材料可以总结归纳，使经验变成文字性的东西，才能有发现和创造，才能有所前进。因此，可以借用一个笔记本，把工作和学习思考中发现的问题，分门别类记载下来，以便在占有素材和深思熟虑之后，或深入研究，或撰写论文。对那些研究价值不大的问题和课题，假以时日之后，删除即可。只有研究学习，才能演绎不一样的精彩。

建立资料库管理资料。

当我们积累了相当多的资料时就会发现，许多资料在必要时都有用，可是缺少系统分类。不用时它总出现，要用时却又发现寻它不着。这就涉及资料的管理问题了。我们不妨把这些资料分门别类归好档，建立一个完善的资料库。对于那些有用的知识经验和材料，积累得越丰富，对教学指导、撰写论文就越有利。有心搞研究的教师，在平时的学习、实践中，积累下来名家名言、经典论述、教学反思等资料，将是一座宝库。

作为一个教师，长期工作在教育教学第一线，有大量的实践课例、教育反思、经验材料要总结归纳，使经验变成文字性的东西，才能有发现和创造，才能有所前进。把平时的所见所闻、所感所想，痛苦的思考和智慧的闪现,因循受挫与灵感创新,都记录整理下来,长期坚持,就会成为自己杏坛耕耘的一笔宝贵财富。

(仲锦宇)

93 你能在孩子中感受快乐吗

作为一个新上岗的教师,因为工作环境的陌生,又缺少工作经验,肯定会出现这样那样的困难,会产生一定的倦怠心理也是正常的。但是对于这种工作倦怠我们必须调整。老教师说得对,我们需要释放压力。其实,转变一下心态,想一想,能和最纯真、最可爱的孩子在一起,还有什么值得抱怨呢?

正确地看待压力,倦怠悄然而去!

工作与生活中出现的压力,要看我们用什么样的眼光去看待,用什么样的心态去对待。其实,没有压力怎么能够让工作的效率提高?怎么能够促进一个人的进步? 工作与生活中适当的压力有助于我们的成长,换个角度看,压力也是我们成长进步的动力。在生活中,学会调节自己的情绪,缓解来自各方面的压力,那么我们的工作就少一些倦怠,而多些幸福。作为一个新教师,面对来自各方面的压力,不如放平心态,平心静气地去完成,都将它们当作对自己的一种锻炼,不管成功也好,失败也好,都是心智的修炼与成熟的过程。没有一个成功者不是经历困难和失败而崛起的。其实,我们的身边有更多快乐的事情在发生。如果你能和孩子一样拥有一颗童心,和孩子一起去跳,一起去笑,一起在草地上打滚,一起在雪地里奔跑,那么你觉得你还会被所谓的"事务"困住吗?

孩子的天真,怎能让你不爱?

任何教师都会有压力,都会有无助的时候,因为繁忙的工作会让你对自己的工作满意度降低,从而精疲力竭、表现烦躁。但这都是正常的情况,这个时候,你不妨纯粹地走近孩子身边,去呼吸他们的空气,去感受他们眼中的世界。我清楚地记得,那个下午,我同样也被作业、论文、课题三座大山压得喘不过气来,在抱怨声中,我去上了一节二年级同学的活动课。有些疲惫的我被几个在树下"挖宝藏"的孩子吸引了。他们用小石子在树下的泥土里挖掘,小脸上满是汗水。几分钟后,他们得意地跑到我面前对我喊道:"老师,我们挖到恐龙化石了!"我一看,其实就是一块普通的小石子,可他们居然那么快乐地认为这是恐龙化石,还有模有样地一堆人聚在一起观察起来。更让我想不到的是,过了不久,他们居然把这块"化石"送给了我。"老师,我们把这块化石送给你,因为你是教我们的老师,我们喜欢你!"这样稚嫩的话语在我耳边响起的时候,我真的感动万分。这就是孩子,他们也许看不出你脸上的疲惫,也许感受不到你此刻内心的压抑,但是他们却能用最美好的方式化解你心中的愁闷。作为一个教师,能和这样一群天真可爱的孩子在一起,怎么还会不快乐!我悄悄地将这块"化石"收藏起来,决定下节课,和他们再一起快乐地玩耍。瞧,也许工作中会有压力和困难,但是来到孩子们中间,怎么还会不快乐?再想想,当你站在讲台上,望着孩子们崇拜的眼神的时候;当你阅读着孩子们富有童趣的文字的时候,你何尝不是快乐的呢?

孩子的成长,是你快乐的源泉。

陶行知、朱永新、李镇西、魏书生等这些知名的教育家,他们在教育工作中的研究与发现,让他们获得了最大的成功与快乐,正是他们走近学生所获得的硕果。作为一个教师,你会发现就是在这些你现在觉得琐碎的小事中,孩子在你的陪伴与教育下,慢慢地成长,你会明白这将是你快乐的源泉。在与学生一起完成教室的版面布置时,你会发现和学生合作的愉快,和他们一起陶醉的快乐;在指导学生习作得奖后,你会发现,这奖状背后的辛苦都是值得的;在看到淘气的孩子在你的帮助下,逐渐懂事,懂得感恩的时候,你会发现付出往往收获的就是快乐;在看到毕业的孩子回到校园,与你深情拥抱的时候,你会发现有一种幸福叫作守望……虽然你初为人师,也许还没有陶行知先生那种拼命工作的热情,也没有苏霍姆林斯基那种敏锐的眼光,更没有孔子的聪慧心智,但是我相信如果你用心体会一下,肯定也已尝到了教书育人工作中的甜头,你会忘记工作的倦怠,只记得工作带给你的充实与满足。

当你把工作和休闲分得很清楚的时候,工作就只是一份谋生的差事,而当你把工作和休闲融为一体的时候,工作也就是一种休闲。其实,快乐就可以这样轻松获得,因为转变一下心态,你会发现孩子的纯真与美好,带给你的不是琐碎与烦躁,而是学生赐予的愉悦与幸福。教师的快乐从来都不是一个人的快乐,而是几十名小天使的快乐。当你快乐时,给孩子一个笑容、一声鼓励,也许就改变他的一生;而不快乐时,一声怒骂、一脸愁绪就会给孩子留下阴影。教师要有一个阳光的心态,用快乐去感染孩子,把幸福传递给孩子,让他们每天都在爱的阳光与幸福的雨露中健康成长。

(仲锦宇)

94 当家长不配合时怎么办

孩子经常不做家庭作业,作为教师首先向家长反映,希望得到他们的配合督促,如果家长配合,那当然是最好不过了;但是很多家长忙于工作和娱乐,甚至有的埋怨学校,埋怨老师:孩子送到学校就是去学习的,回家还要我们家长教,那要你们老师来干什么呢?既然家长这方面得不到帮助,那么,老师只能依靠自身的力量来对孩子进行教育。

态度是解决问题的关键。

作为教师,其实我们都清楚,孩子的许多问题都是态度问题。态度端正了,一切问题都好解决了。再从另外一个角度思考一下:爱玩是孩子的天性,哪个孩子愿意写作业?肯定没有。就像大人,哪个人愿意上班,下了班还回来干活?也没有。只不过我们大人懂得责任,懂得坚持,小孩自制力不强而已。不完成作业是个不好的习惯,所以首先我们应该帮助孩子认识完成作业的重要性。我们首先要和孩子进行沟通,给予孩子理解,进行恰当的引导。"写作业的确不如玩舒服。""今天没完成作业,被老师批了,当时肯定很难过,很没有面子吧。"诸如此类的话,先让孩子明白其实你是理解他的。然后问题再接着抛出去:"孩子,不写作业的后果是什么?"你引导孩子去思考,然后让孩子自己找答案。很显然,这时候学生自然会得出结论:不写作业在学校被老师批;时间久了,成绩有所下滑,老师同学会有不好的印象。等孩子明白之后,你让孩子自己选择,他愿意承担怎样的后果,最后让孩子自己决定。相信孩子会有正确的选择,即使短期不见效果,也没有关系,慢慢来,孩子会因为你的态度而改变。在他的态度有了一定改变之后,你得采用激励法:"你愿意老师表扬你,那你就得把自己的事情做好。不完成作业,怎么让老师表扬呀?""学习是你自己的事情,你看,你也能自己把自己的事情做好。""学生有自己的责任和义务,学习就是你的责任和义务。孩子不仅要做自己喜欢的,还要做自己应该做的。"一般情况下,得到老师的认可,他体会到写作业的好处的时候,事情就会良性发展下去。让孩子体会到您的爱、您的理解、您的情感支持,相信孩子会顺利度过这个阶段,一切都会好的。

陪着他慢慢地成长。

孩子不做家庭作业,除了态度问题,还可能是学习习惯的问题。对于这样的学生,我们还必须慢慢培养他们养成良好的学习习惯。

我的班里就有一个这样的学生,四年级的时候,他根本不会自己做作业,离开了老师,离开了父母,他一道题目都不会做。真的不会做吗?是不想做!是依赖成了习惯。那么我们必须慢慢改变他的这种习惯,让他养成另一种良好的习惯。上课的时候,他心不在焉,我就多注意他。给他一些小小的机会发个言,然后进行表扬,使他尝到认真听讲的甜头。几次之后,他就有了积极性,也能自己举手发言了。这种听讲的习惯,是在无形之中渗透的。而课堂上认真听讲了,作业自然也就能轻松拿下,没有推脱不会的理由了。

对于不同的孩子,我们也可以布置不同的作业。特别是对于那些惧怕作业的孩子,我们可以布置给他一些简单的作业,减少他的恐惧心理。在他达到要求之后,再增加一些难度,慢慢地,跟上全班同学的节奏。在这个过程中,他也自然而然会产生成就感,为自己的进步而快乐。

教育这样的孩子是需要耐心的,我们不必急于求成,多花一些时间,陪伴着他成长。在日积月累的努力下,我们看得到他成长的足迹。在上新课前,告诉他基本的预习要求,陪着他预习一次、两次,你会发现,第三次他也能自己完成;带着他认真地复习一次,给他练习一个大大的"奖章",告诉他只要付出,就会有收获,你会发现,以后他也会复习;当他遇到困难的时候,带着他请教同学、请教课本、请教网络,告诉他身边有很多人可以帮助他,你会发现,他慢慢也会克服难题……

在很多时候,你会发现,依靠家长是解决不了问题的。而想要改变孩子的学习态度和学习习惯,必须把重心放在孩子身上。能得他心,是成功的第一步。在此基础上,教其方法,给他植根良好的学习习惯,就离成功不远了! 而教师的真正魅力就在于此。

(仲锦宇)

95 如何面对同事间的相处

作为一名新上岗的教师,在班级管理中有有效的方法,并且取得良好的效果,是非常不容易的。管理经验是一笔宝贵的财富,因此有同年级老师学习之后，管理上超过自己班级，以致得不偿失的担忧也是情有可原的。但是，故步自封，把自己限制在自己的小圈子内，显然是不合适的，也不利于人际关系的和谐，更不利于自己的成长。

作为教师，应有正确的角色定位。

在学校里，教师接触最多的就是学生与同事，虽然各个教师管理着不同的班级，班级与班级之间因为各种检查评比存在着各种各样的竞争，但是班级间的竞争不代表敌对，教师与教师之间的关系，更不是敌对的。教师与教师之间其实是同事关系，是朋友关系，是伙伴，是互助的团体。

新教师刚刚踏上工作岗位，学校往往会安排一位资深的老教师进行一对一的帮教。如我们学校，在学科教学上会给新教师安排一位带教老师，在班级管理上有时也会安排一位带教老师。在新教师遇到困难的时候，就能有针对性地去请教。这时候，带教老师基本上都会毫无保留地将自己的方法、经验倾囊相授，即使是"独门绝技""看家本领"也毫不吝啬。带教老师对新教师的无私，也使得新教师不至于手忙脚乱，能够在较短时间内适应教师这一职业。久而久之，这种人与人之间真切的关怀，就能在新教师心中扎下温暖的根，心中便常怀感恩，教师之间的关系就变得非常和谐，亦师亦友。反过来看，带教老师虽然将自己的经验分享出来，失去了班级管理中的"优势"，但是却赢得了同事的尊重，收获了真挚的工作情谊。那么，下一次当你遇到困难的时候，你曾经帮助过的人也会无私地帮助你。

带教老师为什么会如此自觉地这么做，因为踏进这所学校，大家都是这个学校大家庭中的一员；走上教师的岗位，大家都是教育系统中的一位教育者。"一荣俱荣，一损俱损"，分享自己成功的经验，不仅是一份慷慨，更是伙伴之间、教育团队之间应有的一份责任。

我们还应该打破狭隘的班级观。

现下的班级授课制，使得学生人为地被划分到了一个个具体的教室,归一个个不同的教师管理。这也使得我们教师误认为,自己教哪一个班级就只要管好哪一个班级就可以了,就成功了。其实,学校教育不应该被一个个"教室"隔开,我们教育的思想更不应该被一个个"教师"隔开。无论任教哪一个年级,都是教师,都承担着教书育人的责任:管理本班级是我们的责任;看见其他班级的学生犯错,主动介入也是我们的责任。

记得有一次,中午吃过饭后,我们班一位学生活动时候不小心撞了腿。当我得知消息,心急火燎赶到操场的时候,那位学生却"不见"了。询问之后才知道,是有一位老师见该生伤得有些重,就先送他去了医院。在我赶往医院的途中,接到了那位老师的电话,才知道他是教低段的一位老师,我们身为同事也不十分熟悉,至于我们班受伤的学生就更不认识他了。到医院后,那位老师也和我一起,陪着那个学生检查,直到全部结束之后才回校。原本我们班受伤的学生与他没有任何交集,出于教师的职业操守,在那一刻,这位"陌生"老师伸出了援助之手,这也在学生心中留下了深刻的印记。直到毕业之后,那个受伤的学生还会在教师节的时候,给那位曾经的"陌生"老师发去一条祝福短信。

我们的教育如果仅限在自己的班级,那么是不是过于狭隘了?让教育的思想变宽,让教育的行为变长,让更多的学生,因你或因你的方法而变得更加优秀,于你而言,这是不是更伟大的成功呢?

教师同伴互助是教师专业成长的有效途径。

教师专业化已经成为教育发展的一个重要趋势。作为新教师,如何才能在专业化的道路上走得快,走得轻松?教师同伴互助将是一条有效途径。教师在自我学习、自我反思、自我变革的同时,如果能开放自己,加强教师之间在课程实施、班级管理过程中的专业切磋、协调和合作,形成"研究共同体",共同分享经验,互相学习,彼此支持,那么你将获得更为宽广的专业成长道路。

　　新踏上工作岗位,一切都还没有模式化,新鲜的想法、点子特别多,这是新教师的优势。但是,由于缺少实践经验,思虑往往不能周到。因此,好点子因为实施中的各种偏差而成了差点子,这是非常可惜的。有位新教师在刚接手一个班级时,发现许多学生对班级、学校组织的活动都不太积极,甚至有时候连规定参加活动的人数都报不满。为了调动学生的积极性,该教师想出了很多奖励措施:表扬、实物奖励、作业免做等等。一开始学生的积极性的确被调动起来了,但是时间一长,又走向了另一个极端。活动报名阶段,学生询问的不是活动的内容,而是"老师,参加了有什么奖励"。原本好好的措施,越来越功利化了。他把自己的苦恼告诉了同事,同事们给他出了很多主意,如增加非物质性的奖励;先不公布奖励,等活动结束后再评奖,以培养学生的集体荣誉感;有意识地侧重表扬那些自觉参加活动又不求奖励的学生等等。参考同事的建议后,这位老师不断改进和完善自己的方法,学生在积极参加的同时,也更乐于奉献了。后来整套措施被年级中许多班级采用,又形成了更丰富的刺激方法,设置班级奖励、楼层奖励、年级奖励等多个层次。学生不仅能得到更多的奖励,而且能与更多班级的学生竞争,以打开更大的舞台。

　　教师同伴互助,能够取长补短,形成良好的教学、管理的研讨氛围,在相互帮助、相互协作、相互提醒的过程中,自己不断思考进步,也有更多的"外力",帮助自己成长。俗话说,"三个臭皮匠,赛过诸葛亮"。一个人的力量总是有限的,开放自己、加强交流、学会合作,才是新教师快速成长的有效途径。

(范建健)

96　如何与家长沟通

　　新教师由于经验、方法的欠缺,在与家长沟通方面,特别是向家长反映学生表现不理想时,会有很多顾虑,心中彷徨,这是正常的。随着经验的积累,方法掌握的多样,与家长的沟通也会变得更加得心应手。

尊重与公正是沟通的基础。

人与人之间的沟通交流始终是建立在尊重的基础上的,教师与家长的交流如此,教师与问题学生交流也同样如此。各方面都表现较差的学生,虽然在行为习惯、学业水平上存在诸多的不足,但是在人格上与教师是平等的,更何况是他们的家长。尽管在教师与家长关系中,教师起主导作用,但在人格上是完全平等的,不存在尊卑、高低之别。如果一见面,老师就在家长面前指责学生的错误,把家长当学生来教育,这样很容易造成家长对老师的抵触和不认同,就不能很好地和家长进行沟通。要明白,和家长沟通的目的是探讨孩子出现问题的原因,找出解决的办法,而不是把家长当作出气筒。

其次,教师在与家长沟通时,对于学生各方面的表现,做出的评价必须是公正的,要一视同仁。不能因为学生成绩不好,行为习惯有些问题,就给学生贴上各种标签,带有强烈的主观判断。只有在公正的前提下,正确地评价学生,实事求是地向学生家长反映情况,只要是从事实出发,教师心里也会更加踏实,家长也会对教师有一个良好的印象,那么沟通就会更容易。

了解与真诚是沟通的关键。

各方面都表现较差的学生,家庭教育中往往也存在着许多的不足。但是造成家庭教育不足的原因却是多种多样的。班里一个学生回家作业经常不做,了解情况发现,基本上回家了,就没有人管他了。这时候,教师在与家长沟通的时候,一定会督促家长多关心一下孩子的学习,但鲜有老师会问一问家长,"你们有困难吗?"其实这位家长非常不容易,离异,一个人带着孩子到异乡打工。由于没有一技之长,收入很低,只有延长工作时间,才能维持一家人的生活。在情理上,他是非常渴望去督促孩子的,但在现实中,他也无能为力。如果老师对此有所了解,换位思考,体谅家长的难处,老师和家长的距离就会拉近,沟通也会更加和谐。

再者,教师与家长的沟通是为了一个共同的目标,那就是教育好孩子,是对孩子真诚的关心。对孩子共同的爱也使家长和教师的距离拉得很近,也能使交流更加自然、融洽。这种对孩子真诚的关心,需要教师在与家长的沟通中,通过行动表现出来。有一次去一位后进生学生家家访,由于该生家长平时上班比较忙,基本上没有时间和精力关注自己的孩子。在交流的时候,也很少能从家长口中了解到孩子的具体情况。反而老师,经常在学校里面单独辅导该生,经常聊聊天,对孩子的学习成绩、性格特点、优点和缺点等如数家珍,甚至还知道孩子藏在心中的秘密,就是希望能够和爸爸妈妈一起出去旅游。而这些,孩子的父母却一无所知。随着沟通的深入,在父母心中越来越觉得,老师比自己更像孩子的父母。如果不是发自内心地真诚地对待这个孩子,老师又哪能了解得这么细致。对孩子的关怀,老师并没有说出一个字,但是通过言行举止,真切地传递给了家长。这样,家长感受到老师对他孩子的重视,感受到老师对自己的尊重,感受到自身的不足,感受到这次的沟通的确是为了解决孩子的问题。那么,即使是一个牢骚满腹、怨气冲天,甚至最不容易对付的家长,也会因老师的真诚以待,被"软化"得通情达理。

良好的方式方法是沟通的催化剂。

在与表现不佳学生的家长的交流中,谈论最多的必定是孩子的缺点,这是不可避免的。这时教师掌握一定的方式方法,巧妙地使用语言,不仅能将学生的缺点准确地传递给家长,又可以避免引起家长的反感。首先,要先扬后抑。即先肯定孩子的优点,然后点出不足,这样家长就易于接受。其次,要避实就虚,即不要一开始就切入正题,待家长心情趋于平静的时候再自然引出主题。再次,要淡化孩子的缺点和错误。孩子毕竟是孩子,教师不能以成人的标准去要求孩子。

以前办公室有位新教师，因为班上一位学生经常回家作业不做，就请该生家长来校谈一谈问题。由于缺少实际沟通的经验，在家长刚进办公室，还没坐稳，老师就迫不及待地数落起学生的不是。诚然，老师指出的问题，的确是学生亟待解决的。但是，面对风尘仆仆赶来的家长，内心十分忐忑的家长，更是在办公室还有许多其他老师的情况下，把孩子批评得一无是处，这种方式真的合适吗？要知道，无论孩子表现如何，在家长心中永远是块宝。巨大的心理反差与紧张，加之面子过不去，家长显得并不配合，面对老师枪林弹雨一般的话语，家长总是随口"嗯嗯"两声。自然，最后学生的问题也没有得到解决。

意识到自己的不足，这位新教师开始主动去观察和学习办公室里老教师是怎么与家长沟通的。他惊奇地发现，老师永远有"两张面孔"：面对学生，即使再生气，生气得恨不得拍案而起，在面对家长时也能心平气和。每位家长到校，老教师总会先让个座位，倒上一杯茶，问问家长最近的工作忙不忙。然后才不紧不慢地提到学生。"最近一段时间，进步很大""作业自觉不少，有几次还主动来交了""虽然学习上可能基础有些薄弱，但是这孩子很真诚，经常帮助别人"等等的话语，时常挂在老教师的口中。正是这一份言语和行为上的"客气"，几乎每一位家长都愿意跟老师交流。有一次，一位家长甚至主动提到自己孩子的缺点，主动承担起自己教育不到位的责任。

两者相较，我们不难看出，家长担心的不是孩子犯下的错误，而是教师对于孩子所犯错误的认识与态度。因此在本来就心情紧张的家长面前，教师关键在于表达一种愿望，即让家长明白：谈论孩子的不足，目的是希望得到家长的支持，以便家校共同引导孩子形成良好的行为习惯。在言语表达上的方式、联系的方式、地点的选择等方面多加注意，即使是在谈论学生的缺点，也能赢得家长的认同。

切实的帮助使沟通更具实效。

老师与表现较差的学生家长沟通，其目的是探讨孩子出现问题的原因,找出解决的办法。因此最终的指向是问题的解决,而不是仅限于把学生的问题告诉家长。孩子是父母的心头肉,缺点再多的孩子在家长眼里也是最棒的,因此家长可能无法意识到这些缺点对于孩子成长的重大制约。再者,家长毕竟不是专业的教育工作者,没有太多解决学生问题的技能,时常有心无力。因此教师在聆听家长谈话的同时,还要有策略地、巧妙地提出意见或建议,使家长能够有方向、有凭借地去改善和解决孩子的缺点,使家长坚定教育好孩子的信心。

班级中,一位学生的语文成绩很不理想,从基础、理解到表达都比同龄的孩子慢了不少。家长会时,家长很无奈地跟老师说:"我们自认为在家里管得也很严了。只要有作业,我们就催他快点做;还买了很多课外书放那,可他就是不看。我们也算尽心尽责了,可这孩子就是不懂事,说了等于没说。老师,你说我们应该怎么办?"这可能是老师在与家长沟通时,最常听到的回答吧。如果你这个时候无言以对,不仅不能使学生的问题得到解决,更会在家长心中落下"无能"的印记,影响以后的交流。所以,面对问题学生的家长,教师首先应做到心中有对策。比如,不是买来了书,孩子就能喜欢阅读,初期习惯的培养,更需要家长的陪伴,可以共读一本书,一起讨论书中的人物、情节等;学生作业慢,不是光催促就有用的,有时候也需要一些激励措施。

教师与家长的沟通,是以问题解决为目标的。作为一个专业的教育工作者,教师在解决学生问题的时候,应该处于主导地位。因此,给家长提供有效的方法,更能取得家长认可,为这次及以后的交流奠定良好的基础。

在与家长的沟通中,应把教师对学生的那份浓浓的爱心、耐心和责任心充分地流露给家长,让家长深切感受到老师是真心实意地关心爱护他的孩子。老师所做的一切都是为了让孩子能够改正缺点,变得更加优秀,那么老师的工作一定能够得到家长的理解、支持和配合,也一定能够获得比较满意的效果。

(范建健)

97 如何取得家长的信任

　　随着素质教育的普及和发展,家长越来越重视学生的教育问题,上什么样的学校,进什么样的班级,让哪一个教师来教等,事无巨细,家长都会一一过问,一一考虑。其目的就是让孩子能够得到更好的教育,获得更大的成长。甚至有的家长对孩子的事情过于担心:教自己孩子的老师是不是最优秀的,对自己的孩子是不是足够重视……担忧越多,信任感就越弱。尤其是新上岗的教师,家长的担忧更甚。但是作为教师,没有办法直接去改变家长的观念,只有不断改变自己的教学、管理行为,不断提高自我,才能逐步改变家长的看法,赢得家长的认同和信任。

　　经常反思,自我完善。

　　新教师刚刚走上教育工作岗位,虽然非常谨慎认真,但是难免会有做得不周到的地方。家长对新教师的不信任,也往往是从一个个不周到的地方开始蔓延的。因此,作为一名新教师,应该养成自我反思的习惯,特别是教育教学过程中的一些容易被忽略的细小环节。只有养成反思的习惯,才能不断发现自身的不足,并加以完善,进而提高自己的教育教学水平。久而久之,才能得到家长的认可。

　　在一次单元练习之后,一位新教师想着赶紧批完试卷,好发下去让学生回家订正,结果有一位同学的某处错题没有批改出来。学生回到家,这个未批出的错误被家长发现了,联系到老师才刚刚上岗,这位家长就开始焦虑起来。是不是这个老师不认真,做错的题目都没发现?是不是这个老师水平不行,这题他自己就做错了?而实则呢?这位新教师是非常敬业的,工作非常积极。这里面为什么会出现偏差呢?其实家长了解老师,更多的是从老师的行为中去发现的,家长无法了解的是老师行为的初衷和意图。就如这位新教师一样,家长看到的是老师没有将错误的题目批改出来,而老师积极批卷的态度,家长是看不到的。因此,新教师应当在这样的细节上多多注意,经常细细地去反思。只有这样,新教师的教育教学行为才能不断完善,才能做到既有好的初衷,又有好的结果。

发自内心地关爱学生,架起新教师与家长的情感纽带。

消除家长不信任的很重要的一个桥梁就是孩子。在学校,老师的一言一行都会落在孩子们的眼睛里;回到家,孩子又会把自己看到的,一五一十告诉家长。在这个过程中,孩子起着信息传递的功能。如果老师对一个孩子比较关心,赢得了孩子的喜欢和信任,回到家,孩子会将老师描绘得更加优秀,这个过程中,孩子又起着情感传递的功能。因此,发自内心地去关心学生,给他们无微不至的关怀,让孩子在学校里、教室里感受到温暖,让孩子从心底喜欢你、信任你,那么家长对教师的信任也会与日俱增。

一个学生摔倒受了伤,一位新教师看看,就擦破了点皮,没有什么大碍,就对学生说:"没什么事,你自己去医务室找医生擦点红药水就行了。"于是,那个受伤的学生,只好忍着疼痛,自己一个人孤零零地往医务室走去,心中一片凄凉。

同样的情境,另一位新教师看见了,急忙走上前,检查起了学生的伤势,时不时还询问学生哪里疼,有没有其他地方不舒服。在确定只是擦破点皮的情况下,搀扶着该生去医务室找医生。一路上还不断安慰学生:"没什么事,很快就会好的。"孩子心中满是温暖。

孩子其实是非常敏感的,他们能够从老师对他一言一行中感受到你的态度。相信这两个教师在家长心中的印象是截然不同的,原因其实就在于孩子,一个教师让孩子心中布满苦楚,而另一个教师却在孩子心中撒下温暖。他们都没有直接去改变家长对自己的看法,却都通过孩子,实现了这种改变,或好或坏。

夯实自己,不断提高自己的专业素养。

虽然素质教育已经实施多年,但是家长心中仍然对孩子的学业成绩看得非常重。家长对新教师不信任,一部分原因就是担心新教师的教育教学水平不高,影响孩子的成绩,担心孩子落后于其他班级的孩子。想要解决这一矛盾,新教师必须通过不断学习来提高自己的专业素养,提高自己的教育教学水平,尽快成长为一名优秀教师,才能真正赢得家长的信任。

要提高自己的专业素养,就必须要勤练内功。不断革新自己的教育教学理念;通过各种途径的专业学习,夯实和提高自己的专业技能;通过听课、教研、上课等实践活动,丰富教育教学经验,提高自己的课堂教学水平;注重反思和总结,使经验内化,提高自我。还应当虚心向老教师学习,集他人之所长。要有意识地观察老教师是如何管理班级、如何组织课堂教学、如何做家长工作的,先模仿,然后逐渐加入自己的理解和自己的方法。教师只有足够专业,才能得到别人的尊重,才能得到家长的信任。

最后,新教师应做好"打持久战"的准备。教育教学不像其他工作,不可能一蹴而就,教师的成长,既要有自我内能的不断丰富,又需要时间去沉淀经验。因此,家长对新教师的"怀疑",很难在短时间之内得到彻底解决。这时候,新教师应有坚定的信念,足够的信心,务实的行动,经过一定的时间,才能逐步改变家长的看法。

充满自信,积极沟通,提供教育孩子的合理化建议。

真诚的沟通能够化解很多误会。家长不信任,有时候也正是由这种误会引起的。比如每个孩子的个性都不一样,教师对待孩子的态度也不尽相同,尤其有些学生特别自卑,老师就会多关心、照顾和鼓励些,这就容易让家长产生教师厚此薄彼的想法,进而对教师产生误解。这时候,新教师应该寻找合适的机会,向家长说明原因,消除误会,使他们理解教师的做法。

其次,新教师在为家长提供有针对性且有效的教育方法时经常心存顾虑,担心自己年轻没有经验,方法不当。其实,大可不必。教师是经过一系列完整系统的专业教育才走上工作岗位的,应对自己有足够的信心。自信的人是阳光的,是有感染力的,是能赢得别人尊重的。当然,在与家长交流和提供建议的时候,也要坦诚相待,实事求是,切忌为了面子不懂装懂,或是主观妄下结论。

(范建健)

98　新教师的第一次家访该怎么办

家访是教师密切与学生家长联系的一种最常用的方法,是了解学生的有效途径。通过家访,可以跟家长交流情况和交换意见,统一认识,这样既可帮助教师改进教学工作,又能帮助家长改进家庭教育,从而能形成教育合力。对于新教师而言,第一次家访尤为重要。在心理学中,"第一印象"在人际交往中有着特殊的地位,新教师第一次家访,是第一次以教师的身份出现在家长和孩子面前。一次成功的首次家访,能在家长和学生心中留下良好的印象,对教师今后各种教育教学活动都有很大的影响。作为新教师进行第一次家访时要做好以下几点:

思想重视与角色转变。

苏霍姆林斯基说过:"只有家庭教育而无学校教育,都不能完成培养人这一极其细致、复杂的任务。良好的学校教育是建立在良好的家庭道德的基础上,而家庭教育是一门培养人的科学。"可见学校教育与家庭教育是紧密相连的。脱离了其中任何一个,学生的身心发展都会受到抑制。但是两者的教育方式又是不一样的,尤其是家庭教育,情况更为复杂。由于工作、教育观念、受教育程度等因素的不同,不同的家庭有着不同的教育理念、教育行为。通过家访就能很好地协调学校教育与家庭教育的差别,保持教育的一致性,使儿童健康成长。因此,新教师应当充分认识家访的重要意义,思想上要足够重视,行动上要认真去做。

新教师第一次家访,还应注重自己的角色定位。自己不再是学生或普通人,而是管理一个班级的教师,是负责培养学生的园丁。因此要注意自己的仪容仪表、言行举止,要符合教师这一特殊的身份。比如衣着应当与教师的身份吻合,干净整洁朴素,不攀比不炫耀;交流时,要注意礼貌、文明,注重言语的规范性等。

提前联系,做好功课。

去家访之前,应当做好充分的准备。首先要提前联系家长,协商确定时间,一来避免了因学生家长不在家,白跑了一趟,浪费时间的尴尬;二来通过协商的方式确定时间,也避免了家长为了迎合教师家访而打乱自己的计划,这样有利于在家长心中建立教师的良好形象。其次,应与其他任课教师交流,全面了解受访学生的情况。针对学生的情况具体分析,想要与家长沟通什么,需要解决什么问题等,做到心中有数。这样,与家长交流的时候,就能从容不迫,有条有理,家长听起来肯定认真,觉得老师工作细心,很负责任。再者,应估计到可能遇到的困难和意想不到的情况,做好克服困难的心理准备。

学生应在场,言语须讲究。

家访是围绕学生的教育,教师和家长面对面的沟通。所以,在家访时,应让学生在场。家长、教师、学生在一种温和、平等、轻松的气氛中"三方对话"。开诚布公,既能听到家长的想法,又能知道孩子的心声,提高了信息的准确性。其次,在这种轻松的氛围中交谈,也能使学生更容易接受教育,增进师生感情。

在家访时,与家长谈话,教师的言语须要有一定的分寸。无论谈论的话题是什么,都应该尊重学生、尊重家长。特别是那些有多种缺点且学习成绩差的学生,要从爱心出发,不要以偏概全,一差皆差。应努力发现其身上的闪光点,从表扬其优点开始,打开家访局面,以消除学生的紧张害怕情绪。切记告状式家访,特别不能当着学生的面向家长数落学生,这不仅会伤害学生的自尊心,而且会使家访气氛变得紧张。对于学生的缺点、错误,家访时,老师要告诉学生的是犯了错误并不可怕,可怕的是不改正,改正了就是好学生;要告诉家长的是,帮助孩子改正错误的建议。

记录和分析,确保家访的时效性。

家访结束后,应该及时将家访时了解的情况做记录。特别是家访时,与学生、家长共同商议的决定或约定,以便在以后的教育教学中去实施和完善。最后应回顾整个家访过程,对其中有触动的地方做深入思考,以丰富自己的教育实践经验。

(范建健)

十一　学习在自省中发展

> 　　知人者智,自知者明。自省,不只是对自己心灵的擦拭,更是一种人生的智慧。唯有一个时时自省的人,才是一位真君子。
>
> 　　自省需要强大的内心。能挑战自尊,放下自我,勇于从自己身上发现问题、分析问题、解决问题,这是一个人成长的必然途径。
>
> 　　但是,自省本身不等于是盲目的自责。自省是积极的、愉快的、富有建设性的,是带给人充裕的成长感的。如此,自省才有其独特的意义。

99 当收到礼物时怎么办

　　家长和学生送礼物,可能是他们对教师教育的感恩之情,也可能是想通过这种方式获得教师更多的关注,取得更多的学习表现的机会。望子成龙,望女成凤,家长学生这么做也是人之常情。但是,作为教师,对这样的"常情",应有正确的认识和判断。家长学生一句真诚的问候,教师节上一张质朴的贺卡,一朵美丽的鲜花,表达的是他们对老师深深的祝福,这样的"常情",老师应当心领,并心存感激;如果家长和学生的"常情"已经超出了简单的祝福,贵重物品、红包、有价购物卡等,老师是绝对不能收的。

教师应有专门的职业道德要求和职业操守。

教师是一份特殊的职业,面对的是一个个鲜活的生命,一个个不断成长的个体,因此教师只有坚守职业道德、履行职业操守,才能真正做到为人师表。《中小学教师职业道德规范》第五条明确指出,教师应坚守高尚情操,知荣明耻,严于律己,以身作则。应作风正派,廉洁奉公。自觉抵制有偿家教,不利用职务之便谋取私利。再者,在职工作人员利用职务上的便利,索取他人财物的,或者非法收受他人财物,为他人谋取利益的行为也是不合乎法律的规定的,数额达到一定数量,将是一种违法行为。因此,无论是出于对教师职业道德的坚守,还是遵守法纪,老师应该拒绝收受家长和学生赠送的礼品。

现在,报端、媒体等经常能看到,某某教师因收受家长学生的礼物而被处分或清除出教师队伍。也因为部分教师的不克制行为,助长了送礼、收礼的歪风邪气。甚至有的教师错误地认为,收点礼没有关系。作为新教师,对于这样一种腐败的思想,一定要引起警醒。新教师刚刚入职,对于教育的各种现象,对于班中的学生和家长,都不是太了解,看待问题、处理问题时也显得不够全面。正基于此,第一次面对家长和学生的送礼,心中应始终牢记"千里之堤毁于蚁穴"。小心谨慎,防微杜渐,才能使自己的心灵纯澈。前车之鉴告诫我们,许多教师就是因为一次松懈,而走上一条不归路的。"勿以恶小而为之",既是教育学生的至理真言,同样也在警醒着教师自己。

随着当下信息和网络的不断发展,家长和学生向老师送礼的形式也层出不穷,防不胜防,有时候足不出户就能把礼送了。有的家长,推诿功夫了得,教师有种推脱不掉的感觉。当面拒绝,怕引起家长和学生的误会,引起教师与家长关系的紧张;收下,又有违师德。教师面对家长送礼时,往往处于这样的两难境地。要想破除这种两难,新教师在拒绝家长学生送礼时,应有正确的方式方法。

婉转、真心、开诚布公。

如果老师用非常直接的语言去拒绝家长的送礼，家长心中难免会起很多的波澜。是不是自己的礼物老师不喜欢；是不是这样的送礼方式给老师带来不便；是不是自己的孩子表现太差，老师都不愿意收……因此，语言的委婉，有利于平复家长心中的忐忑。老师先表示家长和学生心意已经收到，并非常感动。这样，可以表现出老师对家长的尊重。接着开诚布公地向家长言明不能收礼的原因，可以从师德规范的角度去劝解；也可以从学生层面去开导。例如，向家长说明收下礼物，势必会给其他学生造成心理压力，会使学生们以为给老师送礼就会得到老师的偏爱，没有送礼的学生可能就不会受到老师的重视，这样，学生对老师的看法会被扭曲，"送礼"歪风也必然会使学生对社会认识以及自身成长目标偏向，最终也不利于自己孩子的健康成长。相信，建立在真心和尊重的基础上，开诚布公地向家长说出心声，一定能得到家长的体谅和支持。

暂且收下，事后退回。

很多时候，家长在你不知道的情况下就把礼送了，或者是态度异常坚决，不容更改，尤其是新教师，家长总会想尽办法规劝，甚至做出保证。这个时候，直接拒绝或坚决不收，会使事情僵化。真有很难推脱的情况，老师不妨暂时收下。事后，老师可以找机会给学生等值的书本、文具的方法，将礼换回去，也可以让学生和家长理解老师的良苦用心，不再乱送礼。如果数额较大，可以交由学校，以学校的名义退还，或者以捐资助学的形式，给家长开具等值的捐款证明。在给家长退回礼物，或寄回证明的时候，老师最好能以书信的方式，再一次表达对家长心意的感谢，言明老师一视同仁的态度，表达希望家长不再送礼的意愿。这样，既能妥善处理事情，又能使家长明白老师的心意。

教师应当自觉遵守职业道德，拒绝收礼，为社会风气的好转做出自己的努力。同时须不断提高自身的师德水平，不愧为人师表，成为学生足以信赖并愿意学习的榜样。

（范建健）

100 终身学习必要吗

"教师经常教育学生认真学习，多看课外书，但是自己却很少看书。他们认为，自己已经具备了教师的资格，没有必要经常看书学习。你认为这样的说法对吗？"

这样的说法肯定是不对的。1996年，联合国教科文组织在其报告《教育——财富蕴藏其中》明确指出："终身教育的概念是进入21世纪的关键所在，终身学习是21世纪的生存概念。"

广泛的阅读——系统地读书与学习。

一名优秀的小学教师，必须得有"四大支柱"的坚固支撑：丰厚的文化底蕴，支撑起他的诗性；高超的教育智慧，支撑起他的灵性；宏阔的课程视野，支撑起他的活性；远大的职业境界，支撑起他的神性。在这四大"支柱"中，"丰厚的文化底蕴"是基础，而广泛的阅读是"丰厚的文化底蕴"的来源。

《教育学》《心理学》《语文教育心理学》《小学数学教学论》《小学教师的艺术修养》《小学教师的文学修养》《世界最伟大的教育法则》等都是必读书籍，这对教师的专业素养的提高有很大帮助。小学教师的任何教育教学工作，都离不开理论的支持。小学教师是"杂家"，除此之外，还要阅读本专业知识以外的书籍，开阔自己的视野。

著名特级教师管建刚阅读写作的故事一直被我们小学教师津津乐道。那年，吴江办起了地方报，名曰《吴江日报》，报上有副刊，名曰垂虹。2月，他写了篇不足400字的豆腐干，寄给副刊编辑，居然登了出来。趁着热乎劲儿，他又写了则《四月》，《四月》也给刊出来了，他又写《五月》《六月》《七月》。他把12个月写了个遍。写着写着，脑子不够用了,他就拼命读书,读散文,读小说,读得昏天黑地的。从写《三月》起,他的家里有了书。一本本地添加,添了 10 年,添了 1000 册。他也从一名村小教师,成长为一名特级教师。

"诗意语文"的倡导者王崧舟在谈到他的成长过程时,所提到的重要的一点就是读了大量的书。他的读书当时没有任何功利性,是一种超俗的较高的读书境界,而这样的读在客观上给他的专业成长注入了源源不断的活力,为他的教育思考奠定了坚实的基础,形成了厚积薄发的态势。王崧舟把读的书内化为自己的教学信念和教学行为,并不断地用来指导自己的教学实践。正由于有了这样的理论充实和积淀,王崧舟的语文教学才充满了诗意,蕴含着美感。

广泛的阅读——带领孩子共同成长。

我们感到自豪,自豪的是中华民族文化资源的丰厚,可我们却痛惜地看到一代又一代人人文素养越来越单薄。作为每一个从事"人之初"教育的教师,如果不能在孩子的阅读背诵的"童子功"黄金季节引导他们走进阅读的广阔天地,让他们在书中与历史对话,与高尚交流,与智慧撞击,从而打下沉实、厚重的文学素养,中华民族将来怎么拥有高贵、文明、有创造力的现代人呢?"书是人类进步的阶梯"这句话说得真是太好了。那么,这个阶梯的第一个平台应由我们的小学教师来搭建。以往的学习大多数教师只守着一本教材教学。然而,实践证明,学习更重要的在于高品位的阅读和积累。因此我们要有意识地扩展阅读内容,在尊重教材的基础上,把教材看作一种可以改造的客观存在,积极审视和批判教材,科学地处理加工教材,准确地自选教材。在教学程序的安排上,"钻入教材"是基础,"跳出教材"是拓展与深化,前者重认同与理解,后者重"反刍"与应用。从教材中来、到生活中去的认识路线,使教学目标落到实处。不但应在量上扩展延伸,还应带领学生就教材的一些内容进行延伸、修改、重组、再创造,让教材成为学生积极发展的广阔策源地。超越教材的过程,就是让学生多角度、多渠道、全方位从书本中积累文化知识,间接获得情感体验等人生涵养的过程。这一切的实现,都需要教师自身阅读积累的沉淀,教师自身的丰厚的文化底蕴才能激发起教育智慧,拓宽课程视野,支撑起课堂的活性。

广泛的阅读——可持续性发展的源泉。

如何让教师可持续发展,成为学生心目中一本百读不厌的大书呢?如何让学生有能力脱离教师的搀扶学会学习,最终让教师成为学生学习的伙伴呢?教师不可能是全部知识、全部真理的化身。这就要求我们不断阅读,不断学习,与学生一起阅读书籍,探索真理,发现真理,开创老师和学生真正平等的对话平台。对于教师来说,阅读即研究,阅读不是一本一本接着阅读,而是根据自己的研究方向,博采众家观点,在研究中进行阅读,创造智慧的课堂教学。凡是成功的课堂教学总是在博采众长的基础上获得的,教师要在自己的课堂上创造教育教学智慧,必须在各种教育书刊中寻寻觅觅,在名师名家的课堂中有所借鉴。很多优秀教师的教育教学技巧的提高,正是由于他们持之以恒地读书。教师只有不断进行研究性的阅读,才能保证其可持续性发展,才能用自己的行动影响学生,让学生也爱上阅读。

作为教师,读书是一种责任,担负着教育的使命。书,能带领我们走向教育的成熟;书,能激励我们不断进取、创造;书,能实现学生、自我的提升,实现一个教育者灵魂的升华!

(钱卫华)

101 怎样才能在奔波忙碌中成长

"作为一名新教师,意外地要带领一年级一个班的数学和二年级一个班的数学,再加上体育、美术这些科目,一周 17 节课,还有每天批不完的作业,感觉自己就像个陀螺一样转个不停。不停重复着工作,没有时间去思考、去反思、去充电,我该如何调整时间?"

这样的困扰几乎每位一线教师都存在。"时间就像海绵里的水,挤一挤总是有的。"虽然这句话说得有点绝对,却折射出了一个人的心态。如果把反思看作是自己工作的一部分,看作是自己事业的一部分,看作是自己人生的一部分,那么反思也许会成为我们乐意而为的一种需要。在奔波忙碌中,在夜深人静之时,它会成为我们最舒适而宁静的港湾。更何况反思是教师专业成长的动力和保障,关乎的是塑造未来的事业,我们怎能轻易说不?

自我反思虽重亦欢。

叶澜说过:一个教师写一辈子教案不一定成为名师,如果一个教师写三年反思则可能成为名师。可见,教学反思对教师的专业成长有着举足轻重的作用。当然把反思看作是成长的云梯,或许太过功利,但不可否认的是反思会带给你无法预约的精彩。反思好比一次长途旅行,只有走在这条路上,才能欣赏沿途的风景,才能愉悦地到达目的地。

每次教《半截蜡烛》都会按精心准备的教案按部就班,波澜不惊中虽然能完成教学目标,但多次下来一种顿顿吃肉的腻感油然而生。"为什么不改变改变?"这种想法在我再次面对这篇课文时愈发强烈。的确,不破不立,与其守着那份几年前备好的教案,不如来次说改就改的头脑风暴。到现在我还记得那节课同学们情绪高昂的样子,课堂里处处弥散着思考的智慧。那次教学虽说不是最成功的,却让我发现了反思和改变给我带来的意外惊喜。会反思的教师才会突破原先预设的条条框框,产生一些有益于教学的灵感,邂逅那意想不到且无法预约的精彩。反之,萝卜烧萝卜,只有萝卜味,永远也不会有牛肉味。

不仅如此,自我反思更是提高教师素质的最有效的途径。自我反思是反省、思考、探索和解决教育教学过程中各方面存在的问题,具有研究的性质;同时,通过反思,教师既可以不断更新教学观念,改善教学行为,提升教学水平,又可以形成自己对教学现象、教学问题的独立思考和创造性见解,形成自己独特的教学风格。

鱼与熊掌兼得,如此反思何乐不为?

自我反思找到内容。

根据教师教学活动内容及教学程序,自我反思在不同的阶段有不同的内容。

教学前的反思:这个阶段的反思主要是在课前准备的设计阶段,具有前瞻性,能使教学成为一种自觉的实践,并有效地提高教师的教学预测和分析能力,即发展教师的智慧技能。反思什么呢?看能否预测学生在学习某一教学内容时可能会遇到哪些问题,看能否寻找到解决这些问题的策略和方法;看能否预测学生针对某一教学内容与环节会呈现出哪些状态及反应,并针对这些现象预设引导方向。

教学后的反思:这一阶段的反思主要是教师对整个课堂教学过程进行回忆和思考,它包括教学行为和学生的表现、教学的成功与失败的理性分析、教师的教学观念是否科学等。如教学中是否出现了令你惊喜的"亮点"环节,这个"亮点"环节产生的原因是什么? 当你的提问学生没有做出预期中的反应,出现课堂气氛沉闷时,是什么原因导致的,你是如何进行有效调控的,调控的方法是否有效? 在课堂教学中哪些教学环节没有按预案施行,为什么? 假设你再次教授这一教学内容,教学设计方案以及活动设计还可以做怎样的更改等等。这个阶段的反思非常重要,能使教学经验理论化,并有助于提高教师的教学总结能力和评价分析能力。

自我反思用对方法。

笛卡尔说:我思故我在。教师在总结反思自己或他人教学实践的经验与教训时,可以采用独立思考的形式,并将总结的经验进行记录,有助于经验的积累。同时我们也提倡教师们借助集体智慧,通过与其他教师研讨交流来反思自己的教学行为,提高教师搜集和分析信息的能力。孔子曰："三人行,必有我师。"其意在突出集体智慧的力量。任何事物都不可能完全孤立存在,它们之间都存在着某种必然的联系。教师的自我反思能力的提高,完全可以从集体讨论和交流中实现。如我校经常开展的学科教学研讨课活动,"一课三磨",其一般活动模式为"上课—讨论—再上课—再讨论—再上课—再讨论"。在听课和讨论的环节中,参与活动的教师都在自觉或不自觉地进行着自我反思的过程。正是在这种讨论和交流中,教师的自我反思得以延伸——他们在总结别人时,也从不忘记对照自己。学别人长处,找自身不足,也正是在这种讨论、交流的点点滴滴中,教师的武装得到了更新,在集体智慧的启发下,教师的判断与决策将更为理性。

威廉·杜拉姆在《思维的革命》一书中指出"假如一个人掌握了思维的力量,那么他就会加速成功的频率"。这句话预示着我们已经进入了一个反思的时代。教师自我反思能力的提高,必将使新课程改革实验工作迈上一个新的台阶。

(钱卫华)

102 新教师要注重哪些方面的专业发展

"宝剑锋从磨砺出",教师的成长同样如此。从学生转变为教师,从课堂走上三尺讲台,角色的突变,会让新上岗教师产生诸多不适应。新教师往往在教育教学过程中发现自己所学的专业知识根本解决不了实际问题,手足无措的尴尬境地常使老师困惑、迷惘,甚至形成职业倦怠,影响教师的专业发展。新教师能够成长为合格教师、优秀的教师,甚至是专家型教师,必须要在不断学习、不断实践、不断反思过程中磨砺。

让阅读成为一种方式。

著名特级教师薛法根老师说过:"阅读应该成为我们一种美好的

生活方式。小学教师要有书卷气(不是书生气),要安安静静坐下来读点书,不要浮躁,不要急功近利。"我们也常听闻他读书的故事:有一年他和徐老师去杭州学习,前后 5 天,他一次也不肯出去玩,因为他带了两本书,说至少要看两遍,徐老师被他缠着,也出不去。最后一天集体组织,徐老师如愿以偿,而他却仍然固执地婉言拒绝,终于把带去的书读了个透。如今知识更新日新月异,昨天的知识到了明天或许已经out 了。"一桶水"的历史也已经不复存在了,因此一名教师,特别是一名新上岗的教师要想立足讲台,就必须去寻找教师专业发展的源头活水。苏霍姆林斯基曾指出:"读书,读书,再读书——教师的教育素养的这个方面正是取决于此。要把读书当作第一精神需要,当作饥饿者的食物。"著名教育家朱永新老师说:"教师的读书不仅是学生读书的前提,而且是整个教育的前提。"两位教育家不约而同直指教师阅读的重要性,教育理论发展的日新月异,教育观念不断更新,就是那一泓源头活泉。教师如果不能与时俱进,就不能跟上教育发展的时代步伐,只能被更替淘汰。更何况如今的教学已经不是简单的传道、授业和解惑,它更注重的是在教育教学的过程中教师作为一个引领者适时地渗透、点拨,给予学生润物无声的滋养。如果一个教师尤其是新上岗的教师,缺乏专业的知识,那么在教育和教学的实践中只能不顾学理地东冲西突,甚至南辕北辙。教师的专业阅读无疑是良方一剂,是教师专业成长的关键因素。教师的专业阅读要侧重教育理论、教育学、心理学等内容,那里都蕴含着巨大的教育信息资源。通过阅读新教师能不断丰富自己的专业知识,更新教育理念,实现从学生到教师角色的完美转身。

让磨砺成为一种常态。

看过玉石雕刻的人,都会惊叹于雕刻者的巧夺天工。一块块大小不同、形态各异、色彩迥异的玉石,经过他们的打磨,便成了栩栩如生、千姿百态的飞禽走兽、人物,抑或是其他的东西。好玉是打磨出来的,同样好课也是"打磨"出来的。特级教师的课堂充满智慧的火花,举重若轻,而且令人赏心悦目,同样的设计、同样的方法我们却无法复制,其原因就在于他们的教学已经达到了艺术化的境界。他们的教学智慧是在长期的磨砺中慢慢积淀、逐渐成形的。"一口吃不成个胖子",教师的专业成长同样没有捷径可走,必须要在一次次的课堂实践打磨中,方能摸索其间的方法和技巧,觅得专业成长的真谛。如我校经常开展的学科教学研讨课活动,很多年轻教师在起初参加"一课三磨"时感叹:"起先感觉一课三磨就像人间炼狱,上课—讨论—再上课—再讨论—再上课—再讨论,不死也得脱层皮。"但一个学期下来,他们发现已然适应这样的磨课活动,而且在上课、听课和讨论的环节中,在自觉或不自觉地进行着自我反思。正是在这种打磨中,在智慧的碰撞中,他们获得了看得见的成长。新上岗教师如何从课堂中华丽转身,"磨课"无疑是缩减距离、实现华丽转身的最佳方式。

让反思成为一种习惯。

叶澜教授曾经说过:"一个教师写一辈子教案不一定能成为名师,但是写三年反思就有可能成为名师。"教学反思是对自己的教学理念、教学行为及教学效率的自我反省,深入的反思能优化和完善自己的教学方式,提升自己的教学水平,实现自己的教学目标。"教师成长=经验+反思"美国波斯纳的这个公式,也无疑告诉教师们,教师的专业成长离不开有效而深入的教学反思。作为一名新教师,我们大可不必总是接受式地学习,有时我们也需要戴上"有色的眼镜"。拿来主义是能迅速丰富我们的教学经验,但在反思中消化、融合、吸收才可能真正获得适合自己的精髓,形成属于自己的教学风格。这就是我们年轻教师为什么借鉴名师的教学资源,却只能得其形,不能得其神的原因所在,更甚者造成画虎不成反类犬的尴尬境地。年轻教师,特别是新教师,则要把反思的重点集中在自己的课堂,不仅反思自己的成功经验,还要反思自己的不足和失败。不要让反思流于形式,浮于表面,而要真正渗入到课堂的每一个角落,使反思成为自我成长的一种习惯。

阅读中、实践中、反思中……困难与进步同在,迷惑与发展并行,教师的成长永远在路上。心若向往,那么教师的这条成长之路必将敞亮,且风景无限。

(钱卫华)

103　个人发展规划重要吗

作为一名新教师,在处理繁忙的教学教育的同时,还要去进行个人规划的制订,确实需要花点功夫,但是非常必要。航船在晚上的大海里航行,那些航海灯总是能让航船有前进的方向、前进的动力。所以,制订合宜的个人发展规划是非常必要的,是一件磨刀不误砍柴工的事。

有目标才有前进的动力!

其实,我相信每个新教师都是怀揣着自己的梦想走进课堂的,当我们面对鲜活的生命个体的时候,也许我们有点累有点辛苦,但是,我们总是为自己的教育理想努力着。

"想成为业务骨干,实现自己的个人价值""想做孩子喜欢的老师""想成为自己崇拜的老师的样子"等等,这些理想是多么丰满,为了让这终极目标显得不那么骨感,于是,我们就是有了一个个阶段发展目标。我想,一个新教师,首先要进行角色转换,明确自己的教师身份。再规范自己,除了那些明文规定的职业操守外,教师的阶段目标就可以进行有效约束。至少在现在的高压政策下,如何来合理地保护自己,有效地服务学生。然后进行业务水平的提高,提升至又一发展目标,诸如加强教育技能,提高班级管理能力。最后,进行科研促进教学,教学滋养科研的专业性教师发展。这时候,也就能形成自己的教学风格。"半亩方塘一鉴开,天光云影共徘徊。问渠哪得清如许?为有源头活水来。"这首诗道出了一个朴素的道理,那就是有了目标这个源头,你才会有活水,才会有不断地学习、不断地丰富自己的动力。

认识自己,找到自己,才能成为自己。

现在大家开车,天南海北都可以去,都不怕了。为什么? 因为有导航啊,导航在,车就在。而这规划就是导航,当你偏离了行驶的道路时,它的巧妙就在于还会让你及时地改道,让你无时无刻都以目的地为目标。在进行发展规划的制订中,我们强调要认识自己,那就是你能够明确自己的优势和不足,这样才能很好地审视,才能提出适合自己的发展规划。在同时期的新教师、在骨干教师名教师身上找到差距,那么就能找到自己的目标,定位好自己,就能成为自己。那么这些规划就是你的导航系统,可以令你明确自己,在不断的审视自己中提升自己。记得一位新教师,在度过了适应期后,就觉得教师可能就是这么一辈子了,把最初的教育理想都忘却了。上上课,处理一些班级里鸡毛蒜皮的事情。但是,我们会发现,教师不仅仅是这样,还需要上课之余做一些积淀:阅读专业书籍提升自己的专业水平;向有经验的教师请教,学习处理事件的方法;试着将自己生动的教育教学故事进行反思,形成随笔论文,向科研型教师发展。

发展规划是让新教师成为千里马的肥草。

新教师制订个人发展规划,分成阶段目标和终极目标。就像跳舞的节点,每个节点踩准后,才能有旋律。不积跬步,无以至千里;不积小流,无以成江海。这就是汇聚的力量。骐骥一跃,不能十步;驽马十驾,功在不舍。想要成为"千里马",就要有锲而不舍的精神,在规划之后,踏实地走好。诸如我们看到的名师,都是按照目标,一步不落地踏实走着的。任何人达到目标都不可能是一蹴而就的。打造的过程本身就含着艰辛,珍珠蚌都可以将粗糙的沙子打磨成圆润无比的珍珠,更何况无数次打磨的成果。这一个个阶段目标的实现,就是一种量变,必定会达到成功的彼岸,也就是最终的质变。

避免职业倦怠,避免停滞不前。

美国著名学者波斯纳曾经提出教师成长的公式为:教师成长＝经验积累＋反思。结合几年的工作经验,确实如此。这个教师成长的公式揭示了教师专业发展的本质。

在没有规划的情况下,容易导致教师个体的职业倦怠,因为没有目标,就会停滞不前。其实,在学校里,仔细寻找,就能找到活生生的自己。有的教师一上岗,进入状态很快,第一第二年就找到感觉,无论是专业成长还是教科研能力,都有了一定水准。那是不是就没有提高的空间了?肯定不是的。与更高水平的教师比起来,还是需要不断发展自己的。因为没有规划,很快就在洪流中成了不进则退的小舟。而一开始,并没有显山露水的同龄教师,却默默地在进步,他们善于思考,善于小结,尝试开展创新性的举措,从"提高理论认识水平"和"强化教学反思能力"等来提升自己。这就是个人发展规划的力量!三五年,转眼即逝,两个人的水平已经不可同日而语了。正如龟兔赛跑中的龟兔,你想成为兔子还是乌龟?相信,不忘初心,方得始终!

新教师的自身成长必须有个人发展规划,才能让自己有目标、有动力;才让自己在倦怠时,不忘记自己的理想;才能在不断的反思改进中真正地让自己成长,成为名副其实的"老师",从达标到业务过关再到教学研究最后到基本功夯实。我们每个人都是从新教师成长起来的,预祝各位都能实现自己的教育理想!

(施　莉)

104　"小题大做"与"多个心眼"

一件事情,新教师看起来就是一件事,这完全可以理解,因为每一位老师都是这么成长起来的。但是,骨干教师的"多一个心眼"也不是"杞人忧天",正是因为他们的经验提醒着要用新思维新理念,要用正确的方法来处理问题,找准处理事情的方向,并且找到事情的根源,这无疑是对学生的负责。毕竟,我们面对的是千变万化的学生。

全面看待问题,这是一种经验,更是一种理念。

大家知道我们的圣贤孔子曾说过:"不以言取人,不以貌取人。"为什么呢?因为一开始就是因为宰予在孔子面前说自己的言行,孔子认为这是君子所为,可是没想到,有次被孔子发现,他竟然在大白天睡觉,孔子就觉得自己不能单单信其言。而又因为澹台子羽相貌丑陋,孔子一直没有发现他的才华,于是,他就告别孔子,来到吴地进行讲学,成绩显著,孔子觉得自己太以貌取人了。很多时候,我们看到事物的表面,就错误地以为这是事情的全部,其实还是要看这个人的行动的。这给我们的启示是要全面看待问题,从多角度来看到事情的前因后果,分析问题,那才全面。当然,这种全面看待问题是要逐渐习得的。

从同一件事情中发现很多问题,才能抽丝剥茧,找到问题的根本,治标又治本!

记得某一个班级里出现了"窃钱"事件。当天某同学带的订杂志的费用被盗了。新教师经过查问、观察和分析之后,就将对象锁定在 A 身上。学生特别"费心",最后经过斗智斗勇,终于在鞋子里面找出了这丢失的钱,还略带有那双袜子的特殊气味。新老师认为只要把钱找到,一方承认了错误,一方也找到丢失的钱了,应该可以了。这时候,隔壁班的骨干教师就认为事已至此,必定要找找原因,因为这盗钱的孩子家的条件相当好,应该平时父母也不会苦了他。或者说,是有什么东西需要他冒险去购买?究竟是什么原因?后来经过一次恳谈,一次家访,让孩子有安全感,然后坦白自己的点子来源于网络,上面有很多这样的具有挑战的游戏,是好奇心,追求刺激,让他犯下了这样的错误。那么问题就来了:1.让孩子有改过的机会,当然也要学会保管好自己的财物。2.进行网络安全的管制,家长和学校要合力配合。3.要学会明辨是非,有足够定力面对诱惑。4.进行"好奇害死猫"的主题队会等。好奇心可以带来新点子,但是如果这是违反规则的,就是馊点子。因为这样的处理时间,拉长了战线,所以这位同学和其他同学都印象深刻。追本溯源,才能杜绝治标不治本的教育假象。

理解行为背后的缘由,将一件事串联成一个事件。

一名学生一个故事,组成一系列事件;深入了解学生,让事件的影响力辐射更多学生,这就是研究的方向。每个学校某些班级,总有些特殊的孩子。记得那个临界弱智的孩子,老师会把他单独一个人坐,因为他上课没有怎么吵闹,所以老师也没有过多关注,但是在课间操或者去专用教室上课的时候,就会遇到掉队、迷路、不会收拾桌面等现象,老师就会指定一位同学带他。这位同学真心蛮辛苦的。经骨干教师指点后发现,这其实是一个突破口,可以让这位同学得到更多的帮助! 1.建立班级日志,凡是帮助过他的人和事都可以记录在上面,定期表扬;2.既然我们经常倡议献爱心,那么就从身边需要帮助的同学开始,为他们做力所能及的小事;3.形成班风:感受爱,学会爱,传递爱! 过一阶段,这个孩子因为在这种氛围中成长,他竟然也悄悄地关切地问某同学的感冒好了没有。多么强大的力量啊! 这个孩子,还有那些帮助过他的孩子,心里都有了一颗爱的种子!

提升自己的能力,让自己具有拂尘见金的能力。

是的,如果每次都能像骨干教师那样去分析问题,就能提高自己应变突发事件的能力,就不会产生隔靴搔痒、抽刀断水的弊端。不得否认,正是因为这些骨干教师的细心、爱心、耐心,练就了他们具有"小题大做"的能力,也正是多次的"小题大做",才让他们有所作为。历练自己,就能让自己成长,成为明日之骨干。

当然,新教师身上的那种亲和力,那种对于新鲜事物的接受性,具有更完整的心理学知识,还是值得其他教师学习的。新教师,需要一个舞台,需要一次次经历,就能铸造自己辉煌的明天!

（施　莉）

105 新教师怎么做课题研究

　　教育理论的研究,不应当是教育专家的"专利",反而教育专家的研究也是从教育实践研究中得来的。一些高校的专家乐意同地方学校联合共同开展课题研究就是证明。专家需要一线教师的实践作为理论依据。而新教师就是一线的教师,更有优势,只是我们暂时没有教育专家的理论水平。假以时日,我们通过自己的理论与实践的结合,也能成为专业的研究者。

　　课题研究体现一个"微"字。

　　新教师在教学实践中都会产生教育问题,如何解读教材;如何应对课堂突发事件、如何处理师生的关系等等,摆在新教师眼前的是一连串的问号。其实,这些"教育的问题"就可以是我们要研究的课题。我们教师正是在完成一个个实际的教育教学的问题中,获得教育教学的经验和成果的。这些问题如果不加以重视也许会阻碍教师的成长。我们新教师从教书的第一天就要树立"我是教育者,也是研究者"的信念,相信通过课题的研究,能让自己更快地走向成熟。

　　教师每天遇到的事情都是很小的事情,这些"小"的事件中也许包含着"大"的道理,这就是"微研究"。如果你加以重视并深入地研究,也许会有意想不到的惊喜。著名特级教师薛法根,从青年教师开始就十分重视课题研究,这些研究都是教育教学工作的感悟。据说,薛老师每天坚持写教育心得,记好一篇就放在办公室的抽屉里。经过一段时间,他把一篇篇教育实践心得进行认真整理,写成教育文章。因此,他的教育著作实例鲜活、耐人寻味。工作不久,他第一次参加江苏省教海探航论文评比就获得一等奖的好成绩。

　　纵观我们身边成功的名师,几乎所有人的成长之路与课题研究都是分不开的。正是在课题研究中,他们收获了大的教育智慧。"教育无小事"，看起来不经意的一件小事，通过我们长时间的坚持研究会有很大的成果。

课题研究能提升教育教学水平。

教育者是有别于其他职业的。我们面对的是学生，学生是存在个体差异的群体。如何让每一个孩子都能快乐成长是教师研究的终生课题。

如今，时代在飞速发展，家长、社会对我们的期待也在不断提高。我们所学知识说不定从校园里出来已经落后了，所以我们的知识需要不断更新。现在又是个知识大爆炸时代，我们遇到的教育教学问题也层出不穷。为了应对这些复杂的变化，我们的教师首先要有研究意识。

课题的研究是要理论支撑的。教师通过课题的研究发现理论的不足，通过阅读专业的教育理论书籍提高理论研究水平。教师理论水平的提高不是一朝一夕的，需要不断充电，是在理论与实践中达到平衡的过程。

教师学习教育理论的目的不仅在于提高理论水平，同时，理论可以引领自己的教学不断改进。我们看到的名师课堂教学得心应手，是因为在他的背后有强大的理论学习作为基础，教学的每一步都有高深的设计意图。我们要学习名师的不光是教学技艺，更要学习关于他的教育教学理论。这是我们新教师在听课学习中值得注意的。

新教师课题研究应避免的误区。

课题研究要避免空泛。新教师由于缺乏丰富的教学经验，开始撰写的课题可能会有一些盲目，甚至想到的课题会特别大。如，有新教师对我国的基础教育改革有自己的看法，想要写一篇论文。这对于新教师来说是非常有勇气的。可是，对于新教师的理论水平来说，这样的课题研究未免眼高手低。我们要从自身的教育实践中发掘出有价值的课题，加以深入的研究思考，才会切实提高自己的研究水平。

课题研究要培养独立的教育思想。教育的终极目标不是达到一致，而是追求个性的统一，教师的理论水平同样如此。教师的教学要有自己的风格，理论研究亦是如此，不可人云亦云。新教师要确定理论研究的方向，不断地钻进去，深入地研究。教师要有自己的教学主张，在自己的课题研究中得到成长。

课题研究宜求短、平、快。课题研究也是要追求时效的，课题研究既然是"微研究"就要体现短、平、快的特点。教师在一个学期或学年中可以结题，对于自身来说也会有成就感。新教师在教育研究中得到大家的认可，这也是最好的激励。

新教师面对的一切都是新的，一切重新开始。"好的开始是成功的一半！"新教师要过一种全新的、充实的教育研究生活，在实践与理论中得到更好的发展。这是教育的一大幸事！

（林震民）

106 如何进行课堂评价

教学评价是课堂教学中的重要环节。教学评价是有标准的，不是只凭教师主观的感觉，重要指标是学生课堂上的实际获得。

我们课堂教学评价的主体是围绕学生的，而不是只看教师的个人表现。教师觉得课堂教学"顺"往往有许多原因，值得教师好好思考。会不会是学生学习的内容在课前早已掌握；或是教师设计的教学对于学生来说太简单了。

教师的教学设计如果过于简单，学生会觉得没有挑战性，学生的思维在一个平面上滑来滑去没有实质的提升过程；反之，假如学生在教学中有质疑，一定会有"停顿"、有"迟疑"，或者还有"争论"等等。而实际的教学中，我们往往不敢"质疑"，教学流程的"顺"折射的恰恰是教学质量的低下甚至可能是无效。

因此,顺的课可能不太有含金量,而不顺的课未必不是好课! 那么,我们应当如何制订课堂教学评价标准呢?

教师应站在儿童立场来实施教学。

儿童是学习的主体。教师设计教学的流程是根据学生实际知识经验来确定的。如,在教学"词"这个新知识点的时候,教师可以用以往学习古诗的经验,引导学生在对比中习得新知识。词的产生是在诗的基础之上的,所以,词的学习与诗紧密联系。通过对比很容易发现它们相通的地方以及区别之处。

教育还应遵循儿童发展规律。儿童认识事物是有一定顺序的:由简到繁、由浅及深、由粗到细等等。我们要遵循孩子认识的规律。教师在备课中要做到自己心中有数,在哪里是学生容易忽略的,哪里是学生容易犯错的,都要有详细的教学预案。

我们要让学生在该停留的地方放慢脚步,慢慢行走,细细体味,毕竟每个人的童年都只有一次。我们要静听花开的声音,相信每一个孩子都有成功的可能。

好课的标准是学生真正的习得。

学生是课堂教学的主体,学生对活动的投入程度决定了课堂教学的质量。如果教学成了教师的"独角戏",教学没有实质促进学生思维的进步、能力的提升,即使课堂热热闹闹,还是没有真正实质的教学成效。

我们倡导自主学习方式。如今,新课程标准倡导的是自主、合作、探究式的学习模式。学生在自主、合作、探究中难免会有疑惑的产生,难免会有"不顺"。正是不顺产生了教学的价值。试想一节课学生都能顺利地回答教师提出的问题,哪还有教师的"答疑解惑"的必要?

我们还要让学生体验学习乐趣。教师如果在整个教学中没有让学生真正参与学习体验的过程,学生回答的都可能是"陈述式问题",或许这些问题学生已经在课前自学中知晓,只是在课堂上应付教师的提问而已。有些知识点学生完全可以通过自学完成的，教师如果对此"视而不见"，就失去了教学的真正意义。

教师的职责是充分调动学生学习的积极性。教师应竭力在学生困难时及时地点拨、耐心地指导；让学生在尝试中得到深度思维的挑战，从而获得学习的真正乐趣。如果教师的教学没有能促进学生深入地学习，他们所学的知识就十分有限、枯燥了。

以评价来改进教师课堂教学。

如今，我们提倡"因材施教""以学论教"，即以学生现实状况来决定教师的教。同样，我们也可以通过评价学生的表现来判断教师教学的水平。

当我们只对教师的表现来判别一节课时，不同的标准也许就会有很多结果，有时甚至是片面的。而我们把眼光转移到学生上时，判断就会更加客观、公正。也许，有些教师还会狡辩学生的水平是不同的，教学表现当然不同。对，不同水平的学生，教师就要灵活地实施教学，这就是"因材施教"。名师无论面对怎样的学生都会应对自如，正是因为他们是站在学生的立场，以学生现有的知识水平为基础实施教学。而我们的教师更多的是按照事先准备好的教案，按"步"就"搬"把教学流程依次呈现。

"以学论教"是要通过课堂教学的评价来改进教师的教学行为，把一些不利于学生学习的内容坚决省略，突出学生学的过程。"以学论教"解决了教师盲目照搬教材的现象，让课堂呈现新的活跃。课堂上，教师以学生现有的知识水平展开教学，及时调整教学方案。因此对教师的教学水平提出了更高的要求。

每一个人在学习中都渴望获得长进。教学中突出学生学的体验，就是要让学生在学习中得到成长。教师也要以此反思教学行为、调整教学方案，也许这就是现代教学中的"教学相长"吧！

（林震民）

107 评课是看老师还是看学生

在我刚踏上工作岗位的时候,是这样评价一堂课的:这堂课教师怎么教的? 老师的基本功怎么样? 普通话标不标准? 粉笔字漂不漂亮? 教态自不自然?

的确,不光是新教师,很多老师在听课时关注的点往往会集中到授课老师身上:老师是否有过硬的教学基本功,是否能很好地调控课堂,教学设计是否精致等等,以此来评价一堂课是不是精彩,而完全忽略了学生的反应。

教师要有正确的角色定位。

课堂教学是师生共同活动的过程,在这一活动过程中,学生是活动的主体,教师是活动的主导,教师教与学生学的呈现方式本是一个有机的整体。然而,传统的课堂教学评价却是以教师的课堂教学行为作为研究对象,把教师的教材解读、目标确定、环节设计、结构呈现、资源整合、手段运用等作为评价依据,形成了"以教论教"的不良倾向。这种以教师的"教"为中心的课堂教学评价,失去了对以学生发展为中心的新课程课堂教学改革的导向与激励功能,大大抑制了学生的发展。

因此,教师要有正确的角色定位。教学,应在于"学"。在教学过程中,学生始终是学习的主体,而教师只是一个组织者、引导者和点拨者。

曾经听到过这样的课——

教师没有过硬的基本功,就连普通话都是不标准的。但是,40分钟的课堂,上课老师让所有听课老师惊叹——学生一节课的收获是满满的,学生的听说读写能力有了明显的提高:学生不会听,教师循循善诱,不放弃每一个学生;学生不会写,教师通过评价点拨,让学生学会如何将自己内心的话表达出来;学生不会说,糟糕得连一句完整的话都不会,教师则一词一句地教,给予鼓励,从而使学生有了开口说话的信心……如此种种,在这堂课上,我们看到的不是教师精致的设计,不是过硬的基本功,而是不厌其烦的循循善诱,而是学生巨大的进步。

这样的课堂是我们需要的,是学生需要的。

评价一堂课是不是好课,关键要看学生。

一堂好课应该是没有课堂的过分喧嚣,没有教案的过度限定,没有限制学生思维的流程,能真正发挥学生主体作用、教师主导作用的课。

怎样才是发挥了学生主体作用、教师主导作用? 我们可以这样看一堂课——

学生是否"全员参与"了?"全员"也就是所有学生。课堂上,是不是所有学生都能参与到课堂教学中来。老师在课堂中的主导作用,是要能促进每一个学生的学习。全员参与,才能实现全员学习。在当前班级人数普遍多的情况下,虽不能落实对个体学生的个别教育,但完全可以实现对不同层次学生的因材施教,这也就是我们现在所提倡的教师备课要"备学生"的要求。

学生是否"状态积极"了? 做任何事,只要态度积极了,没有做不好的。教育也是如此,课堂教学中,我们面对的对象是有着主观意识的人。课堂上,当学生状态积极了,思维便能动起来,他对你提的一个问题就有了明显的反应:或能思维碰撞,或是举一反三……这样,教学的效果才会明显。

学生是否"主动学习"了? 学习态度不外乎两种:主动学习和被动学习。主动学习的学生,心情愉快,精力充沛,学得又快又好;被动学习则反之,心情烦躁,精神涣散。课堂上如果教师一味地展示自己过硬的基本功,无视学生的反应,学生学习则会表现得被动。很多次听课,我们会发现,课堂上学生的注意力不集中,不是低头不语,就是启而不发。为什么会这样? 究其原因,主要在于教师长期以自我为中心的课堂大大抑制了学生课堂上思维能力的发展,学生习惯了这种被动接受的课堂教学模式。因此,课堂上,教师要把学习的主体地位还给学生,让学生自主学习、自主展示、自主质疑,人人感受学习的快乐,全员处于主动学习的状态,让学习成为一种有趣的事情。

好的教学要适合学生!

相同品种的果树种在不同土质的土壤中,结出的果实味道却不同。这很好地说明了果树的种植要研究土质,根据不同营养成分的土质来种植适合生长的果树。种树如此,育人亦是如此。"教"与"学"是同一过程的两个方面,互相联系,不可分割,我们倡导以"学"论"教","教"为"学"服务。

美国教育家杜威曾说过:"教育即生长,生长就是目的,在生长之外别无目的。"学校多次的一课三磨活动足以可见,很多时候,一个试上过很多遍、近乎完美的教学设计在不同班级上得到的效果却大相径庭。教师按部就班,照着原先设计的思路走,但学生却表现平平。这其中原因,就是教师没能根据学生的实际情况调整教学。虽然课上完了,教师过硬的基本功都展示了,但学生始终不能进入状态,也就是说学生没有积极主动地投入到课堂教学中,始终被教学设计牵着鼻子走,被动地学习着。这样的课堂,教师的基本功再好,课堂调控能力再强,教学设计再精致,也是失败的教学。因为在这样的课堂上,孩子没有得到应该有的发展,能力没有得到提高,是低效甚至是无效的。因此,教师备课,要以学生的需要确定教什么,教的内容要根据学生的成长规律而确定;我们评课,就要以学的效果来评价教的效果,看一节课成功与否,关键看学生在课堂上有多大的提高。

孩子是果树,教学是土壤,如何使孩子们在适合自己的教学土壤中得到最大的发展,是每个教师应该研究的课题。

（马丽琴）

108 能让写随笔变得快乐些吗

每个月,教师有一项几百字的作业要完成,那就是——教育随笔。很多时候,很多教师,在月底检查前一两天,才匆匆忙忙把作业完成。每个月像挤牙膏一样,挤出几百字交差。不可否认,这挤牙膏的过程确实是痛苦的。

但是,越怕越不会写!

我们常常会听到语文教师抱怨自己学生不会写作文,怕写作文,一写起作文来,抓耳挠腮,半天写不出一句话。

几乎每一届都有这样的学生,而且不在少数。这样的学生一般都是平时生活中不善于观察、积累的孩子。记得我带的一届三年级学生,刚开始写练笔,在讲过要求之后仍然有不少同学不知从何写起,10分钟,愁眉苦脸才挤出一句话。原本预计半节课结束的练笔内容,结果整整写了一节课,交上来的内容还不尽如人意。我也曾试着让学生有紧迫感,限定时间,希望能在规定的时间内逼着他们写。结果,在规定的时间内,那些不会写的、怕写的学生还是完不成作业。后来,我坚持让学生结合生活经验写话、练笔,每天记录写作素材,要求学生将一天里自己感兴趣的、有趣的、伤心的、快乐的人或事,只要你觉得可以记录的,都可以记录在素材本上。慢慢地,我惊喜地发现学生有内容可写了。学生的表达越来越流畅,一提到写作文就头疼的学生也越来越少了。学生的素材开始五花八门,有的学生将科学课上观察小蜗牛的过程记录下来;有的学生将饭桌上家人不同的吃相爆料了一番;有的学生记录的是午餐后的快乐时光——草地上打滚;有的学生记录的是活动课上开展的贴烧饼游戏……渐渐地,孩子们发现原来学习生活中有那么多可以写的东西,练笔时只要选取其中一个印象深刻的素材写具体就可以了。从此,他们就不再害怕写练笔,写练笔也就不再是一件难事了。

其实,学生写练笔是这样,教师写随笔也是同样的道理。为何怕? 因为没内容可写。为何没内容可写? 因为平时不善于观察、积累素材,到要交"作业"的时候就苦于写不出来。学生习作需要从生活中积累素材,教师写随笔同样要从日常的教学中来。要让写教育随笔变得快乐起来,教师也要善于在日常教学中积累教育素材,成功的也好,失败的也罢,点点滴滴记录下来,这些都是你日后写随笔和论文的最佳材料。

随笔,体现的是一种思考状态。

刚工作的我也为写随笔烦恼过,每到一个月的最后几天,总是捉襟见肘为随笔发愁。写什么呢? 好不容易找到了要写的点,但是又写不具体,三言两语没话说。一次偶然的事件让我关注起平时的教育细节,审视自己的教育行为。从此,写随笔也就不再是什么难事儿。

那次,班上调皮捣蛋、很不受人待见的孩子阿正同学又惹祸了,他将牛奶倒进了小黄的衣领里。气不打一处来的我把阿正拉到了办公室,想狠狠地教训他一顿,但转念一想:以前阿正惹事后都是一顿臭骂后收场,可还不是照样屡教不改吗? 这次得尝试别的办法来教育。于是,我平静了心情后,与阿正谈心,问他这样做是出于何种原因。没有受到训斥,阿正反而表现得很拘束,对我敞开了心扉,说出了心里话。原来他是想引起别人的注意。他的回答着实让我惊讶。他屡次犯错,"欺负"同学,目的只是想引起别人的注意而已! 这样的回答好似给了我当头一棒,促我警醒:作为班主任的我是否有着不可推卸的责任。以前粗暴的教育手段导致孩子不愿意说出心里话,从而做出让人匪夷所思的事情,导致他性格越来越孤僻,被同学孤立。

事后,我深刻地反思了自己的教育行为,及时地记录了下来。从这件事后,我就留心将自己教育、教学中的案例进行反思,得出教育教学经验:今天课堂上教学哪个环节出问题了,学生的思维没有被调动起来,课后及时反思记录;哪个环节效果明显,达到预期的目标,原因何在等等。慢慢的,平时积累的案例多了,写随笔、写论文就有了素材。多篇论文还在不同级别的杂志上发表。也因此,我渐渐成长起来:市优秀班主任、教学能手、学科带头人……

随笔,不仅仅是教育教学情境的再现,它促使教师善于发现,善于思考,促进教师的成长,更多体现的是一种思考的状态。

涓涓细流般的积累,孕育教育的智慧。

曾看到过这样一个故事——

美国作家杰克·伦敦的房间里有着奇怪的装饰,不论是窗帘上、衣架上还是厨具都挂着纸片,每片纸上都记录了一些美妙的词汇,他把纸片放在房间的每个角落,为的是每时每刻都随时记诵。杰克·伦敦正是这种对语言和素材的不断积累,才能在写作时得心应手,写出像《热爱生命》《铁蹄》这样脍炙人口的作品。

杰克的故事说明一个道理——成功离不开积累!这对我们是很有启发的。的确,学习、做学问是一个循序渐进、持之以恒的过程。教育教学中的积累对教师自身的专业成长同样重要。我身边就有这样成功的教师。

著名特级教师薛法根老师,相信大家都知道。他对教育教学满腔热忱,一心扑在教育事业上,每天笔耕不辍,善于分析、总结,总能透过事件表面看到背后的本真。同在一个地区的特级教师管建刚老师研究的作文教学在全国也是首屈一指的。

这样的案例不胜枚举。他们为什么会如此成功? 发现、思考、积累,再发现、再思考、再积累……如此不断,如涓涓细流般。他们的眼睛越来越善于发现,他们的头脑越来越睿智,他们积累的智慧也越来越丰硕……有了专业的积累,才有了专业的教师。

教师,是一个育人的职业,也是一个育己的过程;是一个成人过程,也是一个成己过程。学会思考,善于积累,我们可以在培育学生的同时,成就自己!

(马丽琴)

109 怎样参加培训有实效

"学校经常组织参加培训。听课,我认为比较实在。各种教育理论的讲座、心理辅导讲座等,我认为和我距离太远。我的实际教育教学工作不需要它们。我这样的想法对吗?"

这样的想法肯定是不对的。但是,你有这样的想法产生,也是情有可原的。和你有一样想法的,有相当一部分教师。因为听课是最直接的、比较便利的学习方式。

以他人视角观课,便于从现象中发现问题。

"不识庐山真面,只缘身在此山中。"这句话蕴含着认识事物、认识生活的人生哲理。自己上课,感觉不错,却讲不出其中内在的道理;效果糟糕,也分析不出问题的所在。而以一个局外人的角色,坐在教室的后面,静心听课,总能得到许多意外的收获。例如,在语文阅读教学中,我们经常指导学生有感情地朗读课文。可是,理想很丰满,而现实又总很骨感。折腾大半节课,山还是山,水还是水,学生的朗读水平没有显性的进步。一位教师花了很长时间指导学生朗读一段对话,学生仍没有达到老师的朗读要求。学生怎么就读不好呢?

看别人的课,我们发现,这位教师在指导的过程中根本没有教学生朗读的知识。朗读对话,首先要有角色意识,老爷爷有老爷爷的说话方式,孩子有孩子的说话方式,如果角色错位,读出来就可笑了;其次要有现场意识,每个角色说这话的时候是处于什么情境,心情如何,这些内容了解了,人物说话时的语气也能比较准确地把握;当然还需基本的朗读知识,要善于捕捉话语中的关键字词,把握了这些关键字词,就能准确表达说话者的意思。朗读教学如此,其他也一样,即便是写好字,也有诸如"把握关键笔画"等写字知识的教学。听课,我们常常有一种顿悟的感觉。所以,喜欢听课,这是很自然的一种态度。

确实,听课的学习方式的确很实在。但是,作为一名教师,仅仅靠听课来提高业务水平是远远不够的。

思想与理念的改变，才有教育教学行为的改进。

认识的高度决定行为的高度。习近平主席正是认识到领导干部的作风，对党风政风乃至整个社会风气具有重要影响，才提出"八项规定"，让人看到风清气正的希望；人们消费观念得到转变，购物方式也随之悄然发生变化。

情景：校园里，一个学生钻进草丛捉蚂蚱。一位老师看见了，惊跳起来，大声呵斥："你在干什么？你怎么可以踩踏草坪？赶紧出来！你怎么能这么不遵守纪律！我要找你们班主任，好好批评一顿！"于是，这个学生战战兢兢地走出草丛，战战兢兢地回教室，战战兢兢地等待班主任来训斥。从此，这个学生再也不敢靠近草丛，再也不想观察一切昆虫。

情景再现：校园里，一个学生钻进草丛捉蚂蚱。一位老师看见了，问："同学，你在干什么呢？"学生答："我不知道蚂蚱到底长什么样，听说草丛里有蚂蚱，我想找到它，看一看。"老师继续问："除了看一看它长什么样，你还想知道蚂蚱的其他方面吗？"学生答："我想看它是怎么吃东西的，想知道它会不会唱歌，想看它是怎么跳的。我想知道的太多了。"于是，这位老师小心翼翼走进草丛，帮助这个学生找到了蚂蚱，一起观察了很久。这个学生和老师一起度过了一段非常美妙的时光，并对昆虫有了更浓厚的兴趣。

同样的情景，完全不同的结果，就在于两位老师完全不同的儿童观。前者，以规约的方式去管理与训斥儿童；后者，以发现的目光去守护儿童的成长。儿童之所以为儿童，是在于他们对世界、对生活有无穷的好奇心。简单的禁止与约束，只能禁锢儿童的心灵；鼓励与陪伴，则释放了儿童内心成长的需要，让儿童在不断地发现与探索中生长智慧。

课堂教学也是如此。如果认为好看的课是好课，我们的课堂就走入了误区:过于注重华丽的多媒体技术,过于讲究教师精美的语言,过于执着于<u>丝丝入扣</u>的教学环节等;如果认为学生的课堂行为是教学的一种资源,教师就会格外珍惜学生在课堂上的"横生枝节",并善于利用,成就生长型的课堂……

教育的意义和价值在哪里?我们该有怎样的儿童观?教学的基本规律是什么?学科教学理念该如何解读?聆听各类讲座,参加系列课程培训,我们不断积累教育教学的思想,并潜移默化地运用于教育教学行为中。这种改变,或许有意识,或者无意识。但改变是切切实实存在的,并且随着时间的累积,这种改变会越来越明显。

教师,是具有专业特质的职业。要成就教师职业的专业性,需有两个核心支柱支撑:实践和理论。我们需要从课堂教学实践、学生管理实践中成为一位有经验的教师。但是,我们更需要以认识的高度、理论的深度反思与改进,逐渐提升自己的实践水平。

(沈玉芬)

110 怎样"经营"和"保鲜"教师这一职业

常言道,相爱容易相处难。"相处"是一种学问,也是一个难题,婚姻如此,推及职场也不例外。

其实,教师的成长,也是一个蜕变的过程。

回顾一路走来的自己,我们可能爱上过很多东西,但又有多少能"白头到老"?比如,某日突然爱上了古诗词,读背一些时日后,发现要写出一首古体诗困难重重,于是原有的激情不再,学习也便戛然而止了。诸如此类,不胜枚举,究其缘由,在于过程中没有好好地去"经营"。对于教师这一职业而言,也是如此。我认为,大部分教师还是怀着一颗赤诚之心走上这一工作岗位的。只是,走上三尺讲台,面对着一些未曾预料的困难与枯燥,稍有不慎,便会迷失了自己。

成长的历程总会充满风风雨雨。或许刚刚起步,就有诸多的困惑与阻隔;或许已经很努力了,却发现现实与理想相去甚远。

请相信,用心经营,可以期待风雨后的美丽彩虹。

用心经营,需要的是耐心、信心和恒心,这是一种修养,也是一种高品质的生命之道。任何事情,往往不可能一蹴而就,需要一个过程,这个过程甚至是漫长的、艰辛的,这就要考量一个人的品质和修养。单凭一时的热血沸腾,心中的理想不可能一夜升腾。

每个学生都是随风飘落的种子,有的落地生花,有的命如草芥。教师无法左右学生的整个人生,但是教师对学生的耐心、信心和恒心,就是一寸温暖,就是每个孩子的一丈阳光。当然,目标不要只定义为给学生一寸温暖即好。能更增一分两分或是更多分温暖,便是最好。所以,教师还要不断地主动积极地提升自己的理论修养和业务能力。可以利用丰富的网络资源学习专业知识、借鉴名师的课堂或是同行的经验;养成写反思的习惯,在教育教学中遇到了什么问题,自己是如何解决的,都要及时记录下来;立足课堂,敢于上公开课,敢于暴露自己的缺点,在打磨的过程中实实在在提升自己的执教水平;除此,不管什么时候,请别忘了"读书"二字。

以简单的幸福感,为事业"保鲜"。

"老师,你也是我们这个班集体的一员!""老师,我希望下学期还在你的班上!""老师,我家孩子说很喜欢你的课!""老师,谢谢你! 是你让他喜欢上了语文!"……

下课后,总被一群小孩乐呵呵地围着转,这是幸福;下雨天,校园里,学生递过来一把合撑的伞,撑起的是幸福;教师节,一张远方寄来的贺卡,手捧的是幸福……

用心聆听,用心感受,我真觉得教师的幸福感就是如此简单。小小的幸福感,瞬间可以消融所有的辛苦与厌烦。

是啊,幸福如此简单。小小的一件事,那都是学生对教师爱的回应。每每及此,总觉得这辈子能做一名教师,还是值了。

的的确确,教师这一职业是需要"经营"的。心向学生,在自我的不断提升与磨砺中,感受教育教学中点点滴滴的幸福,这样,一颗对教育事业炽热的心才会永葆新鲜。

（李峰华）

后记 | Afterword

记得刚刚走上讲台的那一刻，我满怀着对未来的美好憧憬，梦想着成为像叶圣陶一样的老师，既学识渊博，又深得学生爱戴。然而，在教育教学中，我遇到了各种各样的教育难题。有些孩子，无论你怎么教，就是学不会、改不了、做不到，真的让人感觉有点黔驴技穷。当时，我多么希望和神笔马良一样，拥有一支教育的万能"画笔"，以此摆脱教育的困扰和烦恼。

这支万能"画笔"在哪里呢？我用心地寻找着：在身边的老教师那里，我找到了"耐心"；在魏书生的班主任经验里，我找到了"守常"；在苏霍姆林斯基《给教师的一百个建议》里，我找到了"智力背景"；在和同伴的共同研讨中，我找到了"理解"与"心解"的教育之道……世上本没有一支教育的万能"画笔"，唯有有心人才能在不断的实践与反思中，领悟到教育的奥秘，享有一名教师的幸福人生。

这本书，汇集了我们一线教师的教育心得。所有的话题都来自我们曾经遇到的问题，那些分析与对策，来自于我们的成功经验或失败教训。感谢参与编写这本书的所有教师，让我们与未曾见面的教师们一起，分享你们的经验和思想。我常常想，教育是一群人才能完成的事业，每个人都应该贡献自己的教育心得，哪怕是令人心痛的教训，也是弥足珍贵的财富。

这本书,是写给一线教师的,尤其是刚刚走上讲台的教师,那些充满教育激情与理想的教师。为了能让他们在专业发展的道路上走得更稳、走得更远,我们按照教育部颁发的《小学教师专业发展标准(试行)》中所列的13个领域60条基本要求,将纷繁的教育经验梳理、整合为"专业理念、专业知识与专业能力"三个篇章,便于教师们参照专业发展标准来阅读提升。

或许,这本书中我们的阐释还不够深刻通透,我们的方法还不能立竿见影,但我们相信,只要你我一起来研究教育的种种问题,终究会从《新教师不可不知的110个怎么办》中诞生教育的《十万个为什么》,点亮教育的明天。

这本书全程编写由沈玉芬老师统筹,并得到了编辑老师的指导和帮助,在此一并表示最诚挚的谢意!

薛法根

2016 年 7 月

图书在版编目（CIP）数据

新教师不可不知的 110 个怎么办 / 薛法根主编.
--南昌：江西教育出版社，2016.9
ISBN 978-7-5392-9003-4

Ⅰ．①新… Ⅱ．①薛… Ⅲ．①新教师－师资培养－问题解答 Ⅳ．①G451.2-44

中国版本图书馆 CIP 数据核字(2016)第 210875 号

新教师不可不知的 110 个怎么办
XINJIAOSHI BUKEBUZHIDE 110 GE ZENMEBAN

薛法根　主编

江西教育出版社出版

(南昌市抚河北路 291 号　　邮编：330008)
各地新华书店经销
南昌三联印务有限公司印刷
890 毫米×1240 毫米　32 开本　9.75 印张　字数 230 千字
2020 年 3 月第 2 版　2020 年 3 月第 2 次印刷
ISBN 978-7-5392-9003-4
定价：28.00 元

赣教版图书如有印装质量问题，请向我社调换　电话：0791-86710427
投稿邮箱：JXJYCBS@163.com　　　来稿电话：0791-86705643
网址：http://www.jxeph.com

赣版权登字-02-2016-533